PUPIL'S BOOK

Arc-en-ciel

Marie-Thérèse Bougard
Ann Miller
Malcolm Hope
Liz Roselman

M·G·P

MARY GLASGOW PUBLICATIONS

Arc-en-ciel   Stage 4

Pupil's book
Teacher's file
Repromasters
Cassettes (8)
OHP transparency repromasters

Design Eric Drewery

Cover illustration Nicky Dupays

Bande dessinée illustrated by Ron Tiner

Illustrations
Sally Alexander (pages 14, 21, 22, 25, 37, 39, 49, 77, 85, 88, 97, 110, 119, 149, 151, 152, 166, 176, 180–1, 186, 190, 200); Phill Burrows (pages 13, 47, 61, 64, 76, 92, 103, 104, 117, 120, 121, 125, 126, 135, 136, 146, 165, 202, 203, 205); Debbie Clark (pages 73, 92, 104, 109, 114, 128, 156, 159, 174, 187); Joan Corlass (pages 12, 13, 30, 46, 93, 166); Bridget Dowty (pages 17, 53, 93, 110, 111, 112, 113, 124, 127, 134, 140, 144, 195, 196, 197, 201); Wayne Ford (pages 60, 117, 118, 119, 156); Mike Lacey (pages 32, 50, 82, 129, 130, 191); Sharon Pallent (pages 23, 24, 25, 28, 56, 60, 61, 65, 66, 103, 144, 180, 181, 194, 202); Geoff Pleasance (pages 118, 120); Kirsten Smith (page 153); Ron Tiner (pages 12, 18, 21, 22, 33, 38, 50, 66, 69, 70, 85, 86, 101, 133, 137, 141, 161, 162, 168, 186, 187).

Photographs
J. Allan Cash (page 94); Allsport/Vandystadt (pages 78, 80, 81, 175); Allsport UK (page 79); Jean-Loup Charmet (page 137); Bruce Coleman (page 97); Colorific/Robin Adshead (page 149); Julia Davey (pages 44, 109); Douglas Dickens FRPS (pages 150, 151); France Telecom (page 47); Robert Gwynne (page 181); Robert Harding (pages 30, 95, 97, 169, 197); Robert Harding/David Hughes (page 180); Life File/Sallyanne Fison (page 180); Life File/Emma Lee (page 181); Life File/Terence Waeland (page 181); MGP/Lucinda Beatty (pages 71, 72, 143, 168, 169, 172, 173, 176); MGP/Julia Davey (pages 44, 109); MGP/John Walmsley (pages 6–7, 8–9, 37, 39, 41, 45, 62, 63, 108, 110, 126, 156, 159, 173, 186, 187, 188); Paris St-Germain FC (page 77); David Penn (page 169); Photobank/Jeanetta Baker (page 151); Photobank/Peter Baker (pages 94, 150, 151); Helen Reilly/Chris Jupp (pages 94, 95); Susan Ross (page 55); Gérard Sanz/Mairie de Paris (page 78); Lorraine Sennett (pages 48, 55, 157, 158, 169); Frank Spooner/Liaison (page 29); Frank Spooner/F. Apeskequy (page 133); Frank Spooner/Paul Nightingale (page 7); Joëlle Stauffacher (page 172); Roger Viollet (page 137).

The authors and publishers wish to express their thanks to the teachers and advisers who read and commented on draft material, to Najoua Hilali for her advice on the Moroccan episodes, and to Judy Batchelor and Joan Henry for compiling the glossary.

We also wish to thank the following for their assistance:
• in London: Monsieur Boukaraa, Adam's Café; Debenhams plc; the Lycée Français Charles de Gaulle
• in Paris: le Bon Marché (Direction Commerciale); le bureau de poste Hippolyte-Lebas; le Commissariat de Police du 5ᵉ arrondissement; l'Épicerie Fauchon; l'Institut Britannique; le lycée Henri-IV; les supermarchés Codec; RATP (Service de la Communication Pédagogique); SNCF (Direction de la Communication, Direction Commerciale Voyageurs).

Special thanks are due to the Direction du Personnel of the Galeries Lafayette, Paris for their invaluable help with photographs and documentation.

We are grateful to the following for allowing us to reproduce published material: Bayard Presse, *Astrapan* (page 64); Bayard Presse, *Okapi* (pages 29, 95, 136, 175); Bayard Presse, *Okapi*/Blachon (page 203); British Airways (page 168); Comité Départementale du Tourisme Pyrénées-Roussillon (pages 180, 183); Galeries Lafayette (page 146); Éditions Gallimard, *L'Étranger* (page 105); Intercity (page 168); International Youth Hostel Federation, *The Guide to Budget Accommodation 1990–91* (page 182); Éditions Larousse, *Juniorscopie* (pages 76, 177); le Parc Astérix (page 60); les PTT (pages 157, 158, 159); Québec Science Editeur/Presse de l'Université du Québec, *Le Petit débrouillard* (page 64); Que Choisir (page 177); SNCF Direction de la Communication (page 168); SNCF Direction Commerciale Voyageurs (pages 188, 189).

Maps of Paris are reproduced with the permission of Michelin: *Paris et environs, Red Guide*, 1990 edition (pages 6–7); *Paris Plan* no. 11, 13th edition (page 40); *Paris Plan* no. 10, 14th edition (page 62).

Every effort has been made to trace copyright holders but the publishers will be pleased to make the necessary arrangements at the first opportunity if there are any omissions.

CONTENTS

Introduction Welcome to Arc-en-ciel 4! .... page 4
Paris .... page 6
A department store in Paris .... page 8

Unité 1 *Bienvenue aux Galeries Vendôme* page 10
Personal identification
Stage pratique: Curriculum vitae et entretien

Unité 2 *Au deuxième étage* .... page 19
Housing

Unité 3 *La pause-café* .... page 26
Family, occupations and descriptions
Stage pratique: Faire la connaissance des employés

Unité 4 *Un train, un bus, une Ferrari* .... page 35
Travelling by public transport

Unité 5 *Mauvaise journée* .... page 42
Shopping for clothes
Stage pratique: Observer le travail des employés

Unité 6 *La dispute* .... page 51
Spare time and leisure activities

Unité 7 *Le P.D.G.* .... page 58
Giving and getting directions in a town
Stage pratique: Connaître les Galeries Vendôme

Unité 8 *Le régime du rayon* .... page 67
Life at home and daily routine

Unité 9 *Je me sens coupable* .... page 74
Sport
Stage pratique: Lancer une campagne publicitaire

Unité 10 *Trois coups de téléphone* .... page 83
Planning work and travel, making reservations, checking times and routes

Unité 11 *Bienvenue au Maroc* .... page 90
Plane travel, tourist information, shopping for gifts and souvenirs
Stage pratique: Organiser une excursion

Unité 12 *Mon histoire* .... page 99
Entertainment

Unité 13 *L'invité du dimanche* .... page 106
Shopping for food
Stage pratique: Préparer un buffet

Unité 14 *La panne* .... page 115
Travelling by car, coping with a breakdown

Unité 15 *Bon appétit* .... page 122
School, having a meal in someone's house
Stage pratique: Les bonnes manières

Unité 16 *C'est grave, docteur?* .... page 131
Health and welfare

Unité 17 *Le Maroc dans votre assiette* ...... page 138
Food and drink, eating out
Stage pratique: Travailler comme interprète

Unité 18 *La semaine du Maroc* .... page 147
Geographical surroundings, weather

Unité 19 *La suspecte* .... page 154
At the post office
Stage pratique: Téléphoner

Unité 20 *Un Écossais à Paris* .... page 163
Travel arrangements, holidays

Unité 21 *Souvenirs, souvenirs* .... page 170
Education, holidays
Stage pratique: Votre établissement scolaire

Unité 22 *Projets de vacances* .... page 178
Making holiday plans

Unité 23 *Une proposition intéressante* ...... page 184
Travelling by train
Stage pratique: Organiser un voyage

Unité 24 *J'ai quelque chose à te dire* .... page 192
Staying in someone's home

Unité 25 *Après la pluie, le beau temps* ..... page 198
Future plans
Stage pratique: Quel poste vous convient le mieux?

Glossary .... page 206

INTRODUCTION
Welcome to Arc-en-ciel 4!

You've already been introduced to quite a lot of the language you need for 16+ examinations in Stages 1, 2 and 3 of Arc-en-ciel. Arc-en-ciel 4 reinforces and builds on the vocabulary, expressions and grammatical rules that you know, but now you're going to meet and use language in a completely new context: the book is set in a fictional Parisian department store, and you are going to learn how to operate confidently in French in a range of work and social situations.

How is the book divided up?

There are 25 units. They each focus on one or more of the 16+ examination topic areas.

Every unit starts with a two-page episode of a continuing *bande dessinée* about life in a department store: it tells the story of two young people, Nathalie and Julien, who are doing a *stage* (work experience placement) in the store. These two pages introduce essential vocabulary and expressions for the topic covered by the unit.

They are followed by four pages of activities to give practice in listening to, speaking, reading and writing the language of the unit. The activities will build up your confidence in using the language to communicate with French speakers, and they will also prepare you for the kind of realistic tasks that you will have to do in the examination.

Each unit covers particular grammar points, and in units 1 to 20 you will find a *point langue*. The *point langue* pages give clear explanations of the most important grammatical points, and provide exercises for you to see whether you have grasped the rules.

MAIN GRAMMAR POINTS

Unit 1   *Avoir* and *être* (present tense)

Unit 2   Prepositions (*à côté de*, *entre*, etc.)

Unit 3   Agreement of adjectives

Unit 4   Verbs ending in *-re* (present tense)

Unit 5   Subject pronouns and *-er* verbs (present tense)

Unit 6   *Jouer à/de*, *faire*, *dire*, and *-ir* verbs (present tense)

Unit 7   The imperative: using verbs to give a command

Unit 8   Reflexive verbs

Unit 9   *Devoir, pouvoir, savoir, vouloir* (present tense)

Unit 10 The future tense

Unit 11 Expressions of time

Unit 12 The *passé composé* (perfect tense) with *avoir*

Unit 13 Direct object pronouns (e.g. *Mets-la dans le frigo*)

Unit 14 *Aller* plus infinitive (e.g. *Je vais prendre un taxi*)

Unit 15 Verbs that form their *passé composé* with *être*

Unit 16 The imperfect tense

Unit 17 The pronouns *y* and *en*

Unit 18 *Qui*

Unit 19 The imperfect tense and the *passé composé*

Unit 20 Verbs followed by the infinitive

Unit 21 Asking questions

Unit 22 Revision of future tense

Unit 23 Revision of asking questions

Unit 24 Use of *tu* and *vous*

Unit 25 The conditional tense

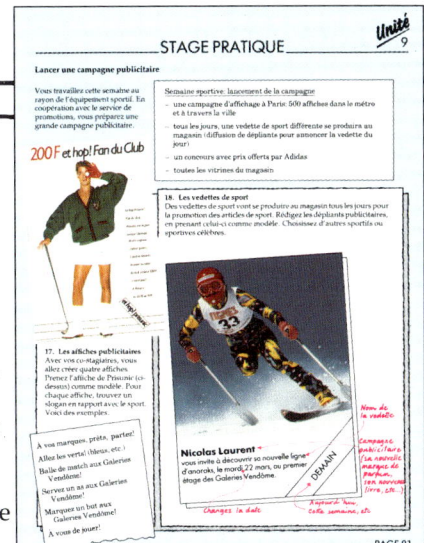

Alternate units (those with odd numbers) have a two-page section called the *stage pratique*. This gives you the chance to put yourself in the place of Nathalie or Julien, and use your French for problem-solving, planning, negotiating and organising. The *stage pratique* provides the basis for extended project work (both on your own and as part of a team) which will enable you to draw on and develop your linguistic and social skills. You will gain practice and confidence in becoming an efficient and effective communicator.

Understanding French instructions

This is a list of the instructions that you'll come upon most often:

Écoutez . . .	Listen to . . .
Avant d'écouter . . .	Before you listen to . . .
Avant de commencer . . .	Before you begin . . .
Lisez . . .	Read . . .
Écrivez dans votre cahier	Write in your exercise book
Trouvez . . .	Find . . .
Vérifiez . . .	Check . . .
Regardez . . .	Look at . . .
Choisissez . . .	Choose . . .
Remplissez . . .	Fill in . . .
Décrivez . . .	Describe . . .
Devinez . . .	Guess . . .
Travaillez avec un(e) partenaire	Work with a partner
Changez de rôle à tour de rôle	Change parts in turn
Essayez de vous rappeler . . . sans regarder le manuel	Try to remember . . . without looking at the book
Faites correspondre . . .	Match up . . .
Regardez les illustrations à la page x	Look at the pictures on page x
ci-dessus	above
ci-dessous	below

New language

When you come to a word you're unfamiliar with, look it up in the back of the book and write it down in your vocabulary book.

If it's a noun, note down its gender.

le magasin
une affiche

If it's an adjective, write its masculine and feminine forms.

heureux / heureuse

If it's a verb, find the infinitive in the back of the book, and check whether it's regular or irregular. Keep a section in your vocabulary book for irregular verbs: when you meet a new one, look up how it works in the Arc-en-ciel Grammar book, or in a dictionary, and write out all its parts. Many of the most frequently used verbs are irregular, and you will need to know them to get a good mark in your examination.

je connais
tu connais
il/elle/on connaît

Sometimes it's helpful to write out a phrase rather than a single word.

la semaine dernière
l'an prochain

When you add a new word or phrase to your vocabulary book, cover it up after you've written it and say it to yourself, then try to spell it. Uncover it and see if you were right. Use odd moments in class when you've finished an activity to test yourself. Or get a partner to test you if this won't disturb anyone.

Bon courage!

PARIS

Le Petit Palais

L'épicerie Fauchon

La place Vendôme

L'arche de la Défense

La tour Eiffel

La tour Montparnasse

Vue sur les Invalides

Terrasse d'un café

Opéra

Immeuble à Saint-Denis

Les Galeries Lafayette

La Villette, avec la Géode

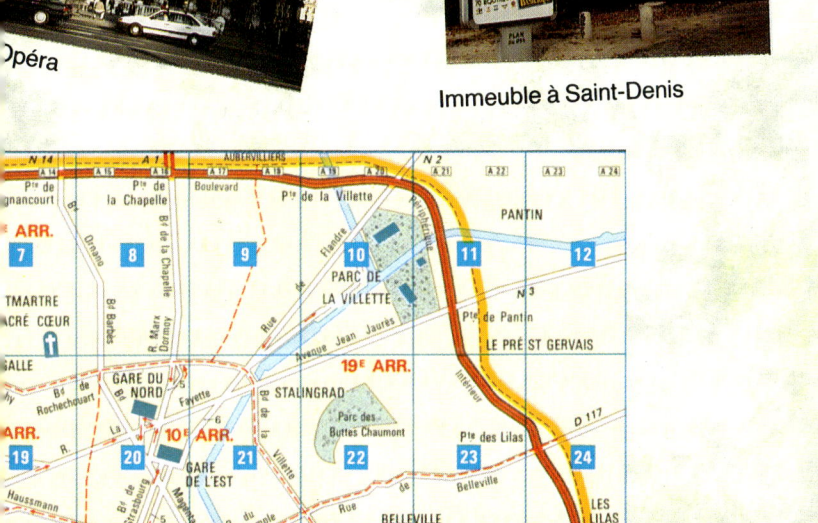

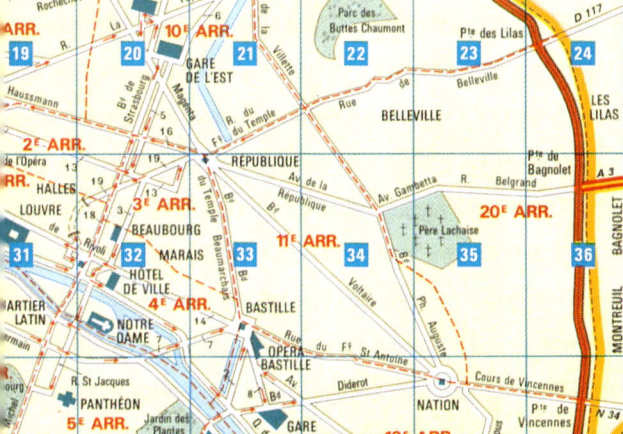

Le Centre Pompidou

Le métro Saint-Michel

Le pont Alexandre III

La pyramide du Louvre

Christian Dior

Galeries Lafayette, boulevard Haussmann
Rayons: ameublement, disques/livres, sports, confection femme

Unité 1

1 A Bienvenue aux Galeries Vendôme

Chez Nathalie...

— Tiens! Il est sept heures et tu es déjà debout! Ça ne va pas?

— Arrête de faire l'imbécile. J'ai mon entretien aujourd'hui.

— C'est aujourd'hui, ton entretien? Tu vas dire à Monsieur Becker, « Je suis la plus intelligente et la plus douée, c'est normal! Je suis la fille de Georges Merlin. »

Dans le bureau du directeur du personnel...

— Asseyez-vous, Mademoiselle Merlin. Je m'appelle Xavier Becker.

— Vous étudiez depuis un an aux Arts Appliqués, et vous souhaitez faire un stage pratique chez nous, c'est bien ça?

— Oui, c'est ça. Je reprends mes études aux Arts Appliqués l'an prochain.

— Bien. On va juste vérifier quelques détails. Vous habitez à Villiers-le-Bel, c'est ça?

— Ah, non. On a déménagé. J'habite à Saint-Denis maintenant.

— Alors quelle est votre adresse?

— Soixante-sept rue Vasco. Ça s'écrit V, A, S, C, O.

— Vous avez le téléphone?

— Oui. Mon numéro de téléphone, c'est le 43 45 19 75.

PAGE 10

Unité 1

What is this *Unité* all about?

MAIN TOPIC AREA personal identification

LANGUAGE TASKS
- give and understand: names and addresses (including spelling them out), telephone numbers, ages and birthday dates, nationality

MAIN GRAMMAR POINT *avoir* and *être* (present tense)

Unité 1

Une séance d'essai

Vous êtes brun(e)? noir(e)? blond(e)? Vous avez entre 14 et 17 ans? Nous avons besoin de vous! Grand magasin recherche mannequins (filles et garçons) avec une grande variété de looks, pour son catalogue. Envoyer photo aux Galeries Vendôme, rue de la Paix, 75002 Paris.

1 Ali
2 Arlaud
3 Bagdikian
4 Benz
5 Bianco
6 Chlebowsky
7 Coutinho
8 Fernandez
9 Garel
10 Gozzi
11 Kokinopoulos
12 Lopez
13 M'Bae
14 Nguyen
15 Santoni
16 Simon
17 Simond
18 Youssof

Beaucoup de jeunes envoient leur photo. Ceux qui sont sur cette liste sont convoqués pour une séance d'essai. Ils doivent téléphoner pour confirmer qu'ils viennent.

Galeries Vendôme
Rue de la Paix
75002 Paris

Paris, le 11 janvier

Monsieur, Madame,

J'ai appris que vous cherchez des mannequins pour votre catalogue et je vous prie de bien vouloir prendre ma candidature en considération.

Galeries Vendôme
Rue de la Paix
75002 Paris

Paris, le 13 janvier,

Madame, Monsieur,

En réponse à votre annonce parue cette semaine dans le journal Le Parisien, je désire poser ma candidature pour être mannequin aux Galeries Vendôme.

Galeries Vendôme
Rue de la Paix
75002 PARIS

Paris, le 14 janvier

Madame, Monsieur,

Suite à votre petite annonce dans le journal du 9 janvier, je vous envoie mes coordonnées ainsi qu'une photo.

1. Écoutez les jeunes qui téléphonent.
Notez:
a) le prénom qui va avec chaque nom
b) le nom des six jeunes qui ne téléphonent pas
c) les fautes d'orthographe sur la liste
d) le numéro de téléphone de chaque candidat(e).

Jeu de loto
Avant d'écouter la cassette, choisissez cinq nombres entre 10 et 99. Quand vous aurez noté les numéros de téléphone de tous les candidats, vous pourrez vérifier combien parmi vos cinq nombres figurent sur la liste.

2. Travaillez par groupes de quatre.
A commence à épeler un des noms.
B, C et D doivent trouver le prénom correspondant. Le premier à le trouver gagne un point.

A choisit un des numéros de téléphone et commence à le donner, en disant *Mon numéro de téléphone, c'est le . . .*
B, C et D doivent dire *Tu t'appelles . . .* Le premier à trouver le bon prénom gagne un point.

3. Essayez de deviner l'origine de tous les noms qui ne vous semblent pas français. Écrivez vos réponses dans votre cahier.

Par exemple:
Lopez, c'est un nom d'origine espagnole (vietnamienne/ portugaise/allemande/italienne/algérienne/polonaise/ ivoirienne/grecque/tunisienne).

Unité 1

4. Les candidats arrivent pour la séance d'essai. La réceptionniste doit remplir une fiche pour chaque personne.

Écoutez la cassette, et pour chaque personne, notez:
- sa nationalité
- son lieu de naissance
- son âge.

Écoutez encore une fois, pour savoir l'origine de chaque nom. Corrigez vos réponses à l'activité 3.

Nom : Lopez
Prénom : José
Nationalité : français
Lieu de naissance : Bordeaux
Âge : 17

5. Trouvez le nom de chaque pays.

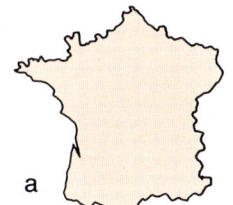

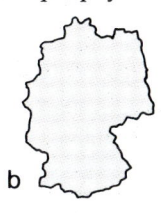

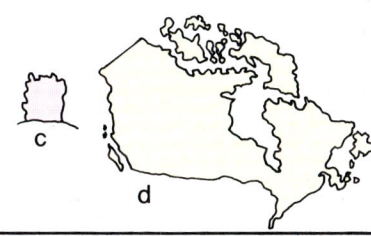

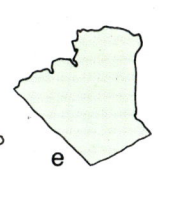

La Côte d'Ivoire   La Grèce   L'Allemagne   Le Canada   La France   L'Algérie

6. Notez le pays où est né(e) chaque candidat(e).

Par exemple:
José Lopez – né en France.
Audrey Simond – née au Canada.

7. L'assistant du photographe arrive. Le photographe, Jean de Maury, insiste pour savoir la date de naissance de chaque candidat. Il est très influencé par l'astrologie: il adore travailler avec les Lion et les Balance, mais il refuse de travailler avec les Poissons ou les Taureau.
Qui va-t-il préférer? Est-ce qu'il y a des candidats avec qui il va refuser de travailler?

Bélier: du 21 mars au 20 avril
Taureau: du 21 avril au 21 mai
Gémeaux: du 22 mai au 21 juin
Cancer: du 22 juin au 23 juillet
Lion: du 24 juillet au 23 août
Vierge: du 24 août au 23 septembre
Balance: du 24 septembre au 23 octobre
Scorpion: du 24 octobre au 22 novembre
Sagittaire: du 23 novembre au 21 décembre
Capricorne: du 22 décembre au 20 janvier
Verseau: du 21 janvier au 19 février
Poissons: du 20 février au 20 mars

8. Travaillez avec un(e) partenaire. Est-ce que vous seriez un bon astrologue? **A** dit le nom d'un(e) camarade et sa date de naissance. Par exemple, *David est né le 12 décembre.*
Sans regarder le manuel, **B** doit dire *Alors, il est Sagittaire.*

PAGE 13

Unité 1

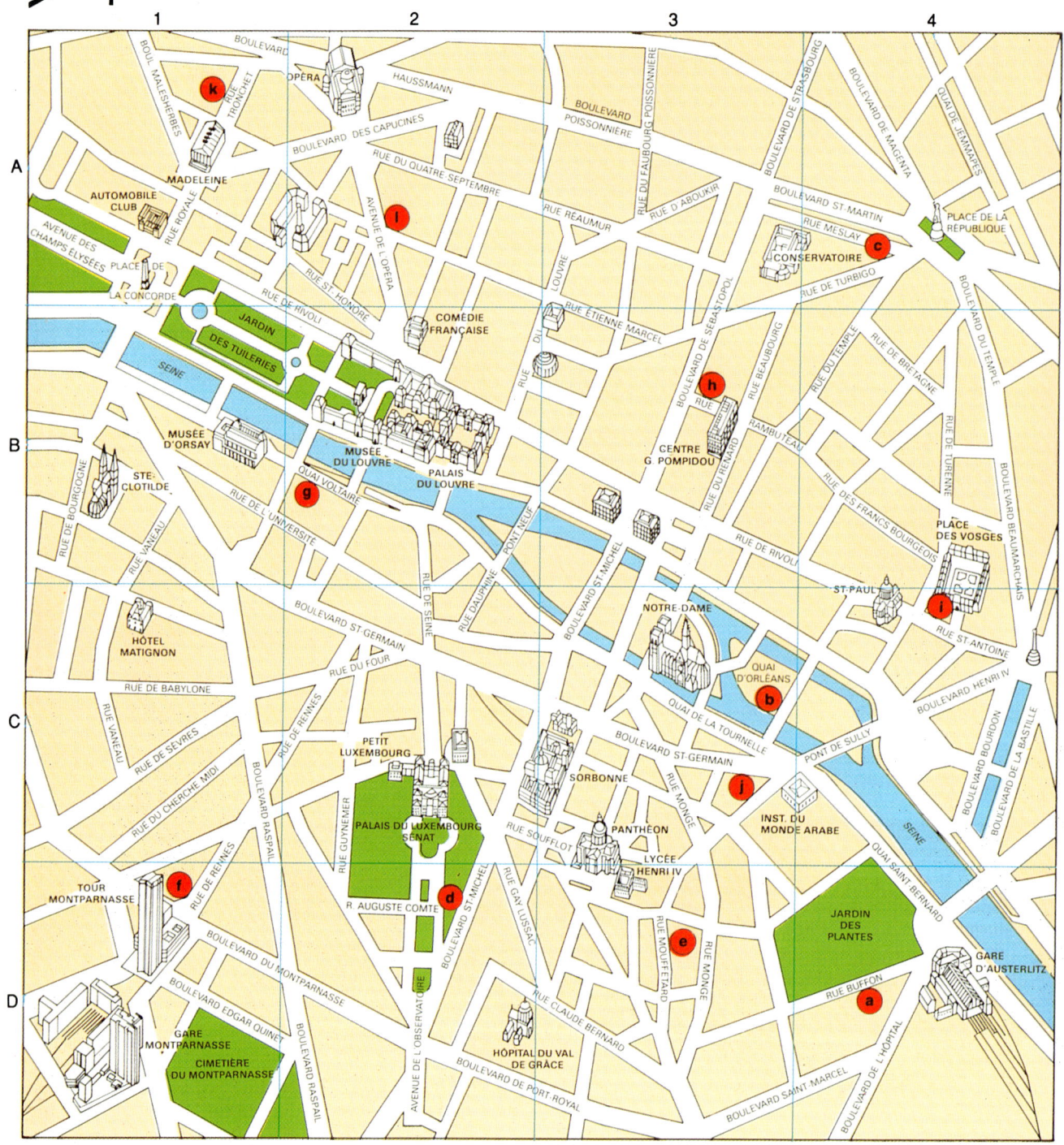

9. Les parents des candidats doivent se présenter au magasin, afin de signer le contrat de leurs enfants (qui sont mineurs). On leur offre l'apéritif. Ils discutent entre eux.

Écoutez ces fragments de conversations et trouvez, sur le plan de Paris, l'endroit où habite chaque personne.

Unité 1

10. Regardez ces cartes de visite et trouvez, sur le plan de Paris, la lettre qui correspond à chaque adresse.

1
M. et Mme Ho Thai Nguyen
55 rue Buffon
75005 Paris
Tél. 43 16 17 99

2
M. et Mme Fernando Lopez Bravo
171 rue de Rennes
75006 Paris
Tél. 42.35.82.12

3
M. et Mme Günther Bentz
27 quai Voltaire
75007 Paris
Tél. 45.56.92.97

4
M. et Mme Jozef Chlebowsky
73 boulevard St-Michel
75005 Paris
Tél. 45 89 76 24

5
Suzy Delenne et Michel Simond
28 rue Rambuteau
75003 Paris
Tél. 42 17 32 93

6
M. et Mme Djamel Aïi,
Licencié-ès-Lettres, Licencié en Droit
21 boulevard St-Germain
75005 Paris
Tél. 46 39 58 66

7
M. et Mme Khalid Youssouf
26 avenue de l'Opéra
75001 Paris
Tél. 42 13 88 52

8
Madame Maria Couthinho
26 rue St-Antoine
75004 Paris
Tél. 48 27 36 18

9
Angelo et Giuliana Bianco
24 quai d'Orléans
75004 Paris
Tél. 48 60 11 19

10
Mikis Kokinopoulos
2 rue Mouffetard
75005 Paris
Tél. 43 14 33 84

11
Maître Musonda M'Bae
18 rue Meslay
75003 Paris
Tél. 47 90 26 21

12
Dr et Mme Gérard Arlaud
28 rue Tronchet
75009 Paris
Tél. 45 51 61 59

---

11. Chaque partenaire choisit l'endroit où il/elle habite et écrit son adresse (par exemple *J'habite place des Vosges*) sans la montrer à son/sa partenaire.

Ensuite, chaque partenaire, à tour de rôle, essaie de trouver les coordonnées correctes, en demandant, par exemple: *Est-ce que tu habites A3?* Ensuite, essayez de deviner le nom de la rue.

---

12. Travaillez avec un(e) partenaire. **A** travaille dans une imprimerie. **B** lui téléphone pour commander des cartes de visite. **A** doit demander à **B**:
- son nom et prénom (et peut-être le nom et prénom de son mari/sa femme)
- son adresse
- son numéro de téléphone
- la fonte qu'il/elle désire
- combien de cartes il/elle veut commander.

B peut inventer les détails.

Choix de fontes	
Avant Garde	Palatino
Croissant	Times
eurostile	**Vendôme**
Optima	Zapf Chancery

Unité 1

POINT LANGUE

Avoir and être (present tense)

Avoir (to have) and *être* (to be): you won't get very far in a conversation if you can't use these two verbs.

SYLVIE VARTAN
«AVOIR VINGT ANS AVEC JOHNNY, C'ÉTAIT MERVEILLEUX»

multilion junior: j'ai ma banque.

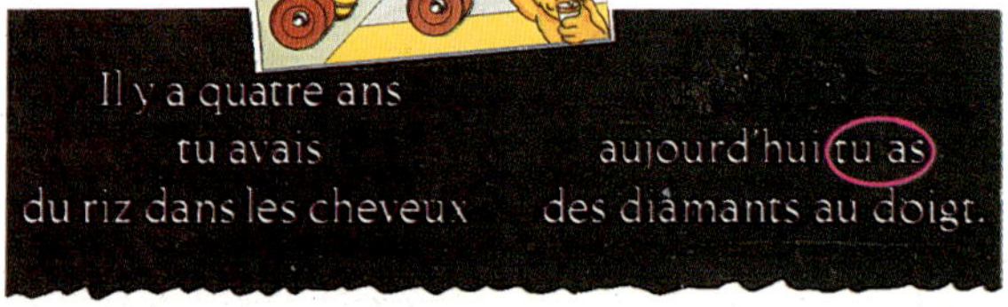

Il y a quatre ans tu avais du riz dans les cheveux aujourd'hui tu as des diamants au doigt.

-ELLE A DÉJÀ MON FILS. ÇA NE LUI SUFFIT PAS?

MYRYS!! POUR ÊTRE JOLIE SANS FAIRE DE FOLIES!!

Nouvelles Galeries

JE SUIS BIEN DANS MA VILLE

DIM, TU ES BLEUE COMME UNE ORANGE

LA LAINE EST NATURELLE.

NOUS AVONS 5 FORMES DE PULLS ET 12 COLORIS. SI VOUS ATTRAPEZ UN RHUME, CE SERA ENTIEREMENT DE VOTRE FAUTE!

VOUS AVEZ BON GOÛT, LA VOSGIENNE AUSSI.

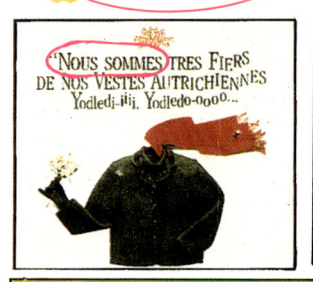

NOUS SOMMES TRÈS FIERS DE NOS VESTES AUTRICHIENNES Yodledi-iiii, Yodledo-oooo...

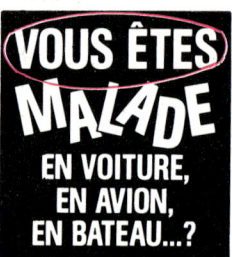

VOUS ÊTES MALADE EN VOITURE, EN AVION, EN BATEAU...?

Les hommes ont toujours de bons motifs!

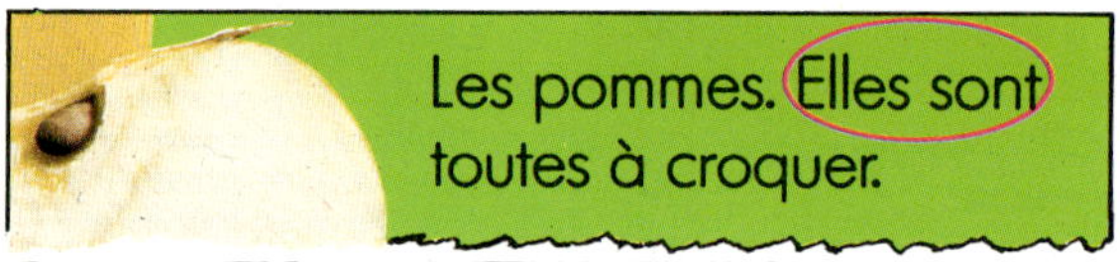

Les pommes. Elles sont toutes à croquer.

---

13. Fill in the part of the verb which is missing from these slogans.

a) C'___ la vie!

b) Avec lui j'___ confiance. Pour Codec vous ___ quelqu'un.

c) NOS CRÉATIONS ___ ÉTERNELLES

d) LES PLUS BEAUX CHEVEUX ___ UN SECRET

---

14. Think of a way to test your partner, to make sure they know *avoir* and *être*. Test each other now, and then again in a week's time.

STAGE PRATIQUE

Unité 1

Curriculum vitae

Vous allez faire un stage pratique aux Galeries Vendôme. Il faudra envoyer un curriculum vitae.

15. Écrivez votre CV, en prenant celui de Nathalie comme modèle.

Vous aurez besoin . . . 
- d'une feuille de papier blanc de format international (21cm x 29, 7cm) 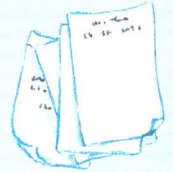
- de feuilles de brouillon 
- d'une machine de traitement de textes 
- ou d'une machine à écrire

Écrivez les titres en majuscules.

Laissez une marge.

Si vous n'avez pas le téléphone, mettez le numéro de téléphone d'un(e) voisin(e), avec son nom (43 94 51 62, Chez Madame Héry).

Mettez 'GCSE, à passer en (année?), dans les matières suivantes : français,' etc.

Vous avez un emploi à temps partiel ? Vous livrez des journaux ? Vous êtes caissier/caissière dans un supermarché ? Vous avez déjà fait un stage pratique organisé par le lycée ?

Soulignez les titres.

Commencez le début de chaque nouvelle ligne exactement en dessous du début de la ligne précédente.

Vous faites partie d'une équipe sportive, d'un club, d'un orchestre ou d'une chorale au lycée ?

Quelles sont vos activités de loisirs ? Avez-vous des aptitudes qui pourraient intéresser un employeur ?

CURRICULUM VITAE

Nom: Merlin
Prénom: Nathalie
Adresse: 14, avenue Pelletan
95400 Villiers-le-Bel

Numéro de téléphone: 42 45 35 01
Date de naissance: 1 mai 1972
Lieu de naissance: Casablanca, Maroc
Nationalité: française

FORMATION

Établissements scolaires:
1983–87: C.E.S. d'Arnouville
1987–90: Lycée de Garges-lès-Gonesse, Villiers-le-Bel
1990–91: Institut Supérieur des Arts Appliqués, Paris

Diplômes: Baccalauréat, série A, mention bien, en 1990

Clubs et activités parascolaires: animatrice du Ciné-club, réalisatrice d'un film vidéo, membre de l'équipe de volley.

EXPÉRIENCE PROFESSIONNELLE

Août 1990: Monitrice dans une colonie de vacances
Je fais régulièrement du baby sitting pour nos voisins.

DIVERS

Je fais de la photo. (J'ai monté une exposition de mes propres photos à la Maison des Jeunes de Saint-Denis cet été.) J'aime écouter de la musique classique, du jazz et du rock.

Unité 1

... et entretien

Vous avez un entretien avec la responsable du personnel des Galeries Vendôme.

16. Qu'est-ce que vous allez mettre? Notez dans votre cahier tous les éléments de votre tenue. Réfléchissez bien à l'impression que vous voulez donner.

> Tailleur bleu marine
> Boucles d'oreille en or

Vous arrivez aux bureaux du service du personnel. La réceptionniste vous accueille.

«Dites!»
«Ne dites pas!»

Bonjour, monsieur, mademoiselle. Je peux vous aider?

«Bonjour, madame. J'ai rendez-vous avec Madame Jobert à 9h 30. Je m'appelle ...»

«Bonjour. Où est Madame Jobert?»

Attendez un instant, s'il vous plaît.

Bonjour. Asseyez-vous, je vous en prie.

Souriez!

«Bonjour, madame.»
«Salut!»

Vous avez trouvé le magasin facilement?

Montrez-lui que vous êtes sûr(e) de vous et efficace.

«Oui, sans problème. J'ai pris le métro.»
«Euh... J'ai eu quelques difficultés, mais enfin...»

Alors, vous souhaitez faire un stage aux Galeries Vendôme, c'est ça?

Soyez enthousiaste!

«Oui. Je voudrais acquérir de l'expérience chez vous. J'aime bien le contact avec le public.»
«Oui.»

Parlez-moi un peu de vous-même.

Montrez-lui que vous êtes sympathique.

«J'ai quinze ans et j'habite ... J'aime beaucoup la musique: je joue de la guitare.»
«Qu'est-ce que vous voulez savoir? Il n'y a pas grand-chose à dire.»

Parlez-moi de vos études.

Soyez positif/ve! Ne critiquez pas votre lycée.

«Je vais au lycée ... Je vais passer le GCSE en ... matières. Ma matière préférée, c'est le ...»
«Bof! Je n'aime pas le lycée. C'est ennuyeux.»

Vous avez déjà travaillé à temps partiel?

Ne critiquez pas vos ex-employeurs.

«Oui. J'ai travaillé dans un garage. C'était intéressant: j'ai beaucoup appris.»
«Oui, j'ai travaillé dans un garage. Quel imbécile, ce garagiste!»

Vous avez des questions à me poser?

Préparez vos questions à l'avance.

«À quelle heure est-ce qu'on commence, le matin?»
«Euh... non.»

Au revoir. Nous vous contacterons bientôt.

Souriez!

«Au revoir, madame, et merci.»
«Alors, c'est oui?»

17. Entraînez-vous pour cet entretien. Votre partenaire va jouer le rôle du/de la responsable du personnel.

PAGE 18

Unité 2

Au deuxième étage

Une semaine plus tard...

Soyez la bienvenue, Mademoiselle Merlin. Je vous présente votre co-stagiaire, Monsieur Julien Lambert. On va vous faire visiter le rayon de l'ameublement, au deuxième étage. Le chef de rayon s'appelle Madame Gaspard.

Au deuxième étage... Madame Gaspard, je vous présente Nathalie Merlin, notre nouvelle stagiaire. Vous connaissez déjà Monsieur Julien Lambert.

En effet, Monsieur Becker. Bonjour, mademoiselle. Bonjour, Monsieur Lambert.

On va commencer la visite. Vous allez voir que cet étage est organisé comme les pièces d'une maison.

Il y a combien de pièces ?

Il y en a vingt : nous avons cinq salles de séjour, six salles à manger et neuf chambres à coucher.

C'est grand chez vous, Madame Gaspard. Chez moi, c'est un peu plus petit. Il n'y a qu'une chambre à coucher et une salle de séjour.

Mais par contre, chez moi, il y a une cuisine et une salle de bains.

Pour les cuisines et les salles de bains, il faut monter au troisième étage, Monsieur Lambert.

Alors, là nous sommes dans le salon « Manhattan ». C'est un salon très moderne, très élégant, pour une maison neuve. Les meubles sont en métal et en verre.

C'est marrant. La chaîne-stéréo et le magnétoscope sont en carton.

Et les plantes vertes sont en plastique.

Bon. On passe à la salle à manger « Paysanne ». Là vous voyez des meubles traditionnels : il y a un buffet en bois, une table et des chaises rustiques.

PAGE 19

Unité 2

Je vais vous montrer la chambre à coucher «Istamboul». Par terre, il y a un tapis turc, et vous voyez aux murs le papier peint turc.

C'est très beau.

Les rideaux sont magnifiques. J'aime beaucoup ce dessin.

Regardez par la fenêtre. Il y a un très beau panorama d'Istamboul!

Bon. J'ai des clients à servir. Si vous voulez aller voir les cuisines et les salles de bains, vous pouvez monter au troisième étage. L'escalier est là-bas.

Nous voici dans la cuisine «Cinq étoiles». C'est une cuisine de luxe.

Zut! On n'a plus de riz.

Faites comme chez vous, mademoiselle.

What is this *Unité* all about?	
MAIN TOPIC AREA	housing (size, location, layout), rooms, furniture and facilities
LANGUAGE TASKS	• understand and give descriptions of house layouts • understand and give measurements of rooms • give and get information about what things are made of
MAIN GRAMMAR POINT	prepositions (*à côté de, entre*, etc.)

Unité 2

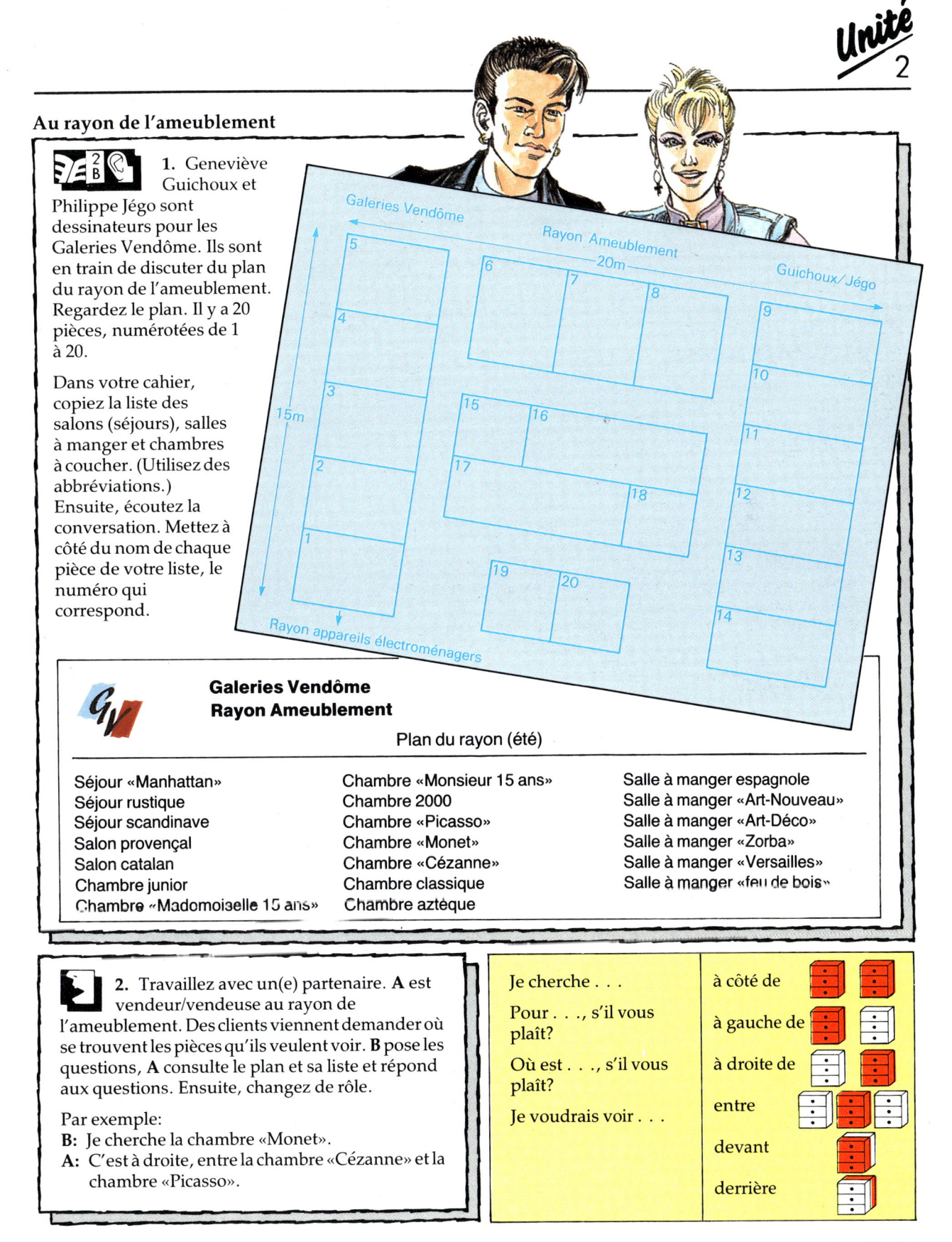

Au rayon de l'ameublement

1. Geneviève Guichoux et Philippe Jégo sont dessinateurs pour les Galeries Vendôme. Ils sont en train de discuter du plan du rayon de l'ameublement. Regardez le plan. Il y a 20 pièces, numérotées de 1 à 20.

Dans votre cahier, copiez la liste des salons (séjours), salles à manger et chambres à coucher. (Utilisez des abbréviations.) Ensuite, écoutez la conversation. Mettez à côté du nom de chaque pièce de votre liste, le numéro qui correspond.

Galeries Vendôme
Rayon Ameublement

Plan du rayon (été)

Séjour «Manhattan»	Chambre «Monsieur 15 ans»	Salle à manger espagnole
Séjour rustique	Chambre 2000	Salle à manger «Art-Nouveau»
Séjour scandinave	Chambre «Picasso»	Salle à manger «Art-Déco»
Salon provençal	Chambre «Monet»	Salle à manger «Zorba»
Salon catalan	Chambre «Cézanne»	Salle à manger «Versailles»
Chambre junior	Chambre classique	Salle à manger «feu de bois»
Chambre «Mademoiselle 15 ans»	Chambre aztèque	

2. Travaillez avec un(e) partenaire. **A** est vendeur/vendeuse au rayon de l'ameublement. Des clients viennent demander où se trouvent les pièces qu'ils veulent voir. **B** pose les questions, **A** consulte le plan et sa liste et répond aux questions. Ensuite, changez de rôle.

Par exemple:
B: Je cherche la chambre «Monet».
A: C'est à droite, entre la chambre «Cézanne» et la chambre «Picasso».

Je cherche . . .

Pour . . ., s'il vous plaît?

Où est . . ., s'il vous plaît?

Je voudrais voir . . .

à côté de

à gauche de

à droite de

entre

devant

derrière

Unité 2

3. C'est la fin de l'été. Geneviève prépare le rayon pour la nouvelle saison d'automne. Elle a dessiné deux plans. Elle les compare et parle avec son collègue Philippe. Écoutez leur dialogue. Quel plan préfère-t-elle, A ou B?

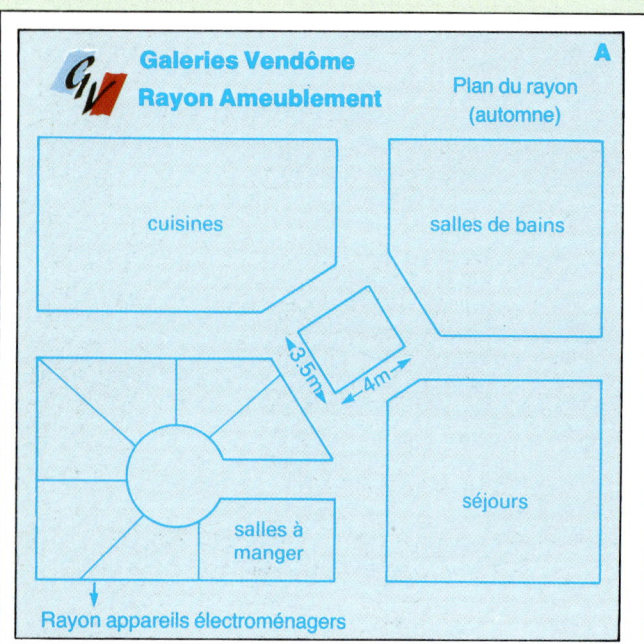

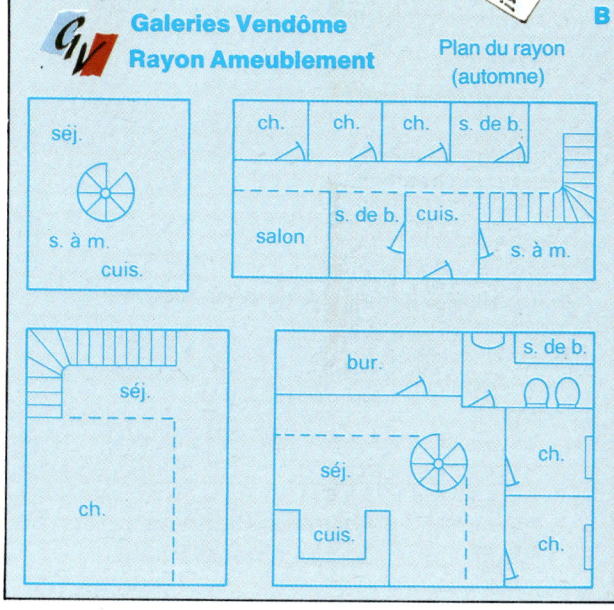

A — Galeries Vendôme — Rayon Ameublement — Plan du rayon (automne)
- cuisines
- salles de bains
- 3,5m / 4m
- séjours
- salles à manger
- Rayon appareils électroménagers

B — Galeries Vendôme — Rayon Ameublement — Plan du rayon (automne)
- séj. | ch. | ch. | ch. | s. de b.
- s. à m. / cuis. | salon | s. de b. | cuis. | s. à m.
- séj. | bur. | s. de b.
- ch. | séj. | cuis. | ch. | ch.

4. Voici quelques idées-brouillon de Geneviève. Mais quelles remarques correspondent à quel plan? Faites une liste des numéros, et puis mettez A ou B à côté.

1. Toutes les salles à manger à gauche, derrière le rayon des appareils électroménagers.
2. Il y a quatre "maisons" individuelles.
3. Pourquoi pas des maisons à un étage, avec escaliers?
4. À droite, un appartement ultra-moderne de centre-ville: deux chambres, une salle de bains et un bureau au premier et un grand séjour-cuisine combinés au rez-de-chaussée.
5. Au milieu, un magnifique salon de luxe qui mesure 4m sur 3,5m.
6. Au fond, à droite, une maison individuelle: trois chambres et salle de bains au premier, au rez-de-chaussée une deuxième salle de bains, salle à manger, salon, cuisine équipée.
7. Les salles de séjour en face des salles à manger, à droite.
8. Au fond, à gauche, une petite maison de campagne, avec des meubles rustiques. Au rez-de-chaussée, un séjour/salle à manger/cuisine combinés. Au premier, une chambre unique avec salle de bains. Un escalier en colimaçon.
9. La collection des salles de bains au fond, à droite.

Unité 2

La Chasse au Chandelier dans le Dédale Délirant

Ce soir à la télé, il y a le jeu préféré de Laurent, *La Chasse au Chandelier*. Des couples de concurrents doivent trouver un chandelier caché. Dans chaque «maison» du plateau — château, villa romaine, et maison de l'an 2500 — il y a un chandelier . . . mais où? En plus, il y a des chandeliers en argent, mais aussi des chandeliers en plastique.

Indice 1 : Je suis devant et derrière tes yeux mais tu ne me vois pas.

Indice 2 : Taper la porte pour avoir une réponse.

Indice 3 : Là où je suis, tu ne peux pas m'allumer.

5. Avant d'écouter l'émission, décidez dans quelle «maison» vont figurer les articles 1–36. Faites une liste des numéros, et à côté de chaque numéro, mettez un code qui correspond à votre choix: C pour le château renaissance, 2500 pour la maison de l'an 2500 ou V pour la villa romaine.

6. Devinez aussi où est caché le chandelier dans chacune des trois «maisons», par exemple: *Dans le château? . . . Sous le lit.*

7. Écoutez la cassette et vérifiez vos réponses aux activités 5 et 6.

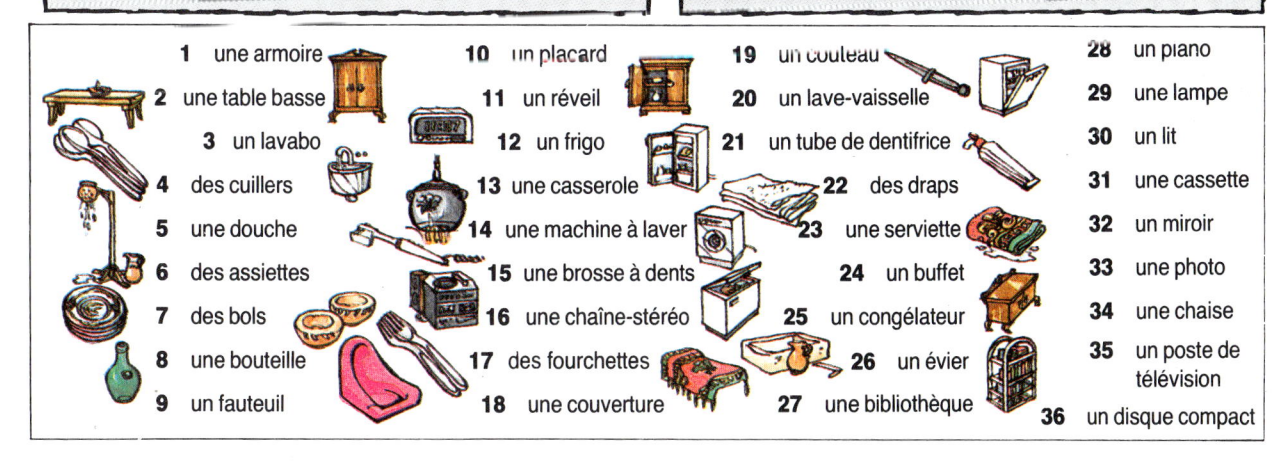

1 une armoire	10 un placard	19 un couteau
2 une table basse	11 un réveil	20 un lave-vaisselle
3 un lavabo	12 un frigo	21 un tube de dentifrice
4 des cuillers	13 une casserole	22 des draps
5 une douche	14 une machine à laver	23 une serviette
6 des assiettes	15 une brosse à dents	24 un buffet
7 des bols	16 une chaîne-stéréo	25 un congélateur
8 une bouteille	17 des fourchettes	26 un évier
9 un fauteuil	18 une couverture	27 une bibliothèque

28 un piano	
29 une lampe	
30 un lit	
31 une cassette	
32 un miroir	
33 une photo	
34 une chaise	
35 un poste de télévision	
36 un disque compact	

Unité 2

La maison de l'an 2020

Au rayon Radio-télévision des Galeries Vendôme, on vend des vidéocassettes. En ce moment, on passe une cassette destinée aux écoles sur la vie en l'an 2020.

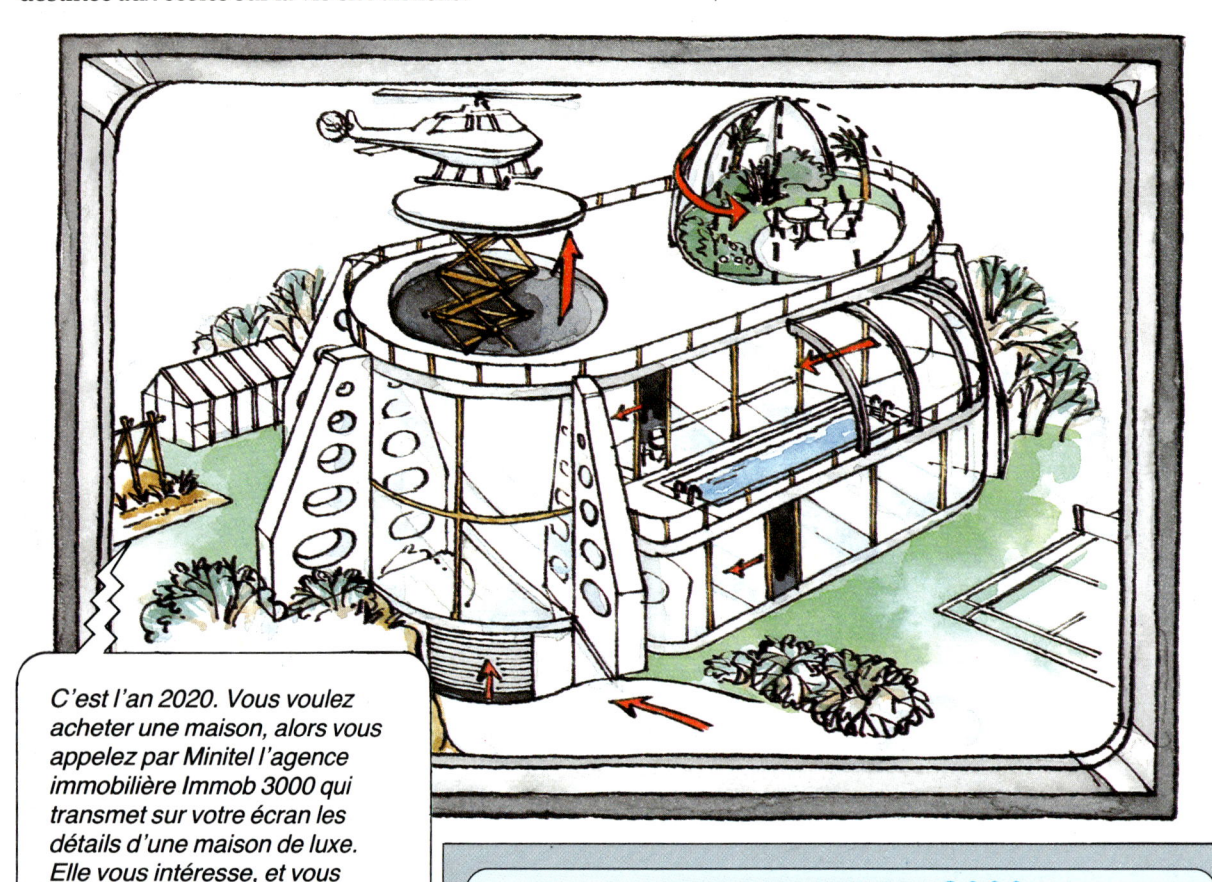

> *C'est l'an 2020. Vous voulez acheter une maison, alors vous appelez par Minitel l'agence immobilière Immob 3000 qui transmet sur votre écran les détails d'une maison de luxe. Elle vous intéresse, et vous prenez rendez-vous avec la propriétaire, Madame Roca.*

8. Faites une liste des pièces de la maison. (Regardez la description à droite.) Ensuite, écoutez la cassette: Madame Roca fait visiter la maison. Notez les détails supplémentaires qu'elle donne: les dimensions et la fonction des pièces.

9. À l'aide de vos notes, décrivez la maison de l'an 2020. (Regardez d'abord *Point langue* à la page 25).

```
         AGENCE IMMOB 3000
              À VENDRE
Superbe maison individuelle à 2km. de
Marnopolis (belle vue sur Euro Disneyland).
-----------------------------------------
Un grand pavillon à un étage avec terrasse
et héliport sur le toit.
AU SOUS-SOL: garage, atelier, gymnase.
AU REZ-DE-CHAUSSÉE: vestibule/hall d'entrée,
espace ludique, vidéothèque-bibliothèque,
bureau-salle de commande, douche/W.C.
AU PREMIER ÉTAGE: salle de séjour, salle à
manger, cuisine équipée, cinq chambres
(toutes avec salle de bains), piscine
couverte, sauna, solarium, salle de bains et
W.C.
Ascenseur.
JARDIN: partagé avec trois autres maisons.
Tennis, jardin potager biologique avec
serres. Arbres fruitiers.
-----------------------------------------
```

POINT LANGUE

Unité 2

Prepositions
Describing the layout of a building . . .

C'est	un	appartement (1)
		studio (2)
		immeuble (3)
		pavillon (4)
	une	maison (à deux étages) (5)

Il y a	un couloir	qui mène a . . .
		qui conduit à . . .
	un escalier	qui monte vers . . .
		qui descend vers . . .

Deux architectes regardent la maquette d'un nouveau quartier.

On passe	par	le garage	pour arriver	à/au/à la/aux . . .
Il faut passer		la cuisine		
On doit passer			pour entrer	dans le/la/les . . .

La cuisine	se trouve	entre . . . et . . .	à gauche
La chambre	est située	à côté du/de la/des . . .	à droite
La salle de bains			
Le garage	est situé		

Dans le cabinet de Marie-Paule Vauban, architecte-dessinatrice

10. Vous travaillez dans le cabinet de Marie-Paule Vauban. Vous devez réaliser des dessins techniques (sur papier quadrillé, si possible) à une échelle convenable. Il y a six différents projets à dessiner. Le premier est déjà fait comme exemple

a) Un couloir de 7m x 1m entre un escalier (à gauche) et une salle de bains (à droite) 4m x 3m.

b) Il y a un escalier (5m x 1m), qui descend à la cave (6m x 4m).

c) Une chambre (4m x 5½m) à côté d'une salle de bains (4m x 3m) qui est à gauche.

d) On passe par un garage (5m x 4m) pour arriver à un couloir, à gauche, (5m x 1m) qui mène à la cuisine (6m x 3m). Une porte, à droite, conduit directement à une salle de bains (2m x 2½m).

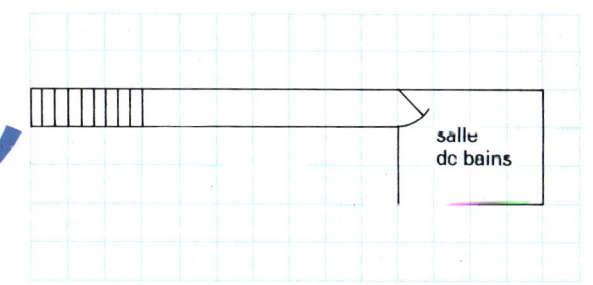

e) À gauche, il y a une petite chambre (3m x 3½m). Une porte, à droite, conduit directement à une salle de bains (2m x 2½m).

f) Un petit couloir (3m x 1m). À gauche, une chambre (3m x 4m). En face de cette chambre, les toilettes (2m x 1m).

Unité 3

3A La pause-café

L'après-midi du même jour...

— Salut ! Alors, vous vous entendez bien avec Madame Gaspard ?
— Oui. Elle est un peu sévère, mais au fond, elle est gentille.

— Elle dit tout le temps aux clients « Notre stagiaire, Mademoiselle Merlin, va vous aider ». Et vous ? Vous travaillez toujours dans les salles de bains ?
— Oui. Je me sens très propre.

— Qu'est-ce que vous allez faire après le stage ?
— Je vais continuer mes études aux Arts Appliqués. Et vous ?

— Je ne sais pas. On pourrait peut-être se tutoyer...
— Oui, bien sûr. Tu es parisien ?

— Oui. Et toi ?
— Oui. J'habite chez mes parents à Saint-Denis.

— Mon père travaille aussi pour le magasin. Il est chauffeur de camion.
— Ah bon ? Tu as une photo de lui ? Je le connais peut-être.

— J'ai une photo de toute ma famille. Ça, c'est mon père.
— Il a l'air sympa. Il aime son travail ?

Unité 3

— Oui, je crois. Il dit toujours «Quand je fais la route, je me sens libre».

— Et ça, c'est ta mère, avec les cheveux bouclés ?

— Oui. Elle est employée. Elle travaille pour la R.A.T.P. Ma grand-mère est aussi sur la photo, mais elle n'habite pas avec nous.

— Ça c'est mon frère Laurent. Il a seize ans. En général il est de bonne humeur, mais quelquefois il est insupportable.

— Tu as des chats magnifiques. Ils sont père et fils ?

— Non. Le grand chat, c'est l'oncle. Et le petit, c'est son neveu. Le grand est très beau et très intelligent. Le petit est très drôle, mais il est un peu fou aussi.

— Et ta famille ? Tu t'entends bien avec tes parents ?

— Avec ma mère, oui. Écoute. On peut se voir demain ?

What is this *Unité* all about?

MAIN TOPIC AREA	family, occupations and descriptions
LANGUAGE TASKS	• describe members of your family: their character, what they look like, their occupation • talk about your pets
MAIN GRAMMAR POINT	agreement of adjectives (including possessive adjectives)

Unité 3

heureux/heureuse   intelligent(e)   jeune   joli(e)   laid(e)   malheureux/malheureuse   méchant(e)

1. Écoutez ces neuf annonces publicitaires. Pour chaque annonce:
- devinez de quel produit il s'agit
- faites la liste des adjectifs employés.

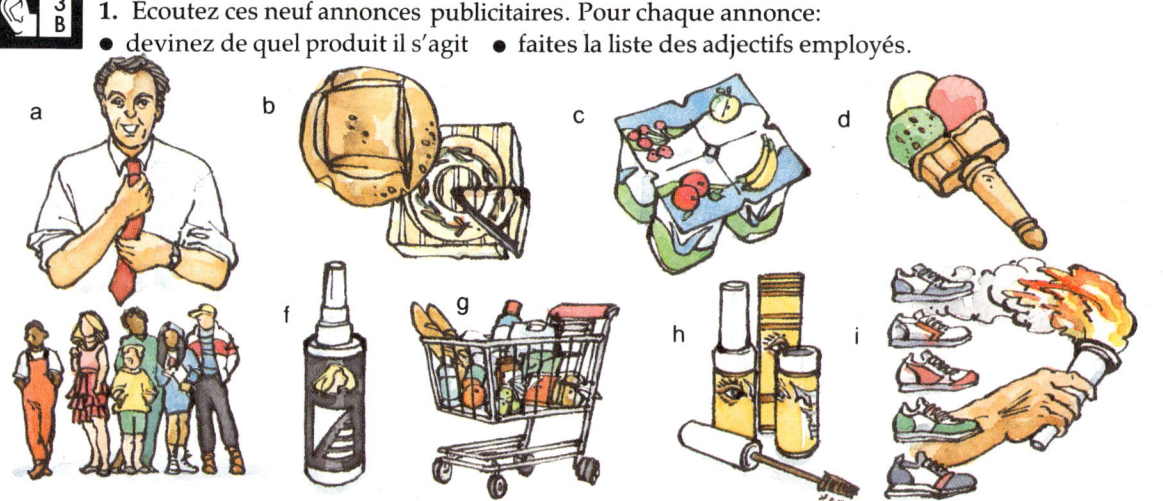

a   b   c   d

e   f   g   h   i

mince   nerveux/nerveuse   noir(e)   pâle   paresseux/paresseuse   petit(e)   roux/rousse   sage   sérieux/sérieuse   sportif/sportive

affreux/affreuse   amusant(e)   beau/belle   bizarre   blond(e)   bronzé(e)   drôle   fier/fière   fort(e)   fou/folle   gentil(le)   grand(e)   gros(se)

2. L'agence publicitaire veut faire quelques changements. Trouvez la forme correcte de chaque adjectif pour les nouveaux slogans.

LE PLAISIR DES CHATS DIFFICILES.

Publicité A: le slogan va commencer par
Le plaisir du chat . . .

Ne t'inquiète pas, tu sais bien que je suis végétarienne.

NAF NAF Le Grand Méchant Look

Publicité B: on va remplacer la femme par un homme et garder le même slogan.

Le pays généreux.

La Tunisie. Le pays proche.

Publicité C: le slogan va commencer par
Tunisie, la terre . . .

3. Inventez d'autres slogans publicitaires, à partir de ces phrases:
a) Les chats (*adjectif*) mangent (*nom du produit*).
b) Sans mon (*nom du produit*), je suis (*adjectif*).
c) Buvez (*nom du produit*), c'est (*adjectif*)!
d) Elle est (*adjectif*) et (*adjectif*), grâce à (*nom du produit*).
e) Avec (*nom du produit*), les enfants sont (*adjectif*).
f) (*Nom du produit*): pour les hommes (*adjectif*).

vieux/vieille   triste   tranquille   timide   sympathique

Unité 3

4. Lisez ce texte sur Emmanuelle Béart et trouvez:
a) sa profession
b) le nom et le prénom de son père
c) le nom et le prénom de sa mère
d) le nom et le prénom de son fiancé.

Son prénom, Emmanuelle, lui va comme un gant, avec son air angélique. Son nom est déjà célèbre: c'est celui de son père, le chanteur Guy Béart. L'an dernier, à vingt et un ans, Emmanuelle Béart a reçu la suprême récompense du cinéma français: le César. Le César du meilleur rôle féminin pour le film *Manon des Sources**.

Le rôle de Manon rappelle à Emmanuelle son enfance. Née à Gassin, dans le Var, elle y a vécu avec sa mère, Geneviève Galéa, un mannequin célèbre des années cinquante.

Discrète, timide, Emmanuelle est capable de beaucoup de détermination. Pour devenir Manon, Emmanuelle, qui est brune, a blondi ses cheveux. Elle a appris à monter aux arbres et à traire les chèvres. Cela n'a pas effrayé Emmanuelle, qui aime beaucoup les animaux. Elle a d'ailleurs une petite chienne, Sidonie.

Après *Manon*, Emmanuelle a tourné un film avec le réalisateur américain, Tom McLoughlin. Il recherchait quelqu'un de très beau, de presque parfait, pour jouer le rôle d'un ange. Il a été conquis par le visage pur et doux d'Emmanuelle, ses yeux bleus, la grâce de sa sillhouette.

Emmanuelle Béart est alors partie en Caroline du Nord, aux États-Unis, pour tourner *Date with an Angel* (*Rendez-vous avec un ange*).

Emmanuelle monte aussi sur scène. Depuis le début février, elle joue au théâtre de l'Atelier, à Paris. Son partenaire de scène est Daniel Auteuil. Les deux comédiens se connaissent bien . . . à la ville, ils sont fiancés. Mais chut! «*Je n'aime pas parler de moi.*»

Emmanuelle Philippe

*un film situé dans le sud de la France (le Midi)

---

5. Est-ce que le public français connaît bien Emmanuelle Béart?

On va interviewer David Gillard, qui vient de sortir d'un cinéma où l'on passe *Manon des Sources*, au sujet d'Emmanuelle Béart. Avant d'écouter l'interview, écrivez les réponses qu'il va probablement donner.

a) De quelle couleur sont les yeux d'Emmanuelle?
b) De quelle couleur sont ses cheveux?
c) Quel âge a-t-elle?
d) Est-ce qu'elle aime les animaux?
e) Comment s'appelle sa chienne?
f) Où est-ce qu'elle est née?
g) Quelle est la profession de son père?
h) Quelle est la profession de sa mère?
i) Est-ce que vous pouvez décrire le physique d'Emmanuelle?
j) Et est-ce que vous pouvez décrire son caractère?

6. Écoutez cette interview avec David Gillard. Est-ce qu'il donne les mêmes réponses que vous aux questions? Notez *Oui* ou *Non* à côté de vos réponses.

7. Travaillez avec un partenaire. **A** est journaliste, **B** est vedette de cinéma. Ensemble, vous allez rédiger une interview. **B** veut surtout parler de son nouveau film, mais il accepte de parler de ses parents, de ses frères et sœurs. Mais **A** pose aussi des questions indiscrètes sur le nouveau/la nouvelle partenaire de scène de **B**. Par exemple: *Il est beau/Elle est belle, n'est-ce pas? Vous aimez les blond(e)s?* **B** essaie de changer de sujet.

8. Jouez cette interview ensemble.

Unité 3

Chez les Roy

9. Lisez le résumé du feuilleton télévisé *Chez les Roy*, à la page 31.

- Trouvez le nom et le prénom des personnes qu'on voit sur les photos.
- Trouvez le personnage qui exerce chacun des métiers qui sont symbolisés ci-dessous.

PAGE 30

Unité 3

Chez les Roy

Je m'appelle Grégory Roy. Je suis journaliste. Je suis divorcé. Mon ex-femme s'appelle Catherine. Elle m'a quitté parce qu'elle est tombée amoureuse de mon cousin. Elle est avocate. Nous n'avons pas d'enfants.

Mon père, Yves, était musicien, mais il est mort dans un accident de montagne. Il a disparu dans une avalanche. Ma mère, Élise, est femme d'affaires. Elle s'est remariée avec un banquier, Henri Maurel. Je déteste mon beau-père. Je n'étais pas content quand ma mère l'a épousé tout de suite après la mort de mon père.

Mes grands-parents, Jacques et Martine Roy, habitent aux États-Unis. Mon grand-père est patron d'un casino. Ma grand-mère est infirmière, mais elle n'exerce pas sa profession en ce moment parce qu'elle a été enlevée par des gangsters l'année dernière.

J'ai une sœur aînée, Stéphanie. Son mari s'appelle Laurent Weider. Stéphanie est institutrice. Mon beau-frère est garagiste. Leur fils s'appelle Olivier. Il est fils unique.

J'ai un oncle, mon oncle Gérard. C'est le frère de ma mère. Il est plus jeune qu'elle. Il s'appelle Gérard Dumas. Il est pilote. Sa femme, ma tante Mireille, est dactylo. Ils ont trois enfants. L'aîné s'appelle Adrien. Il est acteur. Il vit avec Catherine, mon ex-femme. Son frère Bertrand est électricien, et puis ma cousine Julie est dentiste.

---

10. Travaillez avec un(e) partenaire.

(i) **A** joue le rôle de Grégory. Il indique un des personnages, en disant par exemple *C'est ma cousine*. **B** doit dire le nom et le prénom du personnage. Ensuite, **B** indique un des personnages en disant (par exemple) *C'est ton ex-femme*. **A** (Grégory) doit dire le nom et le prénom du personnage.

(ii) **A** choisit un des personnages et dit sa profession, par exemple: *Elle est femme d'affaires*. **B** doit dire le nom et le prénom du personnage. Ensuite, changez de rôle.

11. Qui sont les personnages suivants?

a) Il a vingt-huit ans. Il est brun aux cheveux raides. Il a les yeux bleus et le regard triste.
b) Il est grand, musclé et mal rasé. Il a l'air agressif. Il a les cheveux blonds, assez longs.
c) Il est chauve, avec une grande moustache. Il est très sûr de lui, peut-être un peu arrogant. Il est assez gros.
d) Elle est blonde et souriante. Elle a les cheveux longs et bouclés. Elle a un tailleur rouge.
e) Elle a presque cinquante ans. Elle a un look sophistiqué: elle est très bien maquillée. Elle est brune, avec les cheveux en chignon. Elle porte des boucles d'oreille.
f) Elle a les cheveux gris, très courts. Elle a l'air sympathique, mais en ce moment, elle est un peu stressée.

12. Choisissez six autres photos des personnages du feuilleton et faites-en la description. Donnez vos descriptions à votre partenaire, qui doit deviner le nom de chaque personnage.

13. Écoutez ces scènes du feuilleton *Chez les Roy*. Notez le nom des personnages qui parlent, et comment leur situation change. Ensuite, redessinez l'arbre généalogique.

14. Vous allez inventer un feuilleton télévisé.

- Trouvez un nom pour le personnage principal.
- Écrivez un résumé, où le personnage principal parle de sa famille. Par exemple: *Ma mère s'appelle . . .*
- Trouvez une profession pour chaque personnage.
- Décrivez tous les personnages: leur physique et leur caractère.

Vous pouvez suggérer des comédiens pour chaque rôle.

- Inventez le dialogue pour une scène, où la situation d'un des personnages change de façon dramatique.
- En groupes, jouez la scène que vous avez rédigée.

Unité 3

POINT LANGUE

Agreement of adjectives, including possessive adjectives

The makers of the detergent *Écoblanc* have asked an advertising agency to design a new advertisement for them. Here is the first draft:

Publicité Écoblanc

Madame Guillard est ménagère. [*Mme G. est jeune, jolie, blonde et très élégante.*] Elle habite avec son mari [*le mari est beau et charmant*] et ses deux enfants [*blonds et souriants*].

Scénario:
Madame Guillard: «Mon mari est si content. Avec Écoblanc, ses chemises sont toujours propres. Merci, Écoblanc.»

Handwritten notes:
- Why 'son' and not 'sa'?
- What if they were both girls?
- Whose shirts are they?
- Which of these always has an 'e' on the end, even when it's masculine?
- What if we said "C'est un ____ homme"?
- And what if she wants to add "____ amie est si jalouse"?

15. Écoblanc have rejected this draft. Here's the second version. Copy it out, putting in the missing possessive adjectives (mon/ma/mes, son/sa/ses, etc.), and choosing the correct form of the other adjectives.

Publicité Écoblanc (deuxième version)

Madison est musicien de jazz. [*M. est mal rasé(s), fatigué(e), mais sympathique(s)*] Il habite avec . . . fille [*la fille est intelligent(e) et sérieux/sérieuse*] et . . . deux chats [*les chats sonts beau(x) et paresseux/paresseuses*].

Scénario:
Madison: «. . . fille joue souvent au baseball. Alors . . . maillots sont sale(s). Heureusement qu'il y a Écoblanc. Écoblanc, c'est cool.»

16. Écoblanc are considering this version. Can you invent a better one? Use the same format:

(Name) habite avec son . . ./sa . . ./ses . . . [Give suggestions about the appearance or personality of the characters.]

Then write the script, beginning:

«Mon . . ./Ma . . ./Mes . . .»

STAGE PRATIQUE

Unité 3

Faire la connaissance des employés

Vous venez de commencer votre stage aux Galeries Vendôme. Vous allez à la cafétéria avec Madame Gaspard, chef du rayon de l'ameublement. Elle vous présente d'autres employés.

> Alors, je vous présente Éric Lucas. Il est serveur au restaurant du magasin. Ensuite, Céline Tocquet. Céline est vendeuse au rayon de la confection femme. Puis, je vous présente Guy Lefèvre. Guy est chauffeur de camion. Et à côté de Guy, Geneviève Guichoux. En ce moment, Geneviève travaille avec moi au rayon de l'ameublement, mais elle n'est pas vendeuse, elle est dessinatrice. Ensuite, je vous présente Sameena Boulaki. Sameena est employée à l'agence de voyages. Et derrière Sameena, Adrien Primi, qui est chef du rayon des disques.

Éric Lucas	Céline Tocquet	Guy Lefèvre	Geneviève Guichoux	Sameena Boulaki	Adrien Primi
Restaurant du Baron	Confection Femme	Service des Livraisons	Dessinatrice	Agence de Voyages	Disques

17. Vous devez remplir votre carnet de stage. Mettez les noms des gens que vous avez rencontrés, leur emploi, et quelques notes sur leur physique, pour vous aider à les reconnaître.

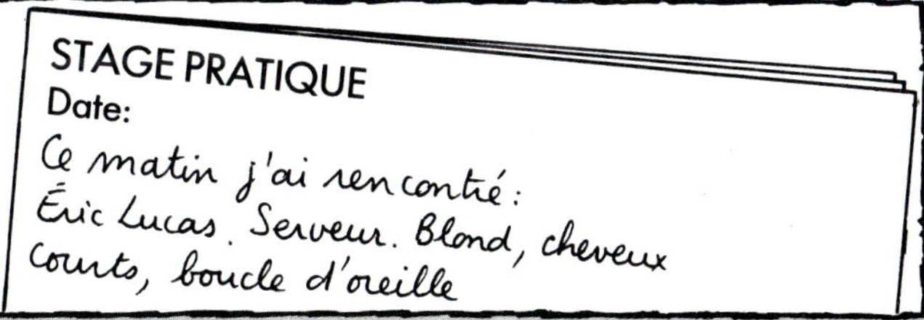

> STAGE PRATIQUE
> Date:
> Ce matin j'ai rencontré:
> Éric Lucas. Serveur. Blond, cheveux courts, boucle d'oreille

18. Vous revoyez les mêmes personnes plus tard dans la journée. Sans regarder le haut de cette page, présentez-les à votre partenaire, un(e) co-stagiaire.

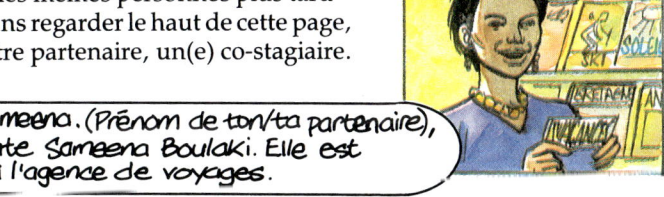

> Bonjour, Sameena. (Prénom de ton/ta partenaire), je te présente Sameena Boulaki. Elle est employée à l'agence de voyages.

19. Entraînez-vous à apprendre le nom, le prénom et l'emploi des gens que vous rencontrez. Travaillez en groupes de six. Un membre du groupe joue le rôle d'un(e) nouveau/nouvelle stagiaire du magasin. Quatre autres membres du groupe se présentent: chacun dit son nom, son prénom et son emploi. (Votre professeur a une liste des emplois du magasin.) Ensuite, le/la stagiaire les présente à son/sa co-stagiaire, le sixième membre du groupe.

Unité 3

Le service du personnel des Galeries Vendôme s'occupe du bien-être des employés du magasin. Il vous propose ce psycho-test pour vous aider à déterminer vos aptitudes et à mieux vous orienter. Notez vos réponses dans votre cahier.

Galeries Vendôme

FICHE D'ORIENTATION

SERVICE DU PERSONNEL

(1) Placez-vous sur l'échelle entre 0 et 10 pour chaque trait de caractère:

- calme — nerveux/se
- simple — sophistiqué(e)
- timide — sûr(e) de vous
- énergique — paresseux/se
- patient(e) — impatient(e)
- sérieux/se — frivole
- bavard(e) — discret/ète
- souriant(e) — grave
- sensible — dur(e)
- réaliste — rêveur/se
- discipliné(e) — irresponsable
- influençable — indépendant(e)

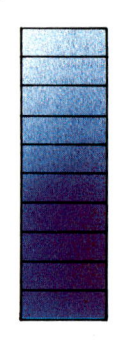

(2) Accordez-vous une note entre 0 (pas doué(e) du tout) et 10 (très doué(e)) pour chaque domaine:

- la musique
- le sport
- les études
- les contacts humains
- le dessin
- le bricolage
- les langues
- l'écriture

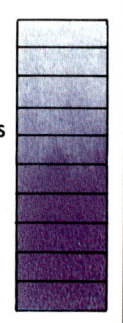

(3) Donnez une note de 0 à 10 à chaque adjectif (0 = je ne suis pas du tout d'accord, 10 = je suis tout à fait d'accord).
Pour réussir dans la vie, il faut être:

- agressif/ve
- courageux/se
- débrouillard(e)
- beau/belle
- généreux/se
- cruel(le)
- travailleur/euse
- intelligent(e)
- égoïste
- créateur/trice
- passionné(e)
- déterminé(e)

(4) Pour vous, commettre une erreur, c'est:

	oui	non
essentiel		
normal		
bête		
pénible		
catastrophique		

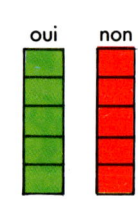

(5) Votre héros ou héroïne, c'est:

- un explorateur/une exploratrice
- un(e) scientifique
- un peintre
- un(e) musicien(ne)
- un(e) sportif/ve
- une vedette de cinéma
- un écrivain

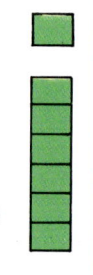

(6) Qu'est-ce qui vous choque le plus?

- l'ignorance
- l'injustice
- la violence
- la stupidité
- l'hypocrisie
- la trahison
- les préjugés

(7) Classez les mots suivants par ordre de priorité. Vous voulez être:

- célèbre
- riche
- heureux/se
- puissant(e)
- utile aux autres
- indépendant(e)

Unité 4

4A Un train, un bus, une Ferrari

Aujourd'hui, c'est mercredi, alors Laurent n'a pas de cours l'après-midi.

Tiens, Laurent. C'est aujourd'hui qu'Alain Piquet vient au magasin.

Ah bon? À quelle heure?

À deux heures. Ça t'intéresse?

Bien sûr. C'est où exactement, ton magasin? Comment je fais pour y aller?

C'est rue de la Paix. Tu prends le R.E.R. jusqu'à Gare du Nord.

Tu prends le bus numéro 42 devant la gare et tu descends à Opéra. Le magasin est à deux minutes, c'est à deux cents mètres, à peu près. Bon, répète.

Ça va, ça va. Je prends le R.E.R., je descends à Gare du Nord, je prends le bus numéro... euh...

Quarante-deux.

Et je descends à Opéra.

Tu vois? Même pour toi, c'est facile. On se donne rendez-vous à deux heures au premier étage. D'accord?

Une demi-heure plus tard: Nathalie est en route pour le magasin.

Excusez-moi. Je descends ici.

Moi aussi.

Tiens! Bonjour, madame! Vous prenez ce train tous les jours?

Non, non. J'habite rue Vaugirard, alors normalement, je prends le métro à Pasteur, mais là, je viens de chez ma sœur.

Unité 4

What is this *Unité* all about?

MAIN TOPIC AREA	travelling by public transport: bus and underground
LANGUAGE TASKS	• prepare yourself to use bus services and the Paris underground • cope with Paris place names • deal with tickets, fares, timetables and maps
MAIN GRAMMAR POINT	verbs ending in *-re* (present tense)

Unité 4

On prend le bus à Paris

Voici un plan qui indique le parcours du bus numéro 42 à Paris. Ce bus va de la Gare du Nord à la Tour Eiffel (et continue jusqu'à Balard-Lecourbe). Chaque arrêt de bus porte un nom (le nom de la rue ou le nom d'un monument voisin).

1. Écoutez la cassette. Vous allez entendre le nom de dix arrêts. Trouvez-les sur le plan, et notez le numéro de chaque arrêt.

2. Aujourd'hui, c'est mercredi. Il est 11 h 30 du matin. Voici les passagers qui montent dans un bus numéro 42 à la Gare du Nord . . . mais où vont-ils descendre?

Écrivez leurs noms dans votre cahier et puis écoutez la cassette. À côté du nom de chaque personne, écrivez le nom de l'arrêt où elle descend.

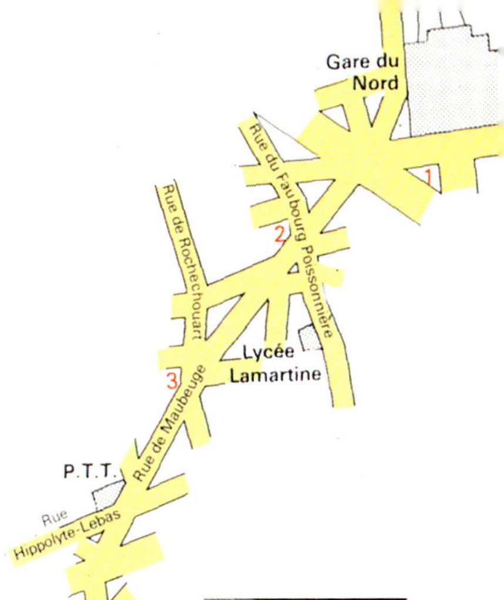

Paul Cyrano travaille comme barman au Crazy Horse Saloon. C'est un cabaret-bar de l'Avenue George-V.

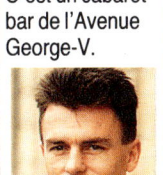

Mouna Asrir travaille comme interprète au Ministère du Commerce Extérieur.

Joël Mercier est lycéen. Il n'a pas cours le mercredi. Il est très amateur de courses automobiles et il se rend aux Galeries Vendôme où son héros Alain Piquet inaugure un nouveau rayon.

Gabriel de Lastours a 25 ans aujourd'hui. Il a invité des amis chez lui ce soir pour fêter son anniversaire. Il va chez Fauchon (une épicerie de luxe) pour acheter des provisions.

Astrid Carme est professeur de gymnastique au Lycée Lamartine. Elle n'a pas cours le mercredi, mais aujourd'hui il y a une compétition de judo à son lycée.

Deirdre et Lloyd Bateman sont des touristes australiens en visite à Paris. Ils aiment beaucoup la peinture et ils vont voir l'exposition Picasso au musée du Grand Palais.

Patricia Adam est photographe. Elle veut prendre des photos panoramiques de Paris, donc elle se rend à la Tour Eiffel.

Lucie Janot vend des voitures chez Renault. Elle travaille sur les Champs-Élysées.

Annie Sauveur est factrice. Elle travaille aux P.T.T. de la rue Hippolyte-Lebas.

PAGE 37

Unité 4

POINT LANGUE

Verbs ending in -re (present tense)

There are not many verbs in the -re group, but some of them are used very frequently. You need to learn the way **each** verb behaves. Think of them all as **irregular**.

Read these case studies of the home-to-work travel arrangements of some Galeries Vendôme employees.

Galeries Vendôme

Études de cas

Dani le Marc vend des parfums au rayon «Beauté». Elle habite Cergy-Pontoise, donc elle prend le RER A3. Elle descend à Auber et elle met cinq minutes à pied pour arriver au magasin.

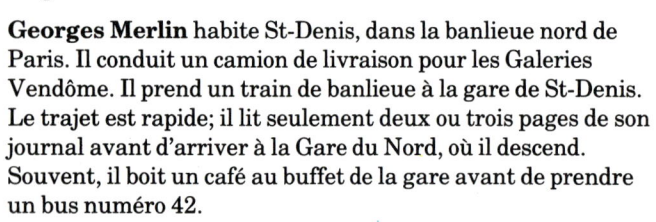

Georges Merlin habite St-Denis, dans la banlieue nord de Paris. Il conduit un camion de livraison pour les Galeries Vendôme. Il prend un train de banlieue à la gare de St-Denis. Le trajet est rapide; il lit seulement deux ou trois pages de son journal avant d'arriver à la Gare du Nord, où il descend. Souvent, il boit un café au buffet de la gare avant de prendre un bus numéro 42.

Christine Jacobs et Max Drouot connaissent très bien les Galeries Vendôme. Ça fait 20 ans qu'ils y sont. Ils partagent un appartement à la Villette. Ils préfèrent habiter près du centre: comme ça, ils ne perdent pas trop de temps le matin. Ils mettent entre 30 et 45 minutes porte à porte, ça dépend des jours. À la Villette, ils attendent au maximum 10 minutes pour avoir un métro.

3. Imagine you are each of the employees, in turn, and tell a partner about your journey to work. Then put your descriptions in writing. Use *je* for Dani or Georges, *nous* or *on* for Christine and Max.

For example:
Je prends le RER . . .
Nous ne perdons pas trop de temps . . .
On met entre 30 et 45 minutes . . .

4. The personnel officer for the store has commissioned a training video in which employees talk about aspects of their job, including their journey to work. With your partner, write a script for interviews with the people in the case studies. Work out what questions the interviewer would ask (using *vous*) and what answers these people would give: use all the information in the case studies. Then act out the interviews.

For -re verbs, whatever happens to the stem, the endings stay the same:

je	+ s	nous	+ ons
tu	+ s	vous	+ ez
il/elle/on	+ t*	ils/elles	+ ent

*For il/elle/on, if the verb ends in a d, you do not need to add a t: for example, *Elle attend, Il apprend*.

The singular parts of the verb (the three listed on the left, above) all sound the same as each other.

For these verbs, the stem and endings remain constant:

attendre
j'attends
tu attends
il/elle/on attend
nous attendons
vous attendez
ils/elles attendent

descendre, perdre, répondre, vendre follow the same pattern.

prendre
je prends
tu prends
il/elle/on prend
nous prenons
vous prenez
ils/elles prennent

apprendre and **comprendre** follow the same pattern.

For other -re verbs, the stem changes slightly, in some or all parts of the verb.

boire
je bois — nous buvons
tu bois — vous buvez
il/elle/on boit — ils/elles boivent

connaître
je connais — nous connaissons
tu connais — vous connaissez
il/elle/on connaît — ils/elles connaissent

lire
je lis — nous lisons
tu lis — vous lisez
il/elle/on lit — ils/elles lisent

mettre
je mets — nous mettons
tu mets — vous mettez
il/elle/on met — ils/elles mettent

and similarly:
conduire
je conduis — nous conduisons
écrire
j'écris — nous écrivons
suivre
je suis — nous suivons
faire, dire: see page 53.

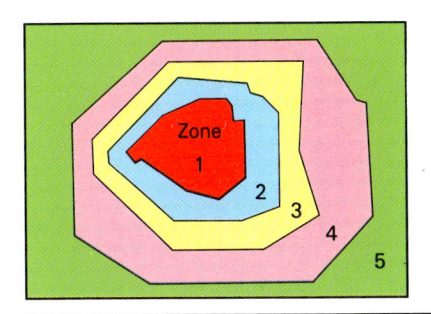

Unité 4

Paris: bus, métro et RER — mode d'emploi

Les zones Le réseau de transports parisiens est divisé en cinq zones. La Zone 1, c'est la ville de Paris. À l'intérieur des zones 1 et 2, tous les trajets par métro ou RER (le RER est une sorte de «super métro» qui va plus vite et plus loin que le métro «normal») sont au même tarif: il y a un tarif *unitaire*. Pour les autres zones en RER, vous payez un prix qui varie selon la distance. Dans les bus, vous donnez un ou plusieurs tickets, selon la longueur du trajet.

Les titres de transport

Un ticket simple Valable dans les bus, le métro et le RER. Vous devez «composter» votre ticket dans la machine quand vous montez dans un bus. Dans le métro et le RER, vous mettez votre ticket dans la machine de contrôle et vous le reprenez tout de suite.

Un carnet de 10 tickets
Moins cher que 10 tickets individuels. Vous utilisez un ticket à la fois. Si vous êtes plusieurs personnes à voyager ensemble, donnez à chacune un ticket du carnet.

Une carte orange Si vous passez au moins une semaine à Paris, il vaut mieux prendre une carte orange. La carte est gratuite, mais pour voyager, il vous faut un coupon (jaune pour une semaine, orange pour un mois). Conservez le coupon avec votre carte.

Une carte «**Formule 1**» Valable pendant une seule journée, mais le nombre de trajets est illimité.

Une carte «**Paris Visite**» Valable pour trois ou cinq jours et en première classe seulement, dans les zones 1 à 3, ou 1 à 4.

---

5. Imaginez-vous dans ces situations. Quel titre de transport prenez-vous?
Dans votre cahier, écrivez la lettre qui correspond à chaque numéro.

1. Vous voulez faire un seul trajet en bus ou en métro.
2. Vous faites un stage d'un mois à Paris.
3. Vous faites un séjour de trois jours à Paris.
4. Vous passez une journée à Paris. Vous voulez visiter tous les monuments historiques!
5. Vous passez deux jours à Paris avec deux camarades de classe. Vous n'avez pas de projets précis.
6. Vous passez une semaine chez votre correspondant, qui habite dans la banlieue parisienne.

Je prends . . .
a) un carnet de tickets.
b) un coupon jaune pour ma carte orange.
c) un ticket.
d) une carte «Formule 1»
e) un coupon orange pour ma carte orange.
f) une carte «Paris Visite».

---

6. Écoutez la cassette. Ces personnes sont à Paris et veulent voyager. Écoutez ce qu'elles veulent faire, et donnez-leur des conseils: *Il vaut mieux prendre . . .*
Notez simplement la lettre qui convient (a–f).

PAGE 39

Unité 4

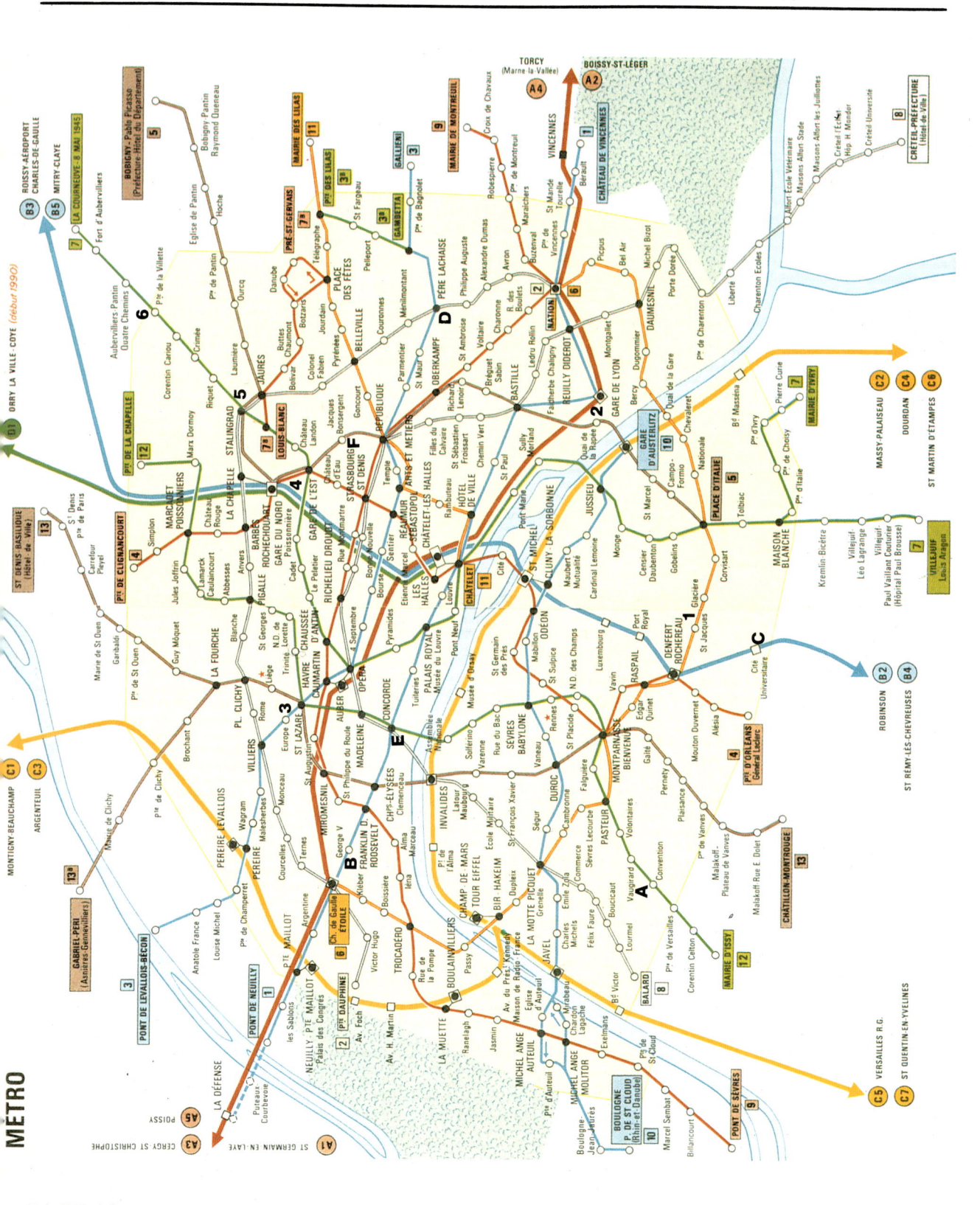

PAGE 40

__Unité 4__

7. Vous avez ci-dessus un plan du métro parisien et du RER. Sur la cassette, vous allez entendre des gens qui veulent prendre le métro. Trouvez la station de métro St-Jacques (numéro 1 sur le plan). Écoutez la première conversation et essayez de suivre les instructions d'Anne-Laure sur le plan.

8. Lisez les indications ci-dessous et suivez le trajet de Gérard sur le plan. Il est à la station St-Jacques et veut aller à Convention (A sur le plan).

1. D'abord, il cherche ST-JACQUES et CONVENTION sur le plan.
2. Puis, il cherche la bonne direction. C'est CHARLES DE GAULLE-ÉTOILE (la station de fin de ligne, le terminus).
3. Son voyage n'est pas direct. Il doit changer de train à la station PASTEUR. Quand il descend à PASTEUR, il cherche le tunnel CORRESPONDANCE.
4. Il cherche une nouvelle direction. C'est MAIRIE D'ISSY.
5. Il descend à CONVENTION. C'est le troisième arrêt. Il cherche la sortie vers la rue.

9. Écoutez la deuxième conversation et suivez les instructions données au monsieur. Il est à la station Gare de Lyon (numéro 2 sur le plan). Il veut aller à George-V (marqué B).

10. Maintenant, lisez les indications et suivez le trajet sur le plan.

1. Il trouve les stations GARE DE LYON et GEORGE-V sur le plan.
2. Il cherche la direction. C'est PONT DE NEUILLY.
3. Son voyage est direct. Il ne change pas de train.
4. Après dix arrêts, il arrive à GEORGE-V. Il cherche la sortie vers la rue.

11. Maintenant, écoutez les quatre autres conversations. Copiez la grille. Remplissez-la avec les détails des six trajets. (Pour le trajet de Gérard, numéro 1, c'est déjà fait.)

station	direction	direct? ou correspondance à	direction	station	lettre
1	St-Jacques	Ch. de Gaulle-Étoile	Pasteur	Marie d'Issy	Convention	A

12. Travaillez avec un(e) partenaire. Imaginez que vous prenez le métro à Paris, tous/toutes les deux. Vous êtes à la station Gare de l'Est (4).

A a un plan, **B** n'en a pas. **B** choisit une station sur la liste à droite et dit où il/elle veut aller. A lui explique comment il faut faire : quelle direction il faut prendre, si c'est direct, la station de correspondance, la nouvelle direction.

Changez de rôle après trois trajets. N'oubliez pas de répéter les indications pour votre trajet afin de ne pas faire d'erreur . . .

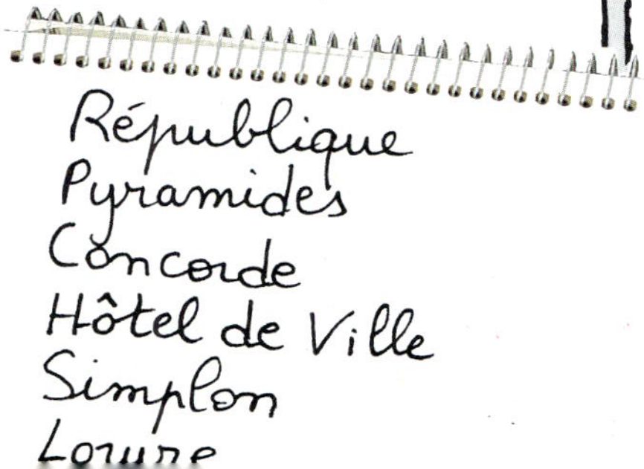

République
Pyramides
Concorde
Hôtel de Ville
Simplon
Louvre

PAGE 41

Unité 5

5A Mauvaise journée

— Regarde ! C'est ton jules. Tu ne lui fais pas bonjour ?
— Il est toujours avec cette fille.

— Bof ! Tu es mieux qu'elle. Ne t'inquiète pas.

— Mais qu'est-ce qu'il y a ? Ça ne va plus entre vous ?
— Je ne sais pas. De toute façon il ne me téléphone plus.

— Mademoiselle, je peux essayer cette robe, s'il vous plaît ?
— Oui, bien sûr, madame. Les cabines sont par ici.

— Je peux vous aider, monsieur ?
— Je cherche un cadeau pour une amie. Combien coûtent ces foulards, s'il vous plaît ?

— Celui-ci fait deux cents francs et celui-là fait deux cent cinquante francs.
— Vous n'avez rien de moins cher ?

— Si, monsieur. Nous avons ceux-ci à cent soixante-dix francs.
— Ah bon, merci. Je vais réfléchir.

Unité 5

What is this *Unité* all about?

MAIN TOPIC AREA — shopping for clothes

LANGUAGE TASKS
- ask for particular items of clothing (colour, size, who it is for)
- find out how much things cost
- say an item is or is not satisfactory, or is too expensive, too small, too big, etc.

MAIN GRAMMAR POINTS — subject pronouns and *-er* verbs (present tense)

Unité 5

C'est pour offrir?

370 F
220 F
112 F
145 F
730 F

59 F
12 F
14 F
43 F
22 F

556 F
221 F
198 F
4 837 F
174 F

3 220 F
378 F
184 F
256 F
234 F

PAGE 44

Unité 5

Elle part souvent en voyage d'affaires? Offrez-lui cette trousse de toilette. Elle contient une brosse à dents, du dentifrice, un savon et un peigne.

Il est paresseux? Offrez-lui ce pyjama en coton. Ou pourquoi pas cette belle robe de chambre, avec une paire de pantoufles? Et s'il est vraiment paresseux, offrez-lui ce réveil ou cette montre splendide pour qu'il arrive à temps à votre prochain rendez-vous.

Il aime les accessoires élégants? Offrez-lui ce chapeau. Ou peut-être préfère-t-il cette cravate en soie ou ces chaussettes en laine. Et pourquoi pas un mouchoir en soie? Ou bien un portefeuille en cuir?

Elle adore les longues promenades sous la pluie? Offrez-lui ce bel imperméable. Avec ce parapluie et ces bottes en caoutchouc. Et n'oubliez pas cette belle écharpe en laine et ces gants en cuir.

1. Écrivez une liste de tous les prix. Par exemple:

Le dentifrice coûte 12 F.
Les pantoufles coûtent 174 F.

Commencez par l'objet le moins cher et terminez par l'objet le plus cher.

2. Écoutez dix clients qui demandent le prix de certains de ces objets. Pour chaque client, notez:

- le nom de l'objet dont il/elle veut savoir le prix
- s'il/si elle prend l'objet.

3. Travaillez avec un(e) partenaire.
A choisit un objet et dit *Ça fait X francs.* **B** doit trouver l'objet.

4. Fermez le manuel. Essayez de vous rappeler tous les objets. Faites une liste. Comparez votre liste avec celle de votre partenaire. Vous avez trouvé tous les objets?

Ensuite, essayez ensemble *sans regarder le manuel* de vous rappeler la couleur de chaque objet.

5. A ne regarde pas le manuel.
B dit (par exemple) *Il/Elle est vert(e)* ou *Ils/Elles sont blanc(he)s.* A doit deviner l'objet.

6. Écoutez ces clientes qui essaient chacune un imperméable. Elles décident toutes de ne pas l'acheter, pour diverses raisons.

Voici un extrait d'un manuel d'expressions anglaises. Trouvez la traduction anglaise de ce que dit chaque cliente (notez la lettre, a–g).

Shopping for clothes

a) It doesn't suit me.
b) It's too big.
c) It's too tight.
d) It's too long.
e) It's too short.
f) I don't like the colour.
g) It's too expensive.

PAGE 45

Unité 5

8. La veste en coton
Coloris: vert foncé, bleu foncé
Tailles: 80/84, 88/92
Prix: **484 F**

1. Les chaussures hommes
Cuir extra-souple
Coloris: noir, marron foncé, marron clair
Pointures: 39, 40, 41, 42
Prix: **435 F**

2. Les chaussures femmes
Dessus en veau, talon 2 cm
Coloris: noir, rouge, bleu marine
Pointures: 35, 36, 37, 38, 39, 40, 41
Prix: **324 F**

3. Le chemisier en coton
Coloris: jaune vif, rose vif, violet
Tailles: 36/38, 40/42, 44/46
Prix: **287 F**

4. La chemise en coton
Coloris: bleu, blanc, gris
Tailles: 37/38, 39/40, 41/42, 43/44, 45/46
Prix: **267 F**

5. La jupe en coton
Coloris: bleu, gris, blanc
Tailles: 38, 40, 42
Prix: **199 F**

6. La robe en coton
Coloris: rouge cerise, vert, noir
Tailles: 36, 38, 40, 42
Prix: **489 F**

7. Le pantalon en coton
Coloris: vert foncé, bleu foncé
Tailles: 72, 76, 80, 84
Prix: **245 F**

9. La ceinture en cuir
Coloris: marron, noir
Prix: **190 F**

10. Le collant en nylon
Coloris: rouge cerise, bleu marine, noir
Taille unique
Prix: **27 F**

11. La veste en laine
Coloris: bleu marine, vert foncé, marron clair
Tailles: 36, 38, 40, 42
Prix: **976 F**

12. Le pull-over en laine
Coloris: noir, gris, blanc, rose
Tailles: 38/40, 42/44
Prix: **435 F**

Unité 5

7. Regardez la page 46. Trouvez la lettre qui correspond à chaque description.

8. Écoutez dix clients qui téléphonent leur commande. Pour chaque client(e), notez:
- l'article
- le coloris
- la pointure/la taille
- s'il y a un problème.

Téléphonez votre commande. On vous écoute. Commandes et renseignements téléphoniques: 49.34.60.10 du lundi au vendredi de 9h à 18h. En dehors de ces heures d'appel, un répondeur enregistre vos commandes.

9. Travaillez avec un(e) partenaire. **A** est le/la client(e). Il/Elle veut commander cinq articles. Il/Elle doit préciser l'article, le coloris et la pointure/la taille.
Par exemple:
Je voudrais une veste en laine, s'il vous plaît, en bleu marine. Je fais du trente-huit.

B est vendeur/vendeuse. Il/Elle gagne 10F pour chaque article vendu. Mais ses stocks sont presque épuisés. Pour chaque article, il/elle a un seul coloris et seulement deux pointures/tailles.

(Avant de commencer le jeu de rôle, **B** doit écrire dans son cahier quel coloris et quelles pointures/tailles il lui reste pour chaque article, sans le montrer à **A**.)

Changez de rôle. Qui est-ce qui a gagné le plus d'argent?

10. Vous êtes vendeur/vendeuse, au rayon des blousons en cuir. Mais les clients ne les achètent pas. Vous essayez de les persuader. Trouvez la réponse que vous allez donner à chaque client.

i) Ça ne me va pas.
ii) Je n'aime pas cette couleur.
iii) C'est trop cher.
iv) C'est trop grand.
v) C'est trop serré.
vi) C'est trop court.
vii) C'est trop long.

a) Mais pour un blouson de cette qualité, trois mille francs, ce n'est pas cher du tout.
b) Mais on porte les blousons très longs cette année.
c) Mais le noir vous va très très bien.
d) Mais les blousons courts sont très à la mode.
e) Mais quand c'est serré, ça vous tient chaud.
f) Mais si, ça vous va très bien. C'est tout à fait votre look.
g) Mais c'est parfait. Comme ça, vous pouvez mettre un gros pull-over dessous.

C'est tout à fait votre look, monsieur!

11. Travaillez avec un(e) partenaire. Vous êtes dans un magasin de vêtements. **A** suggère à **B** d'essayer plusieurs vêtements. **B** ne veut pas. **A** essaie de le/la persuader.

Unité 5

POINT LANGUE

Subject pronouns and -er verbs (present tense)

The pattern: chercher = to search, to look-for

je cherche	(1st person singular)	
tu cherches	(2nd person singular)	
il/elle/on cherche	(3rd person singular)	
nous cherchons	(1st person plural)	
vous cherchez	(2nd person plural and polite singular)	
ils/elles cherchent	(3rd person plural)	

je cherche un une pièce
tu cherches un deux pièces
il cherche un trois pièces
nous cherchons un quatre pièces
vous cherchez un cinq pièces
ils cherchent un kiosque

Tous les jeudis Dix francs

12. Four of these endings sound exactly the same in the spoken language. Which?

How do you know which ending to use?
It depends on the subject of the verb (who or what is doing the action or experiencing the feeling). If you're using a subject pronoun (listed in pink above), just check which ending goes with it in the verb table.

Make sure you're looking at the subject and not the object.

13. Copy these out, adding the missing endings:
a) Je vous écout. . .
b) Tu nous pardonn. . .?
c) Ils ne m'aim. . . pas.
d) Vous nous manqu. . .

Speaking in the first person
First person singular: use this after *je* (often, in spoken language, «*Moi, je . . .*»).

First person plural: use this after *nous*, or anything that is equivalent to nous («*Mon mari et moi habitons à Neuilly* »).

But be careful – in a more familiar context you often say «*Nous, on . . .*» and then you need a third person singular pronoun.

14. Copy these out, filling in the missing endings:
a) Nous, on ador. . . Mozart.
b) Moi, je préfèr. . . Haydn.
c) Maman et moi détest. . . Tchaïkovski.
d) Nous le trouv. . . vulgaire.

Speaking in the second person

15. Which of these would you say to a shop assistant, and why?
Tu acceptes les chèques?
Vous acceptez les chèques?
(For commands in the second person, see page 64.)

Speaking in the third person
The third person forms are used when the subject is
- a third person pronoun: Elle change d'avis.
- a name: Sylvie accepte le chèque.
- an article and a noun: La cliente emporte la robe. Les vendeuses la regardent partir.
- a noun phrase (a group of words pivoting around a noun): Le mari de la cliente n'aime pas la robe. Ses trois enfants, eux, l'aiment bien.

16. Write out these sentences, adding the missing endings:
a) Le magasin accept. . . les cartes de crédit.
b) Ici, on parl. . . anglais.
c) Les chefs de rayon arriv. . . tôt le matin.
d) Le pyjama à manches courtes coût. . . 230F.

17. A few regular -er verbs follow a slightly different pattern, involving minor changes in spelling or accents within the stem of the verb. The verb endings stay the same as the pattern above.
a) Use a dictionary or grammar book to find out the pattern for:
changer, acheter, préférer, essayer, commencer, appeler.
b) Make a list of other verbs that fall into these six sub-groups as you come across them.

STAGE PRATIQUE

Unité 5

Observer le travail des employés

Vous allez observer le travail de plusieurs employés du magasin pendant quelques jours.
On vous donne des documents pour vous aider.

Galeries Vendôme — DIRECTION DU PERSONNEL

Ce que vous devez savoir...
Nous sommes heureux de vous accueillir aux Galeries Vendôme et, pour votre information, nous vous remettons ce document. Lisez-le attentivement, il facilitera votre insertion dans l'entreprise.

Entrées, pointage et prise du travail

Entrez par le:

23, rue des Capucines si vous travaillez au service de la vente

18, boulevard des Capucines si vous travaillez à la cafétéria ou au restaurant du Baron

34, rue de la Paix si vous travaillez au service de la publicité ou au service des achats

16, rue Volney si vous travaillez au service administratif ou au service de la comptabilité

7, rue Daunou si vous travaillez au service technique ou dans les réserves et entrepôts.

Vestiaires

Déposez vos affaires personnelles dans votre armoire au vestiaire. Fermez-la à clé.

Circulation dans la maison

Ne quittez pas votre poste de travail sans l'accord de votre chef.

Heures de repas

Les horaires de déjeuner seront indiqués par les chefs. Vous avez une heure pour aller déjeuner et revenir à votre poste de travail (plus un quart d'heure pour ceux qui travaillent dans les sous-sols).

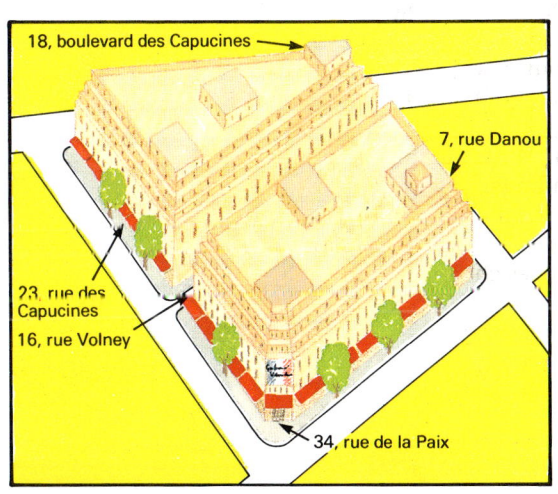

N'oubliez pas de pointer en arrivant. Votre paie en dépend.

Attention aux retards: vous devez être à votre rayon, dans votre service, à l'heure qui vous a été indiquée.

---

18. Lisez cette liste des cinq personnes que vous allez observer cette semaine. À quelle porte d'entrée est-ce que vous allez attendre chacune d'entre elles?

LUNDI Mlle Massoud (C'est la secrétaire du Président-Directeur Général du magasin.)

MARDI M. Durez (Il s'occupe de la promotion, de la publicité et des défilés de mode.)

MERCREDI Mlle Tocquet (Elle est vendeuse au rayon de la Confection femme.)

JEUDI M. Savary (Il s'occupe de l'entretien du magasin: l'électricité, le chauffage, etc.)

VENDREDI Mme Penet (Elle s'occupe du recrutement et de la formation.)

Unité 5

Vous allez remplir votre carnet de stage tous les jours. Pour cela, il faut poser à chaque employé(e) la question suivante: «En quoi consiste votre travail?» Ensuite, il faut noter ce que fait cet(te) employé(e) pendant la journée.

19. Lisez l'exemple à droite et puis écrivez votre carnet pour la semaine. Faites des recherches . . . et imaginez les détails. Vous trouverez des suggestions ci-dessous.

LUNDI

Question: En quoi consiste votre travail? Réponse de Mlle Massoud: Taper à la machine, répondre au téléphone, préparer des dossiers pour mon patron, être aimable avec tout le monde! Et aussi organiser les voyages d'affaires, les expositions, etc.
Mes observations sur sa journée:

Elle arrive à 8 h 30.
Elle pointe.
Elle laisse son manteau dans une armoire.
Elle répond au téléphone.
Elle classe des papiers.
Elle envoie un téléfax.
Elle mange à la cafétéria à midi.
Elle tape des documents.
Elle quitte le magasin à 17 h 00.

MARDI

Question: En quoi consiste votre travail?
Réponse de M. Durez: diriger le travail des étalagistes, mener les campagnes publicitaires, organiser les défilés de mode.
Mes observations sur sa journée:

20. Vous aidez M. Durez aujourd'hui. Il va y avoir un défilé de mode: vous devez répéter le commentaire avec les mannequins. Voici un dessin du premier mannequin et le début de votre commentaire . . . Continuez!

«Voici David. Il porte un blouson en cuir...»

aller à une réunion
s'assurer du bon fonctionnement de . . . (du chauffage/de l'ascenseur)
avoir un rendez-vous avec quelqu'un
changer les ampoules
conseiller les clients
être aimable et souriant(e)
faire passer des entretiens aux candidats
installer des prises de courant
s'occuper de . . . (d'une réunion de la semaine suivante/d'un défilé de mode)
ouvrir son courrier
ranger les vêtements
recevoir des candidats
regarder son agenda
rentrer chez lui/elle
réparer . . . (l'ascenseur/la sonnerie)
répondre aux lettres (de demande d'emploi)
sélectionner des CV
taper quelques lettres
vérifier si les rayons sont en ordre

Unité 6

La dispute

— Le même jour, à deux heures...
— Salut, Nathalie ! Dis donc, on ne te fait pas une petite remise sur les raquettes ?
— Malheureusement pas. Dépêche-toi, ça commence à deux heures.

— Viens par ici. Il y a des places à l'arrière.
— Salut, Nathalie ! Comme ça, tu t'intéresses à la course automobile ?

— Pas tellement. Je suis là avec mon frère.
— Ah, c'est toi Laurent ? Bonjour.
— Bonjour.

— C'est qui, ce type ? Il a l'air de s'ennuyer.
— C'est le P.D.G. du magasin, je crois.

— Il n'a pas l'air très sportif, lui.
— Chut ! C'est Piquet qui arrive !

— Mesdames, Messieurs, j'ai le plaisir de vous présenter un grand champion de course automobile, un Français célèbre dans le monde entier, Monsieur Alain Piquet.

— Je vous remercie beaucoup. Et c'est avec beaucoup de plaisir que j'inaugure ce nouveau rayon d'équipement sportif.

Unité 6

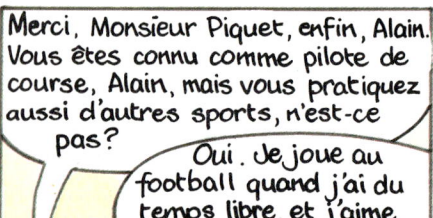

Panel 1:
— Merci, Monsieur Piquet, enfin, Alain. Vous êtes connu comme pilote de course, Alain, mais vous pratiquez aussi d'autres sports, n'est-ce pas?
— Oui. Je joue au football quand j'ai du temps libre, et j'aime beaucoup aller à la pêche.

Panel 2:
— Et quand ma voiture est en panne, je fais des promenades à vélo.
— Vous allez visiter notre exposition de vélos anciens et modernes tout à l'heure, Alain.

Panel 3:
— Mais j'ai aussi des loisirs moins énergiques. Je lis de temps en temps. Et puis j'aime énormément écrire.
— En effet! Et Monsieur Piquet a gentiment accepté de signer son nouveau livre «Moi, pilote de course».

Panel 4:
— C'est pour ça qu'il est là. Il fait de la publicité pour son livre.
— Tiens! Tu vois ton copain là-bas? Il se dispute avec une fille.

Panel 5:
— Elle a l'air bouleversée, cette fille. Qu'est-ce qui se passe?

What is this *Unité* all about?

MAIN TOPIC AREA	spare time and leisure activities
LANGUAGE TASKS	• understand what people say about their hobbies and leisure activities • say what activities do and don't appeal to you • survey people's attitudes to leisure activities • give and get information about costs of leisure activities, the equipment needed and the time they take
MAIN GRAMMAR POINTS	*jouer à/de, faire, dire,* and *-ir* verbs (present tense)

POINT LANGUE

Unité 6

Jouer à/de, faire, dire

To describe leisure activities in French, two verbs are commonly used:
faire (to do or to make) and **jouer à** or **jouer de** (to play).

Learn these two important verbs carefully. They don't have a regular pattern, but they are similar to one another.

faire *to do, to make*	**dire** *to say, to tell*
je fais	je dis
tu fais	tu dis
il/elle/on fait	il/elle/on dit
nous faisons	nous disons
vous faites	vous dites
ils/elles font	ils/elles disent

1. At the Galeries Vendôme, there is a Sports and Social Club for the staff. Read their programme in the staff handbook, then complete the noticeboard poster of activities available to staff.

GV Galeries Vendôme — Comité d'Entreprise/Union Sportive

Votre comité offre aux membres du personnel un nombre de loisirs et d'activités sportives:

groupe théâtre	pétanque	excursions	rugby
ski	culture physique	basketball	danse
cyclisme	gymnastique	football	judo
marche sportive	tennis de table	pêche	yoga

Pour les jeux d'équipe, participation aux championnats et épreuves de la Région Parisienne.
Pour tous renseignements et inscriptions: Secrétariat, C.E.U.S.G.V. tel: 39 21.

C.E.U.S.G.V.

Avec les Galeries Vendôme vous pouvez...
- faire du théâtre
- faire de la marche sportive
- faire des excursions
- jouer au basket

Jouer de is used for the playing of musical instruments.

Kyung-wha Chung joue du violon.

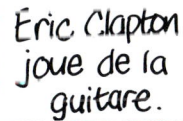

Eric Clapton joue de la guitare.

2. Can you supply captions like those above, giving well-known players of these instruments?

le saxophone, le piano, la clarinette, la batterie, la trompette, le violoncelle

Verbs ending in *-ir* (present tense)

Many *-ir* verbs are irregular and have to be learned separately. However, the six verbs listed here are **regular**; they follow the pattern shown for **finir**.

agir *to act*   **grandir** *to grow*
grossir *to get fat*   **maigrir** *to slim*
réussir *to succeed, to make a success of*   **saisir** *to grab*

finir *to finish*
je fin**is**
tu fin**is**
il/elle/on fin**it**
nous fin**issons**
vous fin**issez**
ils/elles fin**issent**

3. Use the correct part of the verbs in the list above to complete these advertising slogans for products on sale in the store.

a) Mes pieds .... si vite: j'achète toujours des chaussettes Uni-Taille.

b) Je perds des kilos! Oui, je vous le dis, je .... chaque jour avec Régilait.

c) Tu .... toujours tes projets de bricolage? Non? Alors tu as besoin de Bricofacile – en vente chaque mois.

d) Pour une lessive super-blanche, c'est Agimousse! Nous .... pour vous!

e) SOLDES! Réduction sur tous les articles électroménagers. Alors ..... l'occasion! Courez aux Galeries Vendôme!

f) Votre chat ....? Mettez-le au régime; choisissez Chat-Ligne.

PAGE 53

Unité 6

Loisirs-Ado

Aux Galeries Vendôme cette semaine, les livres de loisirs pour adolescents sont en promotion. Voici la collection. Lisez les titres.

1. Secourisme... le geste qui sauve
2. Vélos tout terrain
3. Je fais collection de... tout!
4. Programmer des jeux-vidéo
5. Les Arts martiaux — Judo Karaté
6. Techniques du sport: le Basket
7. La Gymnastique en six mois
8. La Planche à voile
9. 150 Jeux de cartes
10. Le Hockey sur glace
11. Comment fonder un groupe de rock
12. Échecs et Dames
13. Apprendre à nager
14. Apprendre à dessiner
15. Réussis ta boum

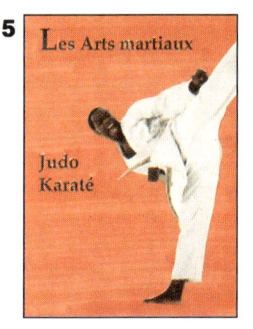

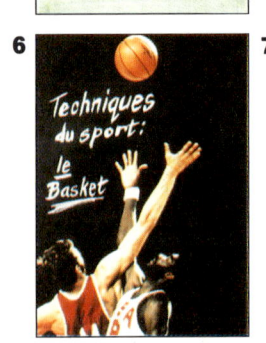

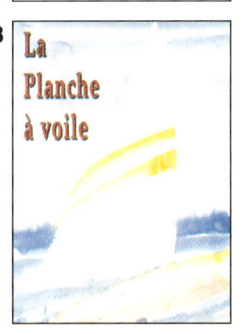

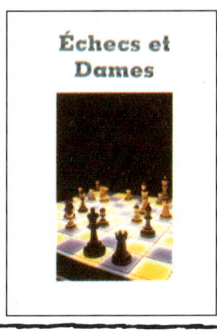

4. On fait un sondage de marketing au rayon des livres, pour savoir quels titres de la collection vont se vendre le mieux. On pose des questions aux clients au sujet de leurs loisirs. Copiez le formulaire et écoutez la cassette. Pour chaque personne interviewée (il y en a six), notez le numéro des livres qui pourraient l'intéresser.

5. Écoutez la cassette encore une fois. Pour chaque sélection, indiquez sur le formulaire le degré de préférence par ★, ★★ ou ★★★.

★ le client aime
★★ le client aime beaucoup
★★★ le client aime énormément

Galeries Vendôme
Sondage marketing

Rayon:
Sujet:
Date:

	M. ou F.	Nom	Sélection
1.			
2.			
3.			

Unité 6

6. Pour chaque livre, choisissez un titre dans la liste ci-dessous.

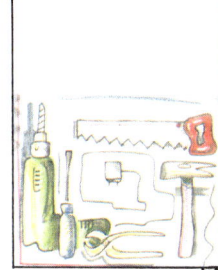

Construire des maquettes
La natation synchronisée
Savoir s'occuper des animaux
Je fais de l'équitation
Nouvelle méthode rapide de piano
Je fais de la poterie
Moi, j'aime bricoler, pas toi?
20 idées de maquillage

Inventez des jeux de société
Danse classique, danse moderne
Techniques du sport: le rugby
Je fais de la photo
J'adore les bijoux!
Techniques du sport: le football
Le jardinage en 15 minutes par jour
Randonnées pour tous

7. Travaillez avec un(e) partenaire. D'abord, parmi les 25 livres, choisissez-en quatre qui vous intéressent. Notez les numéros. Votre partenaire fait pareil.

Interviewez votre partenaire: posez-lui les mêmes questions que pour le sondage des Galeries Vendôme. Notez les numéros qui correspondent à ses réponses.

Changez de rôle.

Par exemple:
A: *Comment passes-tu ton temps libre?*
B: *Je vais à la piscine deux fois par semaine parce que j'adore nager, . . .*

8. *Sondage de marketing*
Continuez à interroger d'autres camarades de classe. Notez leurs réponses.

Quels sont les titres les plus et les moins populaires?

Le magasin va commander 5 000 livres. Suggérez un chiffre de commande pour chaque titre.

PAGE 55

Unité 6

Les loisirs en question

9. Lisez la liste d'activités (A–J) ci-dessous, et les quatre questions à droite. Ensuite, regardez les phrases à la page 57. Les couleurs de ces réponses correspondent aux couleurs des questions dans le tableau. Pouvez-vous jumeler les réponses et les activités?

Copiez le tableau, et mettez le numéro de la bonne couleur dans la bonne case. (Pour la première activité, la gymnastique, c'est déjà fait).

Mon activité de loisirs préféré, c'est...	Ça prend combien de temps par semaine?	Il faut quel équipement ou matériel?	Ça coûte cher à pratiquer?	Quel est l'intérêt particulier de cette activité?
A la gymnastique	5	7	3	3
B programmer des jeux-vidéo				
C la course à pied				
D le dessin				
E le basket				
F le secourisme				
G faire partie d'un groupe de rock				
H assister à des matchs de hockey sur glace				
I le ski				
J faire des boums chez moi				

10. Une fois le tableau rempli, travaillez avec un(e) partenaire pour transformer ces informations en interviews.

A pose les questions, en commençant par *Quels sont tes loisirs préférés?*

B prépare deux activités et répond aux questions (sans regarder le manuel, si possible).

Ensuite, changez de rôle.

11. Dressez un tableau semblable pour quelques-unes de ces autres activités et pour vos propres activités de loisirs. Utilisez au maximum les phrases à la page 57.

cuisiner   faire collection de cannettes vides   le judo   le cyclisme   jouer aux échecs   jouer au squash

Pas très cher. Environ 100F ...ur la nourriture, mais tu peux ...mander à tes amis d'en ...porter.

2. Les pompiers nous donnent tout le matériel nécessaire.

10. Pour les skis, on peut les louer. Il faut des vêtements chauds et de bonnes chaussures souples.

8. On apprend l'observation, la concentration et l'imagination.

6. C'est un sport acrobatique. Chaque match est un spectacle et c'est aussi un sport de tactique et de précision.

3. Tout le temps que tu veux, mais les grands coureurs font un minimum d'une heure par jour.

6. Le prix des places est de 50F environ.

4. Pour jouer en équipe, une heure et demie par semaine, mais il y a en plus deux heures d'entraînement.

9. Pour une bonne paire de chaussures, 500F environ.

8. Une bonne paire de baskets: la tenue est fournie par le club. Un ballon.

4. Des instruments, bien sûr... et pour l'image du groupe, il faut aussi des vêtements qui sortent de l'ordinaire.

5. Ça dépend. En débutant, une ou deux heures par semaine. À haut niveau, deux heures par jour.

Quelques minutes par jour, ...and tu as un moment pour sortir ...n crayon, ton papier... ou bien ...s heures si tu veux.

8. Les secouristes se réunissent une soirée par semaine – pour moi c'est le jeudi soir.

7. Un collant de danse.

8. Ça dépend. On peut trouver des instruments d'occasion, une guitare pour 500F, par exemple.

9. C'est un défi intellectuel. C'est compliqué, mais c'est bon quand tu réussis.

6. Nous passons une heure par jour à répéter et à apprendre de nouvelles chansons.

7. Beaucoup de temps: un seul jeu-vidéo peut demander 100 heures de travail!

3. La côtisation à mon club de gymnastique, c'est 300F par an.

1. Le papier, 20F et les crayons, 8F pièce.

9. Un paquet de papier, un bon crayon et une bonne gomme.

9. En principe, on ne doit jamais arrêter, sinon les muscles deviennent mous.

5. Une bonne paire de chaussures, un short et une chemise... éventuellement un survêtement.

4. C'est une bonne manière de ...laire à ses amis, de bien s'amuser ...t de rencontrer de nouveaux ...opains.

10. Si on achète ses skis, une moyenne de 1000F et un peu moins pour les bottes.

2. Je le fais pour la satisfaction d'être utile aux autres.

4. À partir de 3 000F pour une bonne machine.

, Rien du tout! L'instruction des ...ompiers est gratuite.

10. C'est un sport vraiment spectaculaire car c'est un sport à contact.

10. Il y a un match toutes les semaines près de chez moi.

Si on joue au lycée, rien. Les ...scriptions au club: environ 200F ...ar an.

6. De la bonne musique sur cassettes, c'est tout.

7. C'est le plaisir des sensations fortes et de la vitesse.

3. Il faut beaucoup de finesse, de souplesse et de sensibilité.

1. Un micro-ordinateur, c'est tout.

1. C'est une activité très créatrice et on peut aussi gagner de l'argent.

5. On a la liberté des grands espaces.

1. Quelques heures pour installer la musique, des spots et préparer à manger.

3. Il fait froid à la patinoire! Des gants et un gros pull!

Unité 7 — Le P.D.G.

Le P.D.G. du magasin et sa secrétaire, Leila, font visiter Paris à deux hommes d'affaires marocains.

— Alors nous voilà devant l'Arche de la Défense.
— C'est magnifique! On peut monter?
— Bien sûr.

— On est à l'ouest de Paris, c'est ça?
— Oui. Je vais vous montrer sur le plan.

— Alors là-bas, au loin, on voit l'Arc de Triomphe et les Champs-Élysées.
— Ce quartier est impressionnant. Quel dynamisme commercial!

Pendant ce temps, au magasin...
— Je veux parler à cette fille. Elle travaille au deuxième étage. Je vais descendre là-bas.
— Sylvie, ne fais pas de bêtises.

— S'il vous plaît, madame, la nouvelle stagiaire est là?
— Oui, mademoiselle. Elle est là-bas, derrière les lampes.

Le P.D.G. et ses invités rentrent au magasin.
— Bon. Il faut nous mettre en route pour le magasin. Nous avons rendez-vous avec des collègues à 16 heures.

PAGE 58

Unité 7

— Vite, Martin, nous sommes pressés. Tournez à gauche après les feux.
— C'est en sens interdit, monsieur.

— Alors vous prenez la deuxième à gauche, mais dépêchons-nous! Oh là là! Ces piétons qui mettent une demi-heure à traverser la rue! C'est incroyable.

Au magasin, Sylvie parle avec Nathalie.
— Vous sortez avec Julien Lambert, n'est-ce pas?
— Enfin... on prend le café ensemble à la cafétéria, c'est tout.

— Bon. Vous allez dire quelque chose de ma part à notre cher Julien. Ce n'est pas parce qu'il est le fils du P.D.G. qu'il a le droit de sortir avec toutes les vendeuses du magasin.

— Mais je ne comprends pas. Le P.D.G. du magasin, c'est le père de Julien?

— Voilà ce que je pense de Julien, de son père et du magasin!
— Mais faites attention! Le P.D.G. est là, il est derrière vous!

— Excusez-moi deux minutes, messieurs. Mon bureau se trouve au fond du couloir. C'est la deuxième porte à gauche.

What is this *Unité* all about?

MAIN TOPIC AREA	giving and getting directions in a town
LANGUAGE TASKS	● find out about amenities and attractions in a town ● ask where a place is and how to get there ● give and understand directions
MAIN GRAMMAR POINT	the imperative: using verbs to give a command

Unité 7

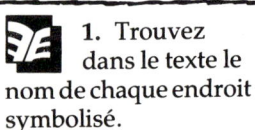

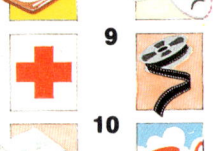

Bienvenue au Parc Astérix!

Le Parc Astérix vous invite à passer une journée inoubliable dans l'univers d'Astérix et Obélix.

Services

Tous les services dont vous pourriez avoir besoin, vous les trouverez au Parc: un centre d'informations, un relais bébés, une consigne, un centre médical, des cabines téléphoniques, des toilettes, un bureau de poste, un bureau de change et un chenil (désolé, les chiens ne peuvent pas vous accompagner!).

Arrêtez-vous à la Station Servix et faites le plein de foin, sans plomb!

Faites des courses au Marché de Lutèce, ou regardez la vitrine de l'Agence Touristix!

Vous avez faim? Il y a quarante restaurants à votre disposition. Essayez le Restaurant du Cirque ou — pourquoi pas? — déjeunez chez Selfservix.

Vous voulez voir un spectacle? Retrouvez vos héros préférés au Théâtre du Barde. Ou peut-être que vous préférez découvrir le cinéma en trois dimensions . . .

Parc Astérix — le plaisir va vous tomber sur la tête!

1. Trouvez dans le texte le nom de chaque endroit symbolisé.

2. Écoutez six personnes qui parlent du Parc Astérix, et notez les endroits (en utilisant les numéros des symboles) mentionnés par chacune. Attention! Certaines d'entre elles confondent avec un autre parc d'attractions, et parlent d'endroits qui n'existent pas au Parc Astérix.

3. Travaillez avec un(e) partenaire. Le Parc Astérix menace la popularité de la Tour Eiffel. Il faut trouver de nouvelles attractions pour la Tour.

Regardez l'illustration à droite et les symboles 1–12. Choisissez une nouvelle attraction pour chaque étage de la Tour Eiffel, par exemple: un théâtre au premier étage, un restaurant self-service au deuxième étage, un bureau de change au troisième étage.

Ne montrez pas votre liste à votre partenaire.

A dit (par exemple) *Est-ce qu'il y a un chenil au premier étage?*
B répond *Oui* ou *Non*.
A peut poser seulement trois questions.
Il/Elle gagne trois points s'il/si elle devine ce qu'il y a au troisième étage, deux points s'il/si elle devine ce qu'il y a au deuxième étage, et un point s'il/si elle devine ce qu'il y a au premier étage.

Ensuite, c'est **B** qui pose les questions.

4. Rédigez un dépliant touristique pour la Tour Eiffel, sur le modèle du dépliant pour le Parc Astérix.

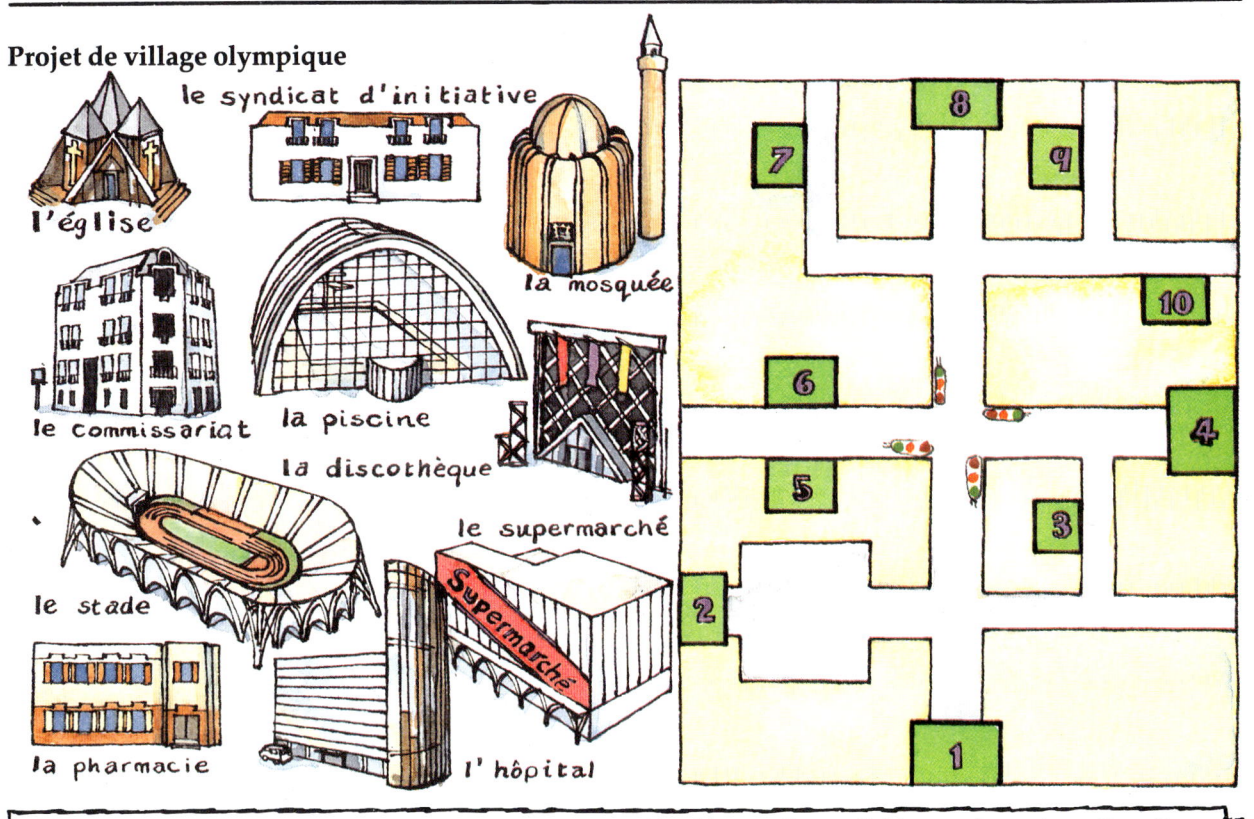

Projet de village olympique

- l'église
- le syndicat d'initiative
- la mosquée
- le commissariat
- la piscine
- la discothèque
- le stade
- le supermarché
- la pharmacie
- l'hôpital

5. Travaillez avec un(e) partenaire. A ne regarde pas le manuel et essaie de se rappeler le nom des dix bâtiments dessinés par l'architecte. B peut l'aider, mais pas trop. Ensuite, changez de rôle.

6. Écoutez les explications données sur cassette au syndicat d'initiative. On explique comment faire pour aller à plusieurs endroits (toujours en partant du syndicat d'initiative – numéro 1 sur le plan). Quels endroits correspondent aux numéros 2–10?

- tournez à droite/à gauche (au carrefour/ aux feux)
- prenez la première/deuxième/ troisième rue à droite/à gauche
- allez/continuez tout droit
- traversez la rue/la place

7. Imaginez un autre village olympique, en gardant le même plan et les numéros de 1 à 10, mais en changeant ce que représentent ces numéros (sauf le numéro 1 qui reste le syndicat d'initiative).
Par exemple, dans votre village olympique,
1 = *le syndicat d'initiative*
2 = *le supermarché*
3 = *la mosquée*, etc.

Par écrit, expliquez comment il faut faire pour trouver chacun des endroits sur votre plan. Ne les montrez pas à votre partenaire.

8. Avec un(e) partenaire: A essaie de trouver quel numéro représente quel endroit sur le plan de B (activité 7).
A dit (par exemple) *Pour aller au commissariat, s'il vous plaît?*
B lui explique le chemin, en prenant le syndicat d'initiative (numéro 1) comme point de départ.
A note le numéro de l'endroit où il/elle arrive (par exemple: *commissariat = 3*).
Ensuite, changez de rôle.

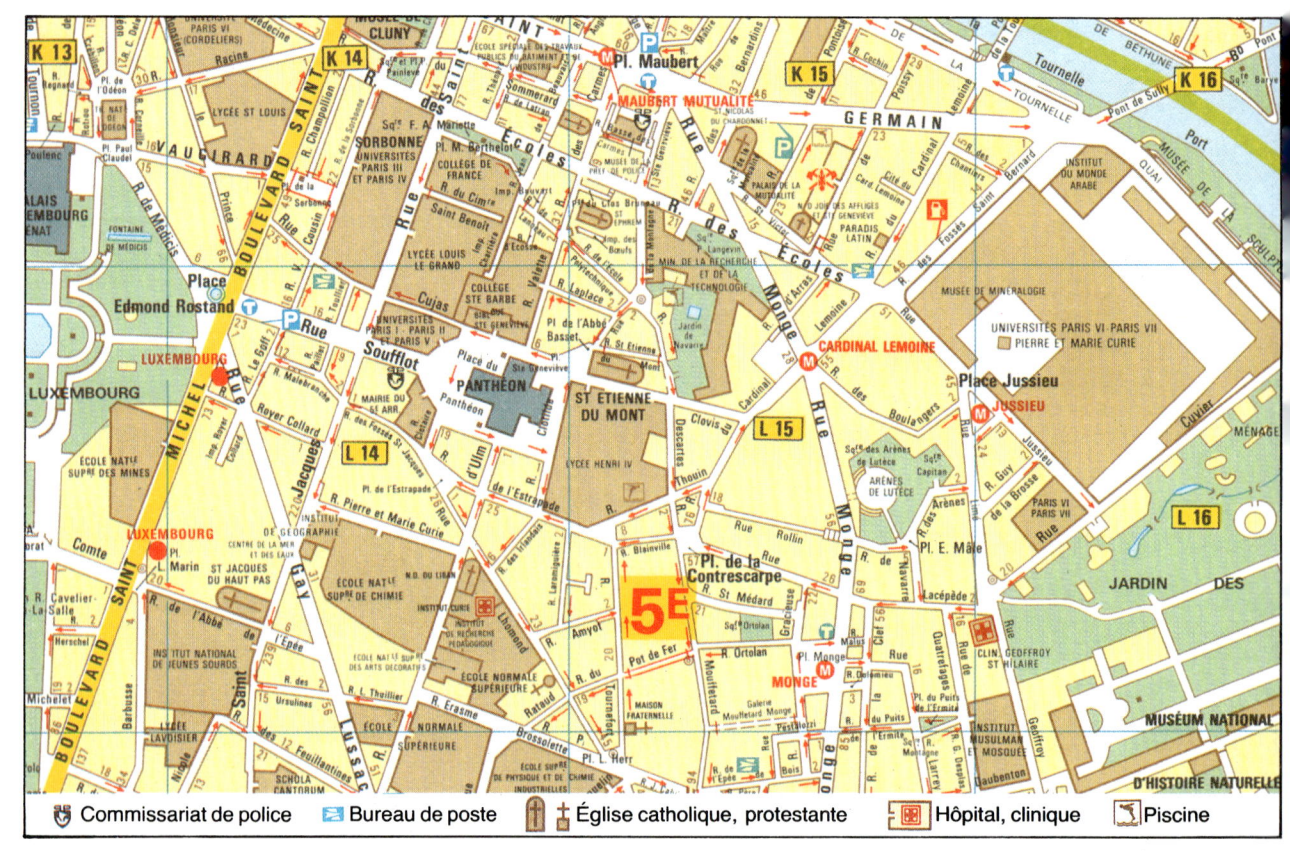

Unité 7

A *la mosquée*	B *la mairie du 5ᵉ arrondissement*	C *le commissariat de police*	D *la bibliothèque Sainte-Geneviève*	E *le lycée Henri-IV*

F *la piscine*	G *la poste*	H *la clinique Geoffroy Saint-Hilaire*	I *le musée de minéralogie*	J *l'église-Saint-Étienne-du-Mont*

9. Dans quelle rue (ou sur quelle place) se trouvent les endroits qui sont sur les photos?

PAGE 62

10. Les Parisiens connaissent-ils Paris?

Un journaliste se tient devant le Panthéon. Il pose des questions aux passants. Pour chaque endroit, combien de personnes lui donnent la bonne réponse? Par exemple: *Mosquée* — 2.

11. Vous allez faire une excursion mystère dans le quartier. Les instructions qu'on vous donne sont à droite. Lisez-les, en regardant le plan. Dans quel ordre allez-vous visiter les dix endroits? Notez les lettres, dans le bon ordre.

12. Travaillez avec un(e) partenaire.

A pose le bout de son crayon sur la carte pour indiquer où vous vous trouvez tous les deux. **A** dit *Est-ce qu'il y a un(e) X (par exemple: une piscine) près d'ici?*
B doit expliquer comment y aller. Ensuite, changez de rôle.

Vous commencez devant le Panthéon. Là, tout de suite sur votre gauche, il y a le numéro **un**. Il fait le coin de la rue Clotaire et de la rue des Fossés-St-Jacques.

Vous retournez sur la place du Panthéon, et le numéro **deux** se trouve en face, dans la rue Cujas.

Vous prenez la rue Cujas pour sortir de la place. Juste avant la troisième rue à gauche, se trouve le numéro **trois**.

Vous redescendez la rue Cujas, vous traversez la place Ste-Geneviève, et vous vous trouvez devant le numéro **quatre**.

Vous continuez tout droit, puis vous tournez à droite. Vous prenez la rue Descartes, et vous voilà devant le numéro **cinq**.

Vous prenez la première à droite, et vous arrivez au numéro **six**.

En sortant du numéro six, vous tournez tout de suite à gauche dans la rue Descartes. Continuez tout droit, traversez la rue des Écoles, continuez, et juste avant d'arriver sur la place Maubert, vous avez le numéro **sept**.

Vous descendez la rue Monge, et vous prenez la troisième rue à gauche, c'est la rue des Écoles. Ensuite, vous prenez la rue Jussieu. Vous tournez à gauche pour entrer sur la place Jussieu, et le numéro **huit** se trouve sur votre gauche.

En sortant de la place, vous prenez la rue Limé, et vous allez tout droit. Le numéro **neuf** se trouve sur votre droite.

En sortant du numéro neuf, vous tournez à droite, et puis le numéro **dix** se trouve sur votre droite.

---

13. Est-ce que vous seriez un bon chauffeur de taxi? Pour être chauffeur de taxi à Paris, il faut connaître toutes les rues par cœur. Vous avez trois minutes pour essayer.

A doit se mettre à la station de taxi de la place Edmond Rostand (en haut de la case L14, à gauche), en regardant vers la rue Soufflot. Dans trois minutes, **B** va lui poser les questions suivantes:

Comment s'appelle:
- la première rue à droite?
- la première rue à gauche?
- la deuxième rue à droite?
- la deuxième rue à gauche?

Si vous prenez la rue Soufflot et que vous continuez tout droit, vous arrivez où?

B doit se mettre à la station de taxi de la place Monge (en bas de la case L15), en regardant vers le nord. Dans trois minutes, **A** va lui poser les questions suivantes:

Comment s'appelle:
- la première rue à droite?
- la deuxième rue à gauche?
- la deuxième rue à droite?
- la troisième rue à droite?

Si vous prenez la rue Monge et que vous continuez tout droit, vous arrivez à quelle station de métro?

PAGE 63

Unité 7

POINT LANGUE

The imperative: using verbs to give a command

Les livres de sciences pour enfants sont en promotion cette semaine à la librairie du magasin.

L'allumette à vapeur

Trempe le bout d'une allumette dans de la colle transparente ou du vernis à ongles. Pose-la dans une bassine d'eau: elle va avancer.

La colle contient un produit qui, en s'évaporant, fait avancer l'allumette.

La glace dans une tasse

Fais un mélange d'eau et de sirop. Remplis les tasses à ras bord.
Mets un bâton, et laisse au congélateur trois heures: la glace dépassera des tasses.
Démoule et régale-toi!

L'eau prend plus de place à l'état solide qu'à l'état liquide.

Un bon verre d'air, s'il vous plaît!

Prenez un verre vide et tassez au fond un mouchoir en papier chiffonné. Assurez-vous que le mouchoir reste en place quand vous retournez le verre. Remplissez ensuite une casserole d'eau, et plongez le verre au fond. Tenez-le bien droit à l'envers. Attendez une minute. Retirez maintenant le verre de l'eau sans le pencher: le papier est sec. L'eau n'a pas pu entrer dans le verre. Un objet «vide» est toujours plein . . . d'air.

To make the plural form of the imperative, use the second person plural verb ending.
For example: *prenez* from *vous prenez*.

15. a) How many examples can you find of plural imperative forms of *-er* verbs in the text?
b) How many examples can you find of plural imperative forms of *-re* verbs?
c) How many examples can you find of plural imperative forms of *-ir* verbs?
d) Do the irregular verbs obey the same rule?

To make the singular form of the imperative, use the second person singular verb ending. BUT drop the final 's' from the ending of *-er* verbs (for example: *trempe* from *tu trempes*).

14. a) How many examples can you find of singular imperative forms of *-er* verbs in the texts?
b) How many examples can you find of singular imperative forms of *-ir* verbs?
c) Do the irregular verbs obey the same rule? How many examples of these can you find?

Look what happens to **reflexive verbs:**
Régale-toi (singular, from *se régaler*)
Assurez-vous (plural, from *s'assurer*)

Remember commands you often hear in the classroom: «*Lève-toi!*», «*Levez-vous!*»

16. *Se dépêcher* means 'to hurry up'. How do you say 'Hurry up!' in the singular and plural?

Object pronouns go after an imperative:
Pose-la.   Tenez-le.   Mange-les.

(In a non-imperative sentence the order is different: *Je la pose. Je le tiens.* You will see this on page 114.)

17. *Remplir* means 'to fill'. How do you say 'Fill them' in the singular and plural?

With these rules you can form the imperative of all verbs . . . almost. There are four exceptions:

être: Sois sage. Soyez tranquilles.
avoir: N'aie pas peur. N'ayez pas de doute.
aller: Va vite! (*But* Vas-y!) Allez!
savoir: Sache que je suis là. Sachez que je vous comprends.

STAGE PRATIQUE

Unité 7

Connaître les Galeries Vendôme

⑥ Restaurant du Baron — Toilettes

⑤ Confection femme — Robes — Manteaux — Imperméables — Chaussures — Sous-vêtements — Téléphones — Cafétéria

④ Confection homme — Boutiques des couturiers — Boutique cuir — Imperméables — Manteaux — Chaussures — Costumes — Sous-vêtements — Chemises — Pulls — Boutique cuir — Boutiques des couturiers — Salon de beauté et de coiffure — Agence de voyages

③ Arts de la table — Arts ménagers — Cuisines — Salles de bains — Cuisines — Boutique mariage

② Ameublement — Textile maison — Tapis — Luminaires

① 20 ans — Confection sport — Équipement sportif — Confection enfant — Jouets

Parfumerie — Bijouterie — Accessoires — Bagages — Maroquinerie — Cadeaux — Alimentation — Librairie — Papeterie — Radio-télévision — Disques

Galeries Vendôme

PAGE 65

Unité 7

Le quartier

Les Galeries Vendôme sont situées dans le plus grand centre commercial d'Europe avec les Galeries Lafayette, le Printemps et Marks & Spencer.

Métro: Opéra
R.E.R.: Auber

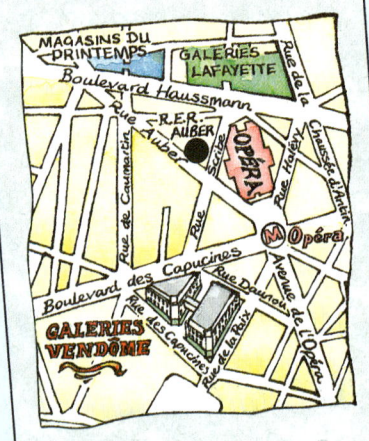

Des chiffres

Surface de vente: 48 500m²
Surface des réserves: 87 000m²

90 rayons
Effectif (cadres et employés): 4 143

100 000 clients par jour

Vous travaillez cette semaine au service des renseignements au rez-de-chaussée. Vous avez des documents, y compris le plan du magasin (page 65) et le plan du quartier (à gauche).

18. Qu'est-ce que vous allez répondre à ces questions des clients?

- S'il vous plaît, les sacs à main, c'est où?
- Vous pouvez m'indiquer où se trouve la station de métro la plus proche, s'il vous plaît?
- Euh... excusez-moi, je voudrais acheter des skis.
- Pour acheter une lampe, c'est où, s'il vous plaît?
- Excusez-moi, les Galeries Lafayette sont près d'ici, s'il vous plaît?
- Les magnétoscopes, c'est où, s'il vous plaît?

19. Travaillez avec un(e) partenaire, afin de vous entraîner à répondre aux questions des clients. À tour de rôle, vous serez le/la stagiaire et le/la client(e).

Après le stage pratique...

... vous pourrez utiliser vos compétences linguistiques chez vous.

20. Dressez un plan du grand magasin le plus proche de chez vous. Mettez les noms des rayons en français.

21. Dressez une liste de phrases françaises utiles (avec leur traduction anglaise) pour l'employé(e) qui travaille au bureau des renseignements. Par exemple:

– Où se trouve l'arrêt d'autobus le plus proche, s'il vous plaît?
– Vous tournez à droite en sortant du magasin, et vous prenez la première rue à gauche.

Unité 8

Le régime du rayon

— Venez avec moi, tout de suite, mademoiselle!
— Attendez, monsieur, vous ne comprenez pas, c'était un accident...
— Ça suffit, mademoiselle. Vous avez de la chance. Vous n'allez pas perdre votre emploi, comme Mademoiselle Le Gall.

— Est-ce que je peux te parler?
— Pourquoi? Nous n'avons rien à nous dire.
— Je voudrais te demander quelque chose. Viens prendre un café avec moi.
— D'accord.

— Je suis vraiment désolée. Tu as perdu ton emploi à cause de moi.
— Ce n'est pas de ta faute. J'étais jalouse de toi et de Julien.
— Écoute, il n'y a rien de sérieux entre nous. On prend le café ensemble à la cafétéria, c'est tout. Je ne savais pas qu'il sortait déjà avec toi. Dis-moi, est-ce qu'il est vraiment le fils du P.D.G.? Il ne m'a rien dit.
— Oui. Mais il ne ressemble pas beaucoup à son père, heureusement! Mon Dieu, quelle tête!
— Ne t'en fais pas!

PAGE 67

Unité 8

What is this *Unité* all about?

MAIN TOPIC AREA   life at home and daily routine

LANGUAGE TASKS
- talk about what time you usually get up and go to bed, mealtimes, how you spend evenings and weekends
- say what you do to help at home

MAIN GRAMMAR POINT   reflexive verbs

Unité 8

1. Écoutez la cassette. Dans quel ordre est-ce que les huit personnes parlent?

A *Mme Couthinho*  B *Damien*  C *Mme Arlaud*  D *Mme Youssouf*

E *José*  F *M. Bianco*  G *Mme Delenne*  H *Solange*

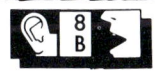

2. Écoutez la cassette deux ou trois fois. Le professeur va appuyer sur «pause» après chaque personne. Essayez de noter aussi exactement que possible ce que dit chaque personne.

Ensuite, travaillez avec un(e) partenaire.

A choisit une des personnes et dit par exemple: *Monsieur Bianco, vous vous levez à quelle heure?* ou *Solange, tu te réveilles à quelle heure?* **B** doit donner la réponse exacte.

3. Faites ce jeu-test et notez vos réponses.

Jeu-test: Toi et le sommeil

1. Quand tu dors mal ou que tu ne dors pas
   a) tu te lèves et tu manges quelque chose?
   b) tu te lèves et tu regardes une vidéo cassette?
   c) tu restes au lit et tu penses à tes problèmes?

2. Tu te réveilles . . .
   a) avec un réveil?
   b) avec un radio-réveil?
   c) quand ta mère te dit pour la dixième fois de te réveiller?

3. Tu te réveilles difficilement quand . . .
   a) tu as mal dormi?
   b) tu as trop bien dormi?
   c) tu as un cours que tu n'aimes pas?

4. Tu te couches . . .
   a) assez tôt parce que tu aimes lire au lit?
   b) après dix heures et demie?
   c) quand tu as sommeil?

5. Tu dors . . .
   a) sur le côté?
   b) sur le ventre?
   c) sur le dos?

Réponses à la page 70.

4. Écoutez Kourouss qui répond à ces questions, et notez ses réponses.

5. Posez les questions à votre partenaire et notez ses réponses.

6. Chaque personne décrit ce qu'il/elle fait après s'être levé(e) le matin. Lisez les textes, et identifiez la personne sur chaque illustration.

M. Bianco: Je mets ma robe de chambre, d'habitude je reste pieds nus. Je donne à manger au chat. Je m'habille après une douche froide et je prends mon petit déjeuner.

Damien: Je mets mes lunettes, je me lave les dents, je passe à la cuisine et je mets l'eau pour le thé. Je mange des toasts et je bois du thé de Ceylan. Après, je fais le lit, je range un peu la chambre, j'ouvre la fenêtre.

Mme Delenne: D'abord je réveille les enfants. Ensuite je prends mon bain, je m'habille et je descends. On prend le petit déjeuner dans la cuisine. Après je me maquille, je me coiffe, puis je pars.

Mme Couthinho: Je mets toujours de la musique, des cassettes. La radio, ça m'énerve un peu. Je sors le chien. Si je ne suis pas habillée je le sors en pyjama.

Solange: Je vais directement au frigidaire, je sors mon beurre. Je prépare mon petit café bien fort, ma tartine, ma confiture, et puis je mange.

José: Quand je me lève, première chose, je mets ma montre. Je me donne un coup de peigne, je passe dix minutes dans la salle de bains, j'écoute la radio.

7. Relisez les six textes. Notez dans votre cahier ce que vous faites le matin, dans l'ordre habituel.

Par exemple:
D'abord je m'habille, ensuite je mange des toasts, puis je sors le chien, etc.

Ensuite, travaillez avec un(e) partenaire. **A** essaie de deviner les choses que **B** a écrites, dans l'ordre correct. **A** pose des questions auxquelles **B** peut répondre seulement par *Oui* ou *Non*. Par exemple: *Est-ce que tu mets de la musique d'abord?*
A perd un point pour chaque *Non*.

8. Essayez de convaincre votre professeur que les cours devraient commencer à onze heures du matin. Écrivez-lui pour lui expliquer tout ce que vous faites le matin avant de venir en classe.

Réponses au jeu-test, page 69
1. a = 3, b = 2, c = 1
2. a = 1, b = 2, c = 3
3. a = 2, b = 3, c = 1
4. a = 3, b = 1, c = 2
5. a = 2, b = 1, c = 3

Entre 8 et 11: Tu dors bien en général, mais tu as besoin de sécurité.
Moins de 7: Tu es un peu stressé(e). Essaie de te relaxer.
Plus de 12: Tu dors comme un chat . . . parfois trop.

Unité 8

«Ce n'est pas juste.»

9. Lisez ces commentaires de trois adolescents et de leurs parents. Trouvez la lettre de Stéphanie, de Gilles et de Nicolas.

Ce que disent les parents:

> Stéphanie n'est pas idiote, mais elle ne travaille pas en classe. Le week-end, elle passe son temps à téléphoner et à se coiffer. Évidemment, elle n'a pas le temps de faire la vaisselle. Et puis, le dimanche, à 11 heures du soir, elle fait ses devoirs.

> Gilles ne prend jamais de bain. Il n'aime pas les vêtements propres. Il ne change jamais de tee-shirt, ni de chaussettes. Il ne range jamais sa chambre. Il se couche au milieu d'un tas de serviettes sales et de sandwiches à moitié mangés.

> Le soir, quand on dîne, Nicolas refuse de venir à table. On doit lui répéter cent fois: « Le dîner est prêt! »

Ce que disent les adolescents

A
> Il ne faut quand même pas exagérer. Je prends un bain tous les deux ou trois jours. Et puis, il y a des vêtements que j'aime bien, alors je les mets souvent. Et je trouve que ce n'est pas la peine de ranger toutes les cinq minutes — tous les six mois, je nettoie ma chambre à fond. C'est mieux, à mon avis.

B
> Pendant le dîner, mon père n'arrête pas de me dire: « Tu as eu de bonnes notes aujourd'hui? » Ça m'énerve.

C
> Mon père ne me parle jamais, sauf pour me dire "Fais tes devoirs." "Range ta chambre". "Aide ta mère."

10. Écoutez la cassette. Les parents parlent à trois autres parents: leurs enfants sont pires que Stéphanie, Gilles et Nicolas. Pour chaque enfant, notez un sujet de plainte de ses parents.
Ensuite Stéphanie, Gilles et Nicolas parlent à trois autres adolescents: leurs parents sont pires encore. Pour chaque parent, notez un sujet de plainte de son enfant.

11. Choisissez un des adolescents et écrivez la lettre qu'il/elle pourrait écrire à une revue d'adolescents, pour exposer son problème.

«Chère Christine...»

> Chère Christine,
> Je suis très malheureuse à la maison, mes parents ne me comprennent pas.

Unité 8

«Ce n'est pas juste.»

12. Lisez le texte ci-dessous. C'est un extrait d'une émission télévisée.

a) Selon Nadia, que fait-elle à la maison et que font ses frères?
b) Selon Younes, que fait-il à la maison? Et que font ses frères?

Nadia: À la maison, je dois faire tout le ménage et mes frères ne veulent jamais m'aider. Ce n'est pas juste. Le matin, je dois faire la vaisselle, et le soir aussi, et puis le mercredi, je dois faire les courses.

Un garçon, il peut sortir, il peut aller au cinéma quand il veut, il peut aller chez ses copains. Pendant que la fille, elle, elle fait le ménage, elle débarrasse la table, elle fait la vaisselle, elle fait les tâches ménagères.

Jean-Pierre Molet: Madame Oualidi, est-ce que vous imaginez, par exemple, rentrer à la maison un soir, et voir Younes, par exemple, en train de passer l'aspirateur?

Madame Oualidi: Oh là là, c'est mon rêve.

Younes: Je sais très bien que ma mère travaille et qu'elle est fatiguée. Des fois elle n'a pas le temps de préparer à manger, et des fois c'est nous qui nous débrouillons pour faire à manger pour Nadia aussi. Et le ménage aussi, on le fait de temps en temps.

13. Écoutez la cassette et répondez aux questions:

a) Quel âge a Nadia?
b) Où habite-t-elle?
c) Quelles sont les deux excuses de ses frères?
d) Les frères de Nadia lui donnent des ordres. Elle en donne cinq exemples. Lesquels?
e) Qu'est-ce qu'elle déteste le plus dans le ménage?
f) Quel âge a Younes?
g) Que fait-il dans la vie?

14. Quelle est la tâche ménagère que vous détestez le plus? Mettez ces tâches en ordre, en commençant par celle que vous détestez le plus.

- mettre la table
- débarrasser la table
- faire la vaisselle
- essuyer la vaisselle
- passer l'aspirateur
- faire les courses
- faire à manger
- ranger la maison

15. Travaillez par groupes de quatre.

Finalement, Younes dit: «Il faudrait établir un roulement. Par exemple, elle s'occupe de la cuisine, de la vaisselle, et nous plutôt des chambres, du salon et puis du reste.»

Imaginez que vous habitez tous ensemble. Faites la liste des tâches pour chaque semaine, par exemple:

Il faut faire à manger tous les jours, il faut passer l'aspirateur deux fois par semaine...

Répartissez les tâches entre vous, en tenant compte de ce que chacun aime et n'aime pas faire.

POINT LANGUE

Unité 8

Reflexive verbs

Reflexive verbs have an extra pronoun (the reflexive pronoun) between the subject and the verb.

Le Duc et la Duchesse de Saint-Honoré

La soirée de François-Xavier commence mal . . .

16. Find the speech bubble which does not contain a reflexive verb.

Some verbs can be used both reflexively and non-reflexively.

17. Which caption goes with which picture?

«Le chat me réveille tous les jours.»
«Le chat se réveille très tôt.»

Reflexive verbs can be used in the **imperative**. (See also page 64.) There were lots of examples at the party that François-Xavier went to: *Asseyez-vous, Servez-vous* (to him) and *Lève-toi, Couche-toi dans ton panier* (to the cat).

18. What do you think the hostess said to her children before the party, when she wanted them to go to bed?

Look carefully at the word order when reflexive verbs are used in the **negative**.

When reflexive verbs are used in the imperative with a negative, this is the word order.

19. This is her husband's point of view. Can you put his words in the right order?

fâche   Je   me
domestiques.
pas   ne   avec

20. The duchesse de St-Honoré tries to reassure her friend. Can you put her words in the right order?

Ne vous chère pas ma
amie.   inquiétez

PAGE 73

Unité 9 — Je me sens coupable

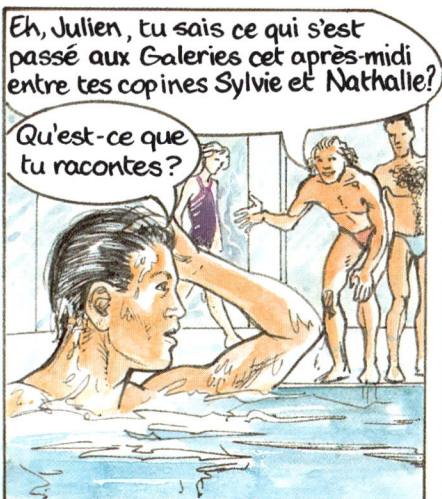

Julien et son copain Khalid se détendent au centre sportif après leur travail.

— Ça y est! J'ai gagné.
— Félicitations. J'ai joué comme un pied!

— Tu joues bien, mais tu devrais jouer plus souvent.
— Tu as raison. Ah, que j'ai chaud! Tu veux nager maintenant?

— Tu sais plonger, toi?
— Qui, moi? Plonger? Regarde!

— Eh, Julien, tu sais ce qui s'est passé aux Galeries cet après-midi entre tes copines Sylvie et Nathalie?
— Qu'est-ce que tu racontes?

Éric raconte les événements de l'après-midi.

— Pauvre Nathalie! Elle doit être furieuse contre moi.
— Pauvre Sylvie! Elle a perdu son emploi.

PAGE 74

Unité 9

What is this *Unité* all about?

MAIN TOPIC AREA	sport
LANGUAGE TASKS	• discuss your interest and involvement in sport and sporting events (watching and participating) • ask for and give information about leisure facilities
MAIN GRAMMAR POINT	*devoir, pouvoir, savoir, vouloir* (present tense)

PAGE 75

Unité 9

1. Voici un questionnaire préparé par le gouvernement français pour les jeunes français (entre 15 et 19 ans). Lisez les questions, et donnez vos propres réponses.

Choisissez la bonne réponse à la question 1, et répondez *Oui* ou *Non* aux autres questions.

1. Est-ce que vous faites du sport
   a) régulièrement?
   b) de temps en temps?
   c) rarement?
   d) seulement en vacances?

2. Est-ce que vous faites partie d'une association sportive?

3. Est-ce que vous faites régulièrement de la gymnastique, du footing ou du jogging?

4. Est-ce que vous pratiquez régulièrement un sport individuel (athlétisme, judo, natation, tennis, ski, etc.)?

5. Est-ce que vous pratiquez régulièrement un sport d'équipe (football, basket, volley, rugby, etc.)?

6. Est-ce que vous...
   a) jouez au football?
   b) jouez au tennis?
   c) faites de la natation?
   d) faites du footing?
   e) faites de la gymnastique?

7. Est-ce que vous avez des articles de sport chez vous?

8. Est-ce que vous assistez souvent (dix fois par an) à des matchs payants?

2. Écoutez ces quatre jeunes qui répondent aux questions et notez leurs réponses.

3. Posez les questions à votre partenaire et notez ses réponses.

4. Lisez cet article sur les réponses des jeunes Français aux mêmes questions, et essayez de deviner les pourcentages qui manquent (**a**–**p**).

5. Écoutez la cassette, pour voir si vous aviez raison.

6. Votre professeur vous demande vos réponses au questionnaire. Toute la classe calcule les pourcentages pour chaque question.

Ensuite, écrivez un article avec le titre *Le sport et notre classe*.

Le sport et les 15–19 ans

...**a**...% des jeunes font du sport:...**b**...% ont une activité physique régulière,...**c**...% pratiquent un sport de temps en temps,...**d**...% rarement,...**e**...% uniquement pendant les vacances. Mais...**f**...% seulement font partie d'une association sportive. La pratique sportive s'est développée ces dernières années:...**g**...% des jeunes font régulièrement de la gymnastique, du footing ou du jogging....**h**...% pratiquent régulièrement un sport individuel (athlétisme, judo, natation, tennis, ski) et...**i**...% un sport d'équipe.

Au hit-parade, le football (...**j**...%) et la natation (...**k**...%) puis le footing (...**l**...%) et la gymnastique (...**m**...%). Le tennis, sport à la mode, ne fait que...**n**...%.

Comment vivent-ils le sport?...**o**...% des 15–19 ans ont quelques articles de sport à la maison, et...**p**...% assistent à des matchs payants une dizaine de fois dans l'année.

PARIS SAINT-GERMAIN F.C.

Stade: Parc des Princes, 75016 Paris
Couleurs: Maillot blanc rayé rouge et bleu marine, short blanc, bas blancs
Sponsor: RTL (radio), TDK (matériel hi-fi)
Championnat de France: 1 fois
Coupe de France: 2 fois

---

7. Écoutez un jeu-test sur le football. Monsieur David Bartholet répond à des questions sur le Paris Saint-Germain. Combien d'entre ses réponses sont correctes?

---

8. Regardez les noms des joueurs du Paris Saint-Germain. Écoutez sur la cassette la deuxième partie du programme.
- Quelle est la position de chaque joueur?
- Lequel est le joueur préféré des jeunes?

Jocelyn Angloma   Daniel Bravo   Yvon Le Roux   Omar Sene
Joël Bats   Philippe Jeannol   Christian Perez   Safet Susic
Michel Bibard   Alboury Lah   Liazid Sandjak

```
                    attaquant    attaquant
                        X            X
        milieu    milieu      milieu    milieu
          X         X           X         X
     défenseur défenseur   défenseur défenseur
        X         X           X         X
                         goal
```

9. Maintenant le présentateur pose des questions au public. Lisez bien ces renseignements sur les quatre équipes, et notez les réponses aux questions.

Olympique de Marseille
Stade: Vélodrome
Couleurs: maillot blanc, short blanc, bas blancs
Sponsor: Radio Monte Carlo
Champ. de F: 6 fois
Coupe de F: 10 fois

F.C. Nantes
Stade: la Beaujoire
Couleurs: maillot jaune rayé vert, short jaune rayé vert, bas jaunes rayés verts
Sponsor: Mikit (maisons traditionnelles)
Champ. de F: 6 fois
Coupe de F: 1 fois

A.S. Saint-Étienne
Stade: Geoffroy Guichard
Couleurs: maillot blanc, short blanc, bas verts
Sponsor: Casino (chaîne de supermarchés)
Champ. de F: 11 fois
Coupe de F: 6 fois

Girondins de Bordeaux
Stade: Parc Lescure
Couleurs: maillot marine, short marine, bas marine
Sponsor: Opel (constructeur automobile)
Champ. de F: 4 fois
Coupe de F: 3 fois

---

10. Travaillez avec un(e) partenaire. **A** dit une phrase sur une des équipes. Par exemple: *Ils ont gagné le championnat de France quatre fois.*
B doit donner le nom de l'équipe, par exemple: *C'est les Girondins de Bordeaux.*

Unité 9

Palais Omnisports de Bercy

Halle Carpentier

Parc des Princes

Piscine Georges Vallerey

Athlétisme Trophée de Paris: six pays seront présents, l'Espagne, la France, l'Italie, l'Allemagne, l'URSS, la Grande-Bretagne. Le programme comprend treize épreuves, dont le 60m, le 60 haies, le 200m, le 400m, le 800m, le 1 500m, le 3 000m, hauteur, longueur, perche, triple saut, poids, 4 x 200m.
Basket-ball R.C.F. Nantes.

Escalade Master de l'escalade.
Escrime Challenge individuel à l'épée.
Football Paris Saint-Germain/Olympique de Marseille.
Hockey sur glace Français Volants/Grenoble.
Judo Tournoi international de la Ville de Paris.
Jumping

Karaté Championnat de France.
Patin à roulettes Gala des Étoiles.
Rugby Tournoi des Cinq Nations. France/Irlande.
Volley-ball Championnat féminin: R.C.F./Lyon.
Water-polo R.C.F./Strasbourg.
Renseignements Allô Sports, Mairie de Paris au 42 76 54 54

---

11. Lisez les informations sur les événements sportifs et puis écoutez la cassette. Des touristes téléphonent à Allô Sports. Notez les dates et les endroits (mettez POB, HC, PP ou PGV) où chaque match ou compétition aura lieu.

---

12. Travaillez par groupes de quatre. A travaille au service des renseignements. B, C et D téléphonent pour demander un renseignement, par exemple: *Je voudrais voir un match de volley-ball*. Chacun(e) téléphone trois fois. A donne les renseignements, d'après ses notes, mais il/elle fait une erreur (soit sur la date, soit sur l'endroit). B, C et D notent les réponses d'A. B, C et D ont le droit de consulter leurs notes d'origine. Qui peut trouver l'erreur en premier?

Unité 9

13. Sept sportifs parlent de leur sport. Lisez les textes a–g. Identifiez chaque sport parmi ceux qui paraissent sur cette page.

le basket    *la moto*    *l'équitation*

le judo    *l'escalade*    *le tennis*    *le hockey sur glace*

a) «La première qualité d'un joueur de . . . c'est de bien savoir patiner.»

b) «La condition physique est-elle importante?» «En 500c, oui. Les 500c ont des réactions vraiment violentes et il faut être entraîné. Les pilotes de 500c sont des sportifs complets.»

c) «Faut-il être grand pour jouer au . . .?» «Au niveau de la compétition, c'est pratiquement obligatoire. Les joueurs professionnels, à quelques exceptions près, mesurent au minimum 1,75 mètre. Même au niveau amateur, on s'amuse mieux si on est grand, car on peut attraper plus facilement le ballon et marquer des points.»

d) «Je n'aime pas les sports collectifs, je suis trop indépendant. Sur un court de . . ., on est seul à marquer des points, à gagner ou à perdre. On bouge beaucoup. J'adore ça.»

e) «Quelles sont les qualités d'un bon cavalier?» «Un bon cavalier comprend bien les chevaux. Il sait lire dans leurs yeux ce qu'ils pensent. Un cheval peut être chaud, difficile à monter: c'est au cavalier de le comprendre. Le cheval doit avoir pleinement confiance en vous.»

f) «Si vous ne voulez pas avoir le vertige, il ne faut pas regarder en bas.»

g) «Le . . . est un sport individuel, avec les avantages d'un sport collectif, puisque l'on s'entraîne à plusieurs. Il y a un rituel, une tradition, une discipline. C'est à la fois très agréable à regarder et à pratiquer.»

14. Relisez toutes les citations. Travaillez avec un(e) partenaire: **A** lit le début d'une des phrases, **B** essaie de donner le mot qui complète la phrase.
Par exemple:
A: *Un bon cavalier comprend bien les . . .*
B: *chevaux.*

15. Décrivez votre sport préféré, en prenant ces sept textes comme point de départ.
Par exemple:
La première qualité d'un joueur de . . ., c'est de . . .
Le . . . est un sport (individuel, collectif, etc.).
Un bon joueur de . . . doit . . .

Unité 9

POINT LANGUE

Devoir, pouvoir, savoir, vouloir (present tense)

The four verbs *devoir*, *pouvoir*, *savoir* and *vouloir* are all slightly irregular, so you need to learn how they work.

devoir to have to	**pouvoir** to be able to	**savoir** to know how to	**vouloir** to want to
je dois = I must/ I have to	je peux = I can/ I am able to	je sais = I know how to	je veux = I want to
tu dois	tu peux	tu sais	tu veux
il/elle/on doit	il/elle/on peut	il/elle/on sait	il/elle/on veut
nous devons	nous pouvons	nous savons	nous voulons
vous devez	vous pouvez	vous savez	vous voulez
ils/elles doivent	ils/elles peuvent	ils/elles savent	ils/elles veulent

16. Read what three French sports stars say about their sports. Choose the verb (*devoir, pouvoir, savoir, vouloir*) that you think they used, and write out those sentences.

Fabien Canu: double champion du monde de judo

Dans le sport de haut niveau, il faut avoir envie de gagner. Il y a des gens qui réussissent parce qu'ils veulent/doivent y arriver.
Je vous assure que tous les jeunes savent/peuvent avoir une ceinture noire, ce n'est pas si difficile.

Pierre Durand: champion olympique de jumping

Jappeloup est un cheval courageux, indépendant et volontaire. Il . . . faire de gros efforts.
On ne . . . jamais comment un cheval va réagir dans un environnement qu'il ne connaît pas. Si un spectateur ouvre soudain un parapluie dans les tribunes, ou si un photographe déclenche un flash, le cheval . . . avoir peur et faire un écart.

Surya Bonaly: championne de France de patinage artistique

Je réussis, déjà, à l'entraînement, certains sauts en quadruple, comme le quadruple piqué et le quadruple salchow. Mais je dois/sais encore beaucoup travailler.
Je n'ai pas peur en compétition. Je n'ai jamais le trac, parce que j'ai confiance en moi et en ce que je dois/peux faire. En moyenne, je patine sept heures par jour. Cela veut/peut paraître beaucoup, mais c'est à peine suffisant.

STAGE PRATIQUE

Unité 9

Lancer une campagne publicitaire

Vous travaillez cette semaine au rayon de l'équipement sportif. En coopération avec le service de promotions, vous préparez une grande campagne publicitaire.

Semaine sportive: lancement de la campagne

— une campagne d'affichage à Paris: 500 affiches dans le métro et à travers la ville

— tous les jours, une vedette de sport différente se produira au magasin (diffusion de dépliants pour annoncer la vedette du jour)

— un concours avec prix offerts par Adidas

— toutes les vitrines du magasin

18. Les vedettes de sport
Des vedettes de sport vont se produire au magasin tous les jours pour la promotion des articles de sport. Rédigez les dépliants publicitaires, en prenant celui-ci comme modèle. Choisissez d'autres sportifs ou sportives célèbres.

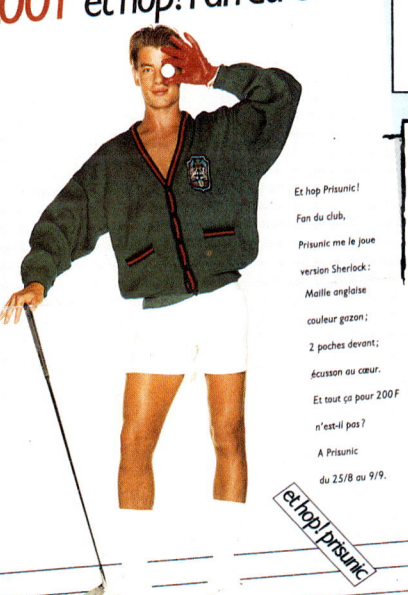

17. Les affiches publicitaires
Avec vos co-stagiaires, vous allez créer quatre affiches. Prenez l'affiche de Prisunic (ci-dessus) comme modèle. Pour chaque affiche, trouvez un slogan en rapport avec le sport. Voici des exemples.

À vos marques, prêts, partez!

Allez les verts! (bleus, etc.)

Balle de match aux Galeries Vendôme!

Servez un as aux Galeries Vendôme!

Marquez un but aux Galeries Vendôme!

À vous de jouer!

Nicolas Laurent ← Nom de la vedette

vous invite à découvrir sa nouvelle ligne ← Campagne publicitaire (sa nouvelle marque de parfum, son nouveau livre, etc...)
d'anoraks, le mardi 22 mars, au premier étage des Galeries Vendôme.

DEMAIN ← Aujourd'hui, cette semaine, etc

Changez la date

PAGE 81

Unité 9

19. Le concours

Adidas offre les prix suivants:
Premier prix: une tenue complète Adidas pour le sport de votre choix (survêtement, short, maillot, chaussures, sac et accessoires).
Du 2ème au 20ème prix: un sac à dos Adidas.

Inventez dix questions pour le concours. Par exemple:
Qui est-ce qui a gagné les championnats de Roland-Garros l'an dernier?
Voici quelques suggestions:
Où a eu lieu . . .?
Qui détient le record du monde en . . .?
les Jeux Olympiques/le championnat du monde
la coupe du monde/le maillot jaune . . .

Ajoutez une question de ce genre:
Complétez cette phrase en . . . mots: (par exemple) *J'achète toujours Adidas parce que . . .* ou bien *Je fais du sport parce que . . .*

20. Les vitrines

Voici un croquis de la vitrine qui sera consacrée aux sports d'hiver.

Avec vos co-stagiaires, vous allez faire des croquis pour quatre autres vitrines, consacrées à la danse, au cyclisme, au tennis et à la pêche.
Vous voyez ci-dessous les vêtements et les objets que vous devez obligatoirement utiliser avec, à droite, leurs étiquettes. Commencez par retrouver la bonne étiquette pour chaque objet. Ensuite, choisissez d'autres objets que vous allez mettre en vitrine, et un décor pour chaque vitrine.

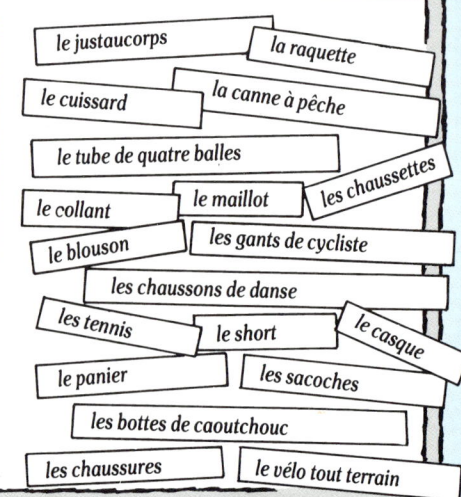

l'homme en tenue de ski — *les lunettes* — *le blouson matelassé* — *la montagne* — *le bonnet* — *la femme en tenue de ski* — *les gants* — *les bâtons* — *les skis* — *le traîneau* — *les chiens de traîneau* — *l'ours* — *les chaussures de ski* — *les bottes de neige*

le justaucorps
la raquette
le cuissard
la canne à pêche
le tube de quatre balles
le collant
le maillot
les chaussettes
le blouson
les gants de cycliste
les chaussons de danse
les tennis
le short
le casque
le panier
les sacoches
les bottes de caoutchouc
les chaussures
le vélo tout terrain

Unité 10

10 A Trois coups de téléphone

Lundi matin... Leila, il faut absolument réserver les vols aujourd'hui. Paris-Marrakech, première classe. Et n'oubliez pas que ma femme vient avec nous.

— Je vais le faire tout de suite, Monsieur Lambert.

— Et les réservations pour l'hôtel, il faut les faire immédiatement. Essayez celui que Monsieur Hilali m'a conseillé.

— Je vais téléphoner tout de suite, monsieur.

Toujours aussi charmant, le patron.

— Allô, c'est l'hôtel Semiramis ? Bonjour, monsieur. Je voudrais savoir si vous avez deux chambres libres pour six nuits à partir du vendredi 8 avril.

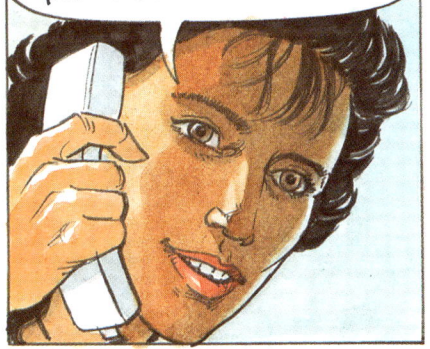

— Ah, c'est complet ?... Vous n'avez vraiment pas de chambres ?... Merci, monsieur. Au revoir.

— Bon, il faut en chercher un autre. Où est-ce que j'ai mis le guide ?

— Je veux vraiment te voir, Nathalie. Je veux t'expliquer. Ça te dirait d'aller au cinéma vendredi soir ? Le dernier film de Louis Malle passe à l'Astoria.

— Eh bien, je ne fais rien de spécial, mais... Euh... d'accord. Où est-ce qu'on se retrouve ?

— Devant le cinéma à sept heures ? Puis on aura le temps d'aller au café avant le film.

PAGE 83

Unité 10

What is this *Unité* all about?

MAIN TOPIC AREA	planning work and travel, making reservations, checking times and routes
LANGUAGE TASKS	• understand when someone will start or finish their holiday • schedule deliveries of goods on order • book air travel and accommodation by telephone • write a letter to confirm bookings
MAIN GRAMMAR POINT	the future tense

Congés de vacances
Rayon : Disques
août

L	M	M	J	V	S	D
1	2	3	4	5	6	7
8	9	10	11	12	13	14
15	16	17	18	19	20	21
22	23	24	25	26	27	28
29	30	31				

Thierry et Delphine
Monique
Marco et Dani
Paulette
Adrien

1. Adrien Primi, chef du rayon des disques aux Galeries Vendôme, doit préparer, pour le bulletin du magasin, la liste des congés de vacances du personnel de son rayon.
Écoutez la cassette et regardez le calendrier. Les employés parlent de leurs vacances. Pour chaque personne, décidez qui parle. Par exemple:

«Je commencerai mes vacances le 6 août au matin.»

C'est Monique.

1. «Nous partirons en vacances le 3 août.»
2. «Je reprendrai mon travail le 16 août.»
3. «Je finirai au magasin le mercredi 10 août au soir, et je partirai en Italie le 11.»
4. «Nous passerons trois semaines en Tunisie entre le premier et le 21 août.»
5. «J'aurai deux semaines de vacances à partir du 15 août.»

2. Complétez les notes d'Adrien pour Paulette, Marco et Dani, et pour Adrien lui-même.

> Monique commencera ses vacances le samedi 6 août et elle reprendra le travail le mardi 16 août.

> Thierry et Delphine commenceront leurs vacances le lundi 1er août et ils recommenceront au magasin le lundi 22 août.

3. Claude Letissier est responsable des camions de livraison pour les Galeries Vendôme. En ce moment, il étudie la livraison des stocks pour le rayon jardin et terrasse. Il fait une liste mais il n'a pas toutes les informations nécessaires. Écoutez sa conversation avec le chef de rayon, et notez les détails qui manquent.

Article	Lieu de production	Date d'expédition	Date d'arrivée aux G.V.
Barbecues à gaz	Metz	02.06	03.06
Parasols	Besançon	◯	05.06
Chaises patio	Charleville	01.06	03.06
Collection «Patio-Plas» (assiettes, gobelets pique-niques)	Lyon	04.06	◯
Charbon barbecue	Dijon	03.06	05.06
Alcool à brûler pour barbecue	Lille	01.06	03.06
Cartouches de gaz	Lyon	◯	05.06
Tables patio	Strasbourg	03.06	05.06
Nappes en plastique	Amiens	31.05	◯

4. Deux chauffeurs de camion (Guy Lefèvre et Georges Merlin) iront chercher ces marchandises et ils feront chacun un voyage circulaire. Monsieur Letissier a organisé un programme pour Guy Lefèvre.
a) Préparez une carte de la France. Marquez Paris et les huit villes en question.
b) Écoutez la conversation sur la cassette et tracez le trajet de Guy Lefèvre sur votre carte. Notez aussi les dates.
c) Quel trajet conseillez-vous à Georges Merlin, pour aller chercher les autres marchandises? Tracez son trajet sur votre carte.

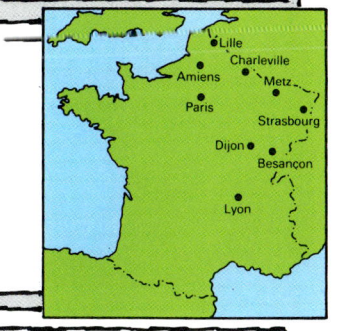

5. Travaillez avec un(e) partenaire.
A joue le rôle de Claude Letissier qui explique à Georges son itinéraire. Commencez par

Vous quitterez Paris le . . .

B joue le rôle de Georges et répète les détails pour être sûr de tout comprendre.

Unité 10

Galeries Vendôme-Voyages

Aux Galeries Vendôme, il y a une agence de voyages et de tourisme. Les clients du magasin peuvent y réserver leurs voyages en France ou dans le monde entier. Ils peuvent également prendre leurs billets de train, d'avion ou d'autocar. On peut aussi louer des places de théâtre, de concert ou de spectacle. Les touristes en visite à Paris peuvent même réserver leur chambre d'hôtel, par ordinateur.

6. Avant d'écouter cette scène, lisez les trois scénarios à la page 87. Ensuite, écoutez la cassette, en regardant les images. Lequel des trois scénarios correspond au dialogue?

C'est mort!

Nous sommes au début du mois d'avril et il n'y a pas beaucoup de clients à l'Agence Galeries Vendôme-Voyages où travaillent Saméena et Carole. Elles s'ennuient. Mais...

Bonjour, Leila, ici Saméena...

C'est pour les billets d'avion pour Monsieur et Madame Lambert et moi-même...

Ce sera peut-être difficile... Monsieur Lambert a des préférences pour l'heure de départ?

Dans la matinée, si possible.

D'accord.

Bonne chance! À tout à l'heure.

Vol No: AT 783
Paris Orly-Marrake
Date: 8 avril
Heure: 10.45
Classe: 1

Voyons s'il y a des places disponibles... Ah non!

Âllô. Royal Air Maroc? Ici Galeries Vendôme-Voyages...

Et maintenant pour le retour...

Allô, Leila?...

D'accord. Merci, Saméena.

Unité 10

Scénario 1

La scène se passe à l'agence de voyages et de tourisme des Galeries Vendôme. Le PDG du magasin doit partir en vacances dans une semaine et il sera accompagné de sa femme. Sa secrétaire prépare son voyage. Elle prend deux billets d'avion Paris–Rabat en première classe. Ils partiront le 8 juillet dans la matinée et ils reviendront le 14 juillet au soir.

Scénario 2

Sameena, qui travaille comme employée à l'agence de voyages des Galeries Vendôme, doit réserver des billets d'avion pour son employeur, qui partira au Maroc pour une semaine. Après quelques difficultés, elle prend les trois places nécessaires. Elle enverra les billets à la secrétaire de son PDG.

Scénario 3

Monsieur Maurice Lambert, Président-Directeur-Général des Galeries Vendôme quittera bientôt Paris pour Marrakech, au Maroc. Il voyagera seul: il aura donc besoin d'un billet d'avion. Leila, qui est employée à l'agence de voyages des Galeries Vendôme, contacte Royal Air Maroc pour prendre le billet. Monsieur Lambert prendra le vol AT 783 du 8 avril, et il rentrera à Paris par le vol AT 892 du 14 mai. Il arrivera à Paris à 20 h 45.

7. Voici la fiche de réservation que Sameena remet à tous ses clients. Copiez-la, écoutez le dialogue encore une fois, et remplissez sur votre copie les détails du voyage de M. et Mme Lambert et Leila.

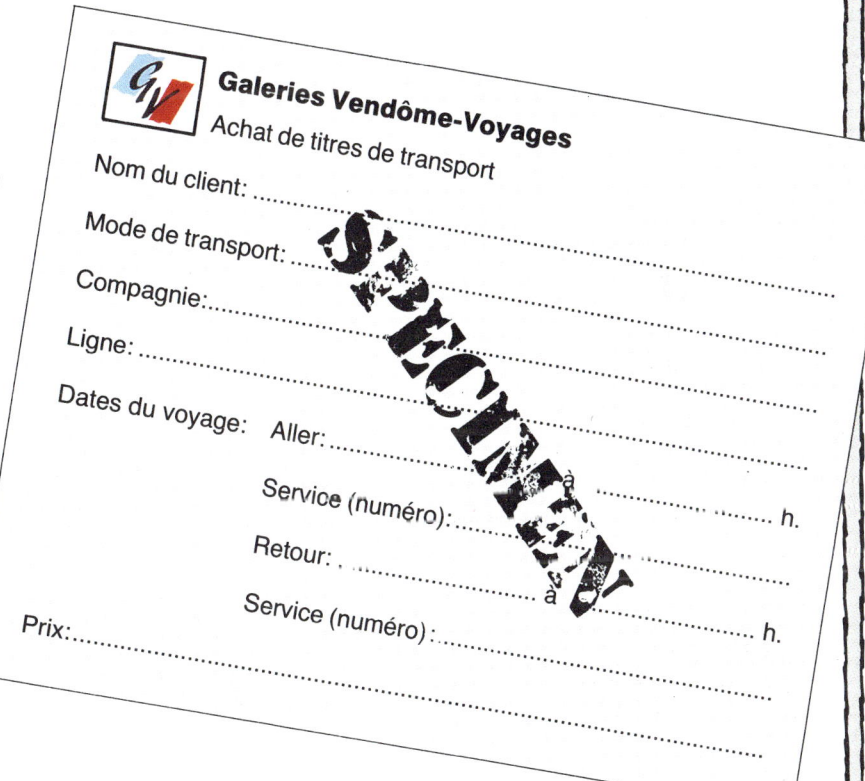

Galeries Vendôme-Voyages
Achat de titres de transport

Nom du client: ....
Mode de transport: ....
Compagnie: ....
Ligne: ....
Dates du voyage: Aller: ....
Service (numéro): .... h.
Retour: .... à
Service (numéro): .... h.
Prix: ....

SPECIMEN

8. Lisez encore une fois les deux scénarios ci-dessus qui ne correspondent pas à l'histoire. Il y a dans chacun des détails qui ne sont pas corrects. Copiez les deux scénarios dans votre cahier, en remplaçant tout ce qui ne va pas par des détails corrects.

PAGE 87

Unité 10

Hôtel Tichka
Marrakech

Catégories de chambres

Tél: 487-10
Télécopie: 545-18

		dirhams DH	francs FF
A	45 chambres pour deux personnes avec douche et W.C. privés	430	650
B	30 chambres pour deux personnes avec salle de bains et W.C. privés	500	750
C	30 chambres pour deux personnes avec douche	330	500
D	5 chambres pour une personne avec douche et W.C. privés	400	600
E	5 appartements de luxe (chambre, salle de bains, salon avec minibar)	930	1400

Cuisine marocaine et européenne   Dîner-dansant (orchestre)
Piscine   Bar américain   Pension (prix sur demande)
Ascenseur   À 15 minutes de l'aéroport de Marrakech

9. Leila doit réserver deux chambres d'hôtel (une pour les Lambert, l'autre pour elle-même). Elle consulte la brochure de l'hôtel Tichka à Marrakech. Elle va prendre des chambres de quelle(s) catégorie(s)? Lisez la brochure et devinez.

Puis, écoutez la conversation au téléphone. Quelle(s) catégorie(s) de chambre prend-elle?

10. Leila doit confirmer la réservation d'hôtel. Elle envoie une lettre par télécopie. Mais elle fait une erreur. Pouvez-vous la trouver?

Galeries Vendôme
Rue de la Paix
75002 Paris

M. le chef du Bureau de Réception
Hôtel Tichka
av. Abdelkarim-Khattabi
Marrakech, Maroc
N° de fax: 010 212 4 545-18

Paris, le 1er avril

Monsieur,

Suite à mon appel téléphonique de ce jour, j'ai l'honneur de confirmer la réservation suivante.

Au nom de Monsieur Maurice LAMBERT, une chambre pour deux personnes avec salle de bains et W.C. privés, au prix de 750 FF la nuit, et une chambre pour une personne avec salle de bains et W.C. privés, au prix de 600 FF la nuit, pour six nuits à partir du vendredi 8 avril. Le groupe de M. Lambert arrivera vers 13 h.

Je vous envoie, sous pli séparé, un chèque de 5 000 FF à votre faveur à titre d'arrhes.

Je vous prie d'agréer, Monsieur, l'expression de mes sentiments distingués.

L. Massoud
Secrétaire de M. Lambert

11. Maintenant, à vous. **A** a l'intention de passer une semaine au Maroc avec sa famille. Choisissez des dates, regardez la brochure et les expressions ci-dessous. Téléphonez à l'hôtel Tichka pour faire les réservations. **B** travaille à la réception de l'hôtel Tichka. Regardez la brochure. Il y a des chambres libres dans toutes les catégories. Répondez au téléphone. Ensuite, changez de rôle.

A J'ai l'intention de . . .	I intend to . . .	B Ici l'hôtel . . . Je peux vous aider?	This is the . . . Hotel, can I help you?
passer une semaine faire un séjour	spend a week stay	Que puis-je faire pour vous?	What can I do for you?
Je voudrais savoir si . . .	I'd like to know if . . .	Je peux vous donner/ offrir . . .	I can give you/offer you . . .
Pouvez-vous me dire si . . .?	Can you tell me if . . .?	Voulez-vous confirmer par écrit, s'il vous plaît?	Will you please confirm in writing?
Avez-vous des chambres libres . . .?	Have you got any vacant rooms . . .?		
J'ai besoin d'une chambre	I need a room		
Je voudrais . . .	I'd like . . .		
pour . . . nuits du . . .	for . . . nights from . . .		
Ce sera à quel prix?	How much will it be?		
Je la/les prends	I'll take it/them		
Dois-je vous envoyer des arrhes?	Would you like me to send a deposit?		

12. Confirmez votre réservation par écrit.

PAGE 88

POINT LANGUE

Unité 10

The future tense

This *Unité* has mainly been about future events. In French there is a future tense which is used to describe things which will happen at some time in the future. It is formed of a stem plus endings, in the following way:

- Start with the infinitive of the verb. For *-er* and *-ir* verbs keep the whole infinitive; for *-re* verbs, leave out the final *e*. This is the **stem**.

- Add this set of **endings** (which are the same for all verbs).

  je   + ai
  tu   + as
  il/elle/on   + a
  nous   + ons
  vous   + ez
  ils/elles   + ont

Big changes are in store at Galeries Vendôme-Voyages. In two months' time, a smart new travel boutique will be opening, as shown in this plan.

On entrera du côté du rayon des produits solaires
On sortira par le rayon des bagages.
Canapés où M.M. les clients attendront confortablement leur tour.

13. To launch the boutique, the store will invite the press to a party, sending out invitation cards and this letter from the managing director. In the first few lines you can see how the future tense works. Can you supply the appropriate part of the verbs listed on the left for each of the numbered gaps in the letter?

avoir: aur/+a
prendre: prendr/+a
perdre: perdr/+a
être: ser/+ez
trouver: trouver/+ont
entendre: entendr/+a

1. offrir
2. essayer
3. inviter
4. se passer
5. devenir
6. arriver
7. partir
8. vouloir
9. essayer
10. changer
11. voir
12. venir
13. être
14. avoir
15. avoir

For another way of talking and writing in French about what is going to happen, see page 121.

Galeries Vendôme
Rue de la Paix
75002 Paris

Paris, le 7 avril

Chers collègues de la presse,

Je sais que vous **serez** aussi heureux que moi d'apprendre que notre Agence de Voyages **prendra** bientôt un nouveau visage. Dans quelques semaines, nos clients **trouveront** un nouveau décor attrayant: on **entendra** une musique calme et de qualité, on **perdra** moins de temps à attendre, il y **aura** six guichets au lieu de quatre. Nous 1 un meilleur service. J' 2 de créer une Agence qui 3 le client à être sûr que ses vacances 4 dans les meilleures conditions, et sans problèmes. Notre Vendôme-Voyages 5 l'agence la plus respectée de Paris. Le client 6 avec l'anticipation d'un bon accueil, et il 7 satisfait.
Vous 8 savoir pourquoi nous voulons tout changer. J' 9 de vous répondre. C'est très simple. Le voyage est une aventure, mais souvent, organiser le voyage est une affaire pénible. Aux Galeries Vendôme, nous 10 tout cela.
Mais vous 11 vous-même quand vous 12 nous rendre visite.
Je 13 très heureux de vous voir lors de notre soirée-cocktails du premier juin: une occasion où nous 14 le plaisir de répondre aux nombreuses questions que vous 15 à nous poser.
À très bientôt, j'espère.

Maurice LAMBERT
Président-Directeur Général

Look at the plan for the new travel department. You will see that an *-er*, an *-ir*, and an *-re* verb feature, and endings have been added in the way described.

We said that all verbs take this set of endings. However, there are some verbs which take a different stem for the future tense, and you must learn these separately.

infinitive	stem
être	ser
avoir	aur
aller	ir
devenir	deviendr
devoir	devr
envoyer	enverr
faire	fer
pouvoir	pourr
recevoir	recevr
savoir	saur
(re)venir	(re)viendr
voir	verr
vouloir	voudr

PAGE 89

Unité 11

Bienvenue au Maroc

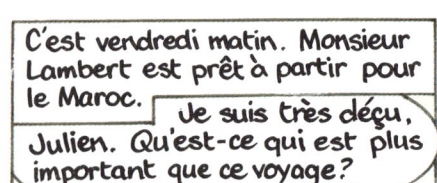

C'est vendredi matin. Monsieur Lambert est prêt à partir pour le Maroc.

— Je suis très déçu, Julien. Qu'est-ce qui est plus important que ce voyage?

— Tu ne peux pas comprendre, papa. Au revoir. Bon voyage.

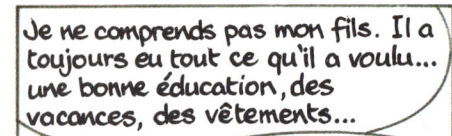

— Voici l'aéroport. Neuf heures 40. Bon. L'avion part à quelle heure?

— À 10 heures 45, Monsieur Lambert. Ne vous inquiétez pas.

— Je ne comprends pas mon fils. Il a toujours eu tout ce qu'il a voulu... une bonne éducation, des vacances, des vêtements...

— Les passagers à destination de Marrakech, vol numéro AT 783, sont priés de se présenter à la porte numéro 15.

— L'année dernière, quand il avait besoin d'une voiture, je lui ai offert une Ferrari... mais c'est un ingrat.

— Il est encore jeune...

— Attachez vos ceintures et éteignez vos cigarettes, s'il vous plaît. Nous commençons notre descente sur Marrakech.

— Bienvenue au Maroc! J'espère que vous avez fait bon voyage. Votre charmante femme n'a pas pu venir. Quel dommage!

— Oui, elle était déçue. Malheureusement, notre fils est malade et elle a été obligée de rester avec lui.

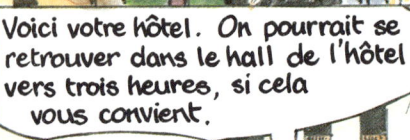

— Voici votre hôtel. On pourrait se retrouver dans le hall de l'hôtel vers trois heures, si cela vous convient.

— Très bien. À trois heures alors.

— À 15 heures... Ah! Elle va être en retard. Je suis désolé.

— Non, non. La voilà!

Unité 11

— Eh bien, au travail... qu'est-ce qui est prévu pour aujourd'hui ?
— Cet après-midi, nous allons faire le tour des souks de Marrakech pour voir un peu la maroquinerie, les tapis, les bijoux et les souvenirs. Demain, nous irons chez des artisans, puis lundi nous irons à Fès. Venez, la voiture nous attend devant l'hôtel.

— Vous aimez le thé à la menthe ?
— Oui, c'est délicieux, très rafraîchissant.
— On peut voir les tapis maintenant ?

Plus tard, ils regardent d'autres produits marocains.
— Ces portefeuilles en cuir, ils sont à combien ?
— Les grands coûtent 60 dirhams et les petits coûtent 40 dirhams.

— Ce n'est pas cher. À Paris ça coûte... Je me demande si la qualité est ce qu'il faut pour le marché parisien. Je vous donne 30 dirhams pour le grand et 20 pour le petit.

Plus tard, Leila parle à son fiancé...
— Oui, c'est formidable... Non, pas trop chaud, environ 20 degrés. Aujourd'hui, on a visité des souks... Oui, on a vu de très jolies choses... Monsieur Lambert ? Oh, ça va. Il est toujours aussi embêtant, mais j'ai l'habitude. Je m'amuse bien, moi !

What is this *Unité* all about?

MAIN TOPIC AREAS	plane travel, tourist information, shopping for gifts and souvenirs
LANGUAGE TASKS	• at the airport, check which is the right flight • check arrival and departure times • ask for information about a town or region • ask for details of excursions, places of interest • respond to suggestions about activities and places of interest • buy souvenirs
MAIN GRAMMAR POINT	expressions of time

France Air

Bonjour, Luc. Je suis prête. Commencez la présentation.

Très bien. La voilà...

— C'est bien le vol pour Casablanca?
— Oui, monsieur. Votre billet, s'il vous plaît.

— Je préfère une place non-fumeur, s'il vous plaît.
— Bien sûr, madame.

— Le vol pour Moscou part à l'heure?
— Mais oui, monsieur. Voici votre carte d'embarquement. Bon voyage!

— On arrive à quelle heure?
— Quinze heures vingt, monsieur.

ATTACHEZ VOS CEINTURES ÉTEIGNEZ VOS CIGARETTES

— Mesdames, messieurs, nous commençons notre descente sur Marrakech. J'espère que vous avez fait bon voyage et que nous vous reverrons sur l'une de nos lignes France Air.

— Vous avez quelque chose à déclarer?
— Non. Je n'ai rien à déclarer.
— Vous avez quelque chose à déclarer?
— Oui. France Air, c'est super!

Eh bien, Madame Corot, qu'est-ce que vous en pensez?

C'est affreux! C'est démodé et très sexiste. Les femmes ont l'air bête. Il faut tout recommencer.

Luc Pasteur présente son idée préliminaire pour une vidéo publicitaire pour la ligne aérienne France Air. Il montre la vidéo à sa directrice, Madame Corot.

1. Trouvez une phrase dans la liste qui correspond à chaque illustration. Copiez les phrases et complétez-les avec des expressions de la bande dessinée.

Je voudrais une place non-...
Attachez vos...
Nous commençons notre... sur Marrakech.
Bon...
Vous avez quelque chose à...?
C'est bien le... pour Marrakech?
Éteignez vos...
Voici votre carte d'...

2. Travaillez avec un(e) partenaire. Vous êtes à l'aéroport d'Orly à Paris. **A** est passager/passagère. Il/Elle choisit une destination: Londres, Marrakech ou Casablanca, et pose les questions a, b et c.

B travaille à l'aéroport et répond aux questions, en utilisant les renseignements à droite. Après trois questions, changez de rôle.

a ... à l'heure?
b C'est quelle porte...?
c ... à quelle heure?

Vol	Destination	Départ	Porte	Arrivée	Indication
BA 490	Londres	06.30	8	06.45	OK
AT 761	Marrakech	06.40	10	10.20	—
AT 181	Casablanca	07.05	3	10.35	—

Unité 11

a Fès plan

b Monuments historiques à Fès

c GUIDE de Fès — 5,00 DH

d FES Histoire de la ville

e Excursions autour de Fès

f Liste des hôtels et restaurants

g Transports à Fès

h MAROC Expositions — juin juillet août

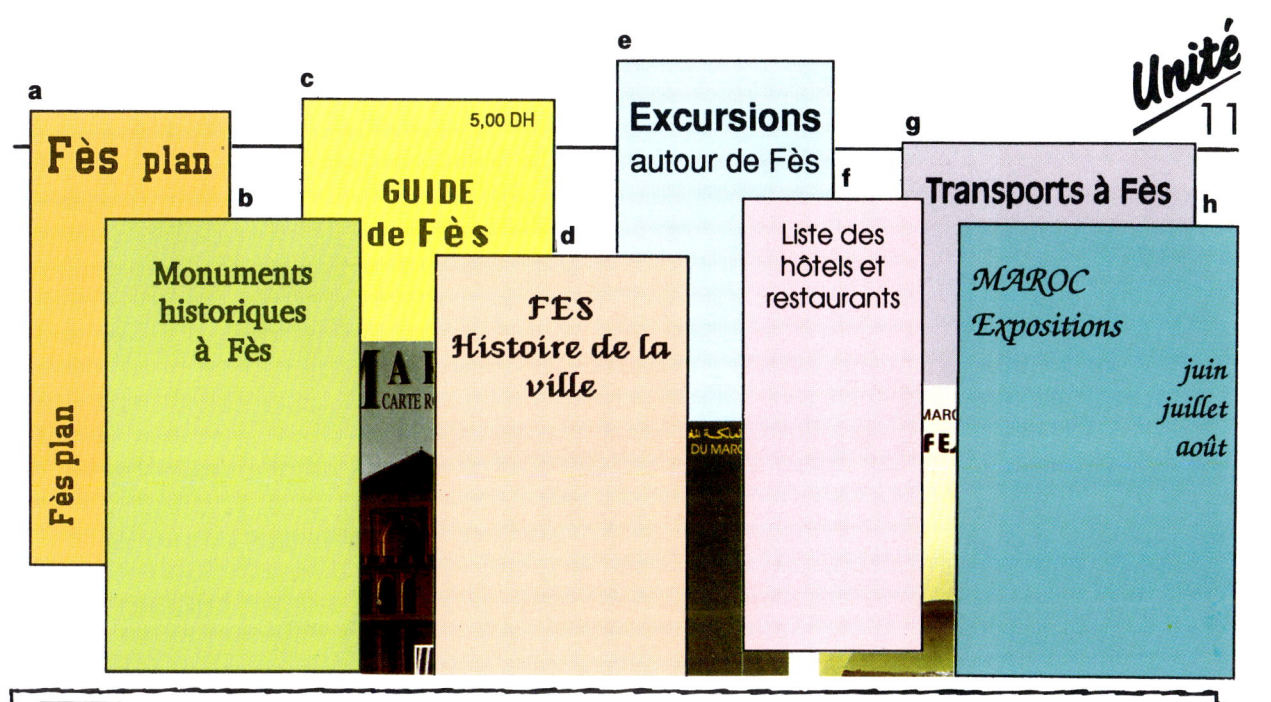

3. Fès est l'une des plus belles villes du Maroc. Kacem Haddouch travaille au syndicat d'initiative de la ville. Regardez les dépliants et les informations disponibles.

Quatre touristes viennent d'arriver à Fès. Ils vont au syndicat d'initiative. Qu'est-ce que Kacem donne à chacun des touristes? Notez les lettres correspondantes.

Avez-vous...? — Guy Fichot

Où est...? — Aziza Jeanneret

Je voudrais... — Alain Petat

Est-ce qu'il y a...? — Jeanne Duroc

---

4. Écoutez la cassette. Les quatre touristes expliquent qui ils sont et pourquoi ils sont à Fès. Pour chaque personne:
- identifiez son sac
- expliquez pourquoi la personne est à Fès
- notez ce qu'elle veut voir ou visiter.

Écoutez la cassette plusieurs fois.

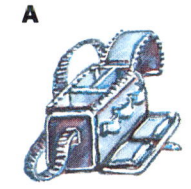

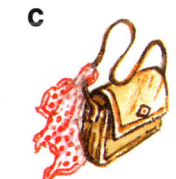

A B C D

---

5. Travaillez avec un(e) partenaire. **A** est employé(e) au syndicat d'initiative de Fès, **B** est touriste. **B** pose des questions, en regardant les illustrations et les expressions ci-dessus. **A** répond aux questions, par exemple: *Voici un dépliant sur..., Nous avons..., Il y a..., Vous pouvez...*

Réécoutez la cassette d'abord, pour vous préparer.

Unité 11

Les souks

Pour acheter des cadeaux ou des souvenirs au Maroc, il faut aller dans les souks. Un souk est un quartier de boutiques et d'ateliers où on vend toutes sortes de marchandises et de produits artisanaux. Il y a toujours un flot de piétons et on entend souvent le cri répété de *balek!* (= attention!) Les souks sont la grande attraction des villes marocaines. Devant chaque boutique il y a une grande variété de marchandises; à l'intérieur, l'artisan, assis sur un tapis, se livre à son métier.

À chaque spécialité correspond une rue, un quartier. Il y a le souk aux tapis, les souks des potiers, des forgerons, des teinturiers, des bijoutiers, des menuisiers; ceux qui battent le métal; le quartier des serruriers, celui du cuir, celui de la viande, des épices, des herbes et même un souk au henné – une poudre avec laquelle les femmes et les jeunes filles se teignent les cheveux et l'intérieur des mains.

À la campagne, les souks ont lieu une fois par semaine. Mais à Fès, les souks ouvrent tous les jours et restent ouverts toute la journée, sauf le vendredi où ils ferment entre 12.00 et 16.00 car les marchands vont à la mosquée pour la prière.

un portefeuille   un vase
un sac à main   un plateau en cuivre 
un miroir    des assiettes   un bol 
des boucles d'oreille en argent   un collier en argent

6. Cherchez dans un dictionnaire les métiers d'artisanat et les souks mentionnés dans la brochure. Dressez une liste bilingue (français-anglais).

7. Écoutez quatre touristes qui achètent des souvenirs. Pour chacun, notez:
- l'objet qu'il/qu'elle achète
- le prix qu'il/qu'elle paie.

N'oubliez pas que dans les souks au Maroc, il est normal de marchander.

8. Travaillez avec un(e) partenaire.
A est en vacances au Maroc. Il/Elle choisit un cadeau pour un(e) ami(e) et essaie de baisser le prix.

B est marchand(e) ou artisan au souk et veut vendre ses articles aux touristes mais en gardant les prix aussi élevés que possible.

Quand vous avez terminé (**A** a acheté l'objet ou est parti(e) sans l'acheter), changez de rôle et recommencez.

A	B
Je vous propose/offre/donne . . . dirhams pour ce portefeuille	Celui-là coûte . . . dirhams
C'est combien, le sac noir?	C'est de très bonne qualité
C'est trop cher	Mais regardez la qualité du travail, madame
Si j'achète deux colliers, vous baisserez le prix?	Ces boucles d'oreille sont très belles, et pas trop chères

Unité 11

Les artisans de Fès

Michel Jobert, ancien ministre des Affaires étrangères puis du Commerce, est né au Maroc. Il y a vécu jusqu'à l'âge de 18 ans. Il parle de Fès avec la sensibilité d'un habitant du pays, et non pas d'un touriste.

Voici un extrait d'une interview avec Michel Jobert, parue dans le magazine *Okapi*.

Sophie Guillaud : *Quels sont les métiers d'artisanat que l'on trouve à Fès ?*

Michel Jobert : Les artisans sont rassemblés par quartiers.

Il y a le quartier des filatures, celui des teinturiers. Il y a ceux qui battent le métal, ceux qui sculptent le bois, ceux qui peignent les poteries.

Moi, j'aime visiter le quartier où l'on travaille le bois, car le bois sent bon, surtout le cèdre et le thuya.

On fabrique toutes sortes de choses : des objets, bien sûr, mais aussi des plafonds de bois ou des frises de bois sculpté. Il y a le quartier des épices, où se mêlent les odeurs de dizaines d'épices. La plus typique est la coriandre, et puis aussi les petits piments rouges secs.

J'aime aussi le quartier des serruriers. On fabrique encore de superbes serrures à l'ancienne. Les recettes de fabrication se transmettent de père en fils, ou d'oncle en neveu.

Et puis, le quartier des tanneurs de peau. Mais l'odeur qui y règne est très difficile à supporter.

Sophie Guillaud : *On fabrique aussi des tapis ?*

Michel Jobert : Oui, des tapis magnifiques, où les couleurs dominantes sont le rouge, l'orange et le marron.

Vous savez, on parle, au printemps, du « tapis marocain ». Ce sont des fleurs qui sortent fin janvier, début février. La campagne marocaine se couvre alors de soucis orange, de coquelicots rouges et de campanules mauves. C'est absolument enchanteur.

Et on retrouve ces teintes dans les tapis. Un mélange infini de couleurs, dont la note dominante est l'orange, un marron assez chaud, et quelques moments de bleu.

C'est assez drôle de voir cette transition entre la nature éphémère, car le tapis végétal marocain ne dure qu'un mois, et un art antique. Cela se comprend tout à fait, car les gens qui faisaient initialement les tapis, c'étaient les femmes devant leur tente de nomades.

---

9. Lisez l'extrait de magazine ci-dessus, et répondez à ces questions.

a) Trouvez dans l'article deux sortes de bois.

b) Trouvez deux sortes d'épices.

c) Trouvez deux noms de fleurs.

d) Selon Monsieur Jobert, l'odeur du bois est-elle . . .
  – mauvaise?
  – bonne?
  – difficile à supporter?

e) Selon Monsieur Jobert, l'odeur dans le quartier des tanneurs est-elle . . .
  – mauvaise?
  – bonne?
  – difficile à supporter?

f) Quelles sont les couleurs typiques des tapis?

g) Les couleurs des tapis ressemblent aux couleurs de quoi?

h) Un(e) nomade . . .
  – habite en ville
  – travaille dans un souk
  – n'habite pas dans un seul endroit.

---

10. Écrivez une légende pour chacune des photos qui accompagnent le texte.
Par exemple: A – *Un marchand dans le souk des forgerons.*

PAGE 95

Unité 11

POINT LANGUE

Expressions of time

Calendar
Quelle est la date? *What's the date?*
C'est le 20 (vingt) mai. *It's the 20th of May.*
C'est le 1 (premier) décembre. *It's the 1st of December.*

dimanche *Sunday/on Sunday (You don't need a word for 'on'.)*
Je fais les courses le samedi. *I go shopping on Saturdays (i.e. regularly on that day).*

en mars/au mois de mars *in March*
au printemps *in spring*
en été *in summer*
en automne *in autumn*
en hiver *in winter*

Points in time
ce matin *this morning*
cet après-midi *this afternoon*
ce soir *this evening/tonight*
hier soir *yesterday evening/last night*
demain matin *tomorrow morning*
le lendemain *the following day*

à ce moment-là *at that moment*
en ce moment *at the moment*
maintenant *now*
actuellement *at present, currently*
dans une demi-heure *in half an hour*

il y a deux jours *two days ago*
la semaine dernière *last week*
l'année prochaine *next year*
pendant la nuit *during the night*
à partir du 10 juin *from the 10th of June onwards*
jusqu'à vendredi *until Friday*

Length of time
Combien de temps? *For how long?*
de huit heures à dix heures *from eight till ten o'clock*
du 13 au 15 juillet *from the 13th to the 15th of July*
depuis 1972 *since 1972*
depuis trois ans *for three years (time starting in the past)*
pour trois semaines *for three weeks (time starting in the future)*
longtemps *for a long time*
une quinzaine/quinze jours *a fortnight*
cela/ça fait six mois que . . . *it's six months since . . . / . . . for six months*

Clock
À quelle heure . . . ? *What time . . . ?*
À une heure. *At one o'clock.* (No s on heure *when it's one o'clock.*)
À vingt-deux heures. *At ten p.m.*
À onze heures et demie. (Demie *is spelled with an* e *after* heure(s).)
À midi et demi. (*Spelled without an* e *after* midi *and* minuit.)

11. When are these restaurants open? Give as much detail as possible.

LE CHALET des ÎLES AU BOIS de BOULOGNE
traversée en bateau
Table de qualité - Cadre de charme et prix sages
DÉJEUNERS ET DÎNERS TOUS LES JOURS
Réservations 42.88.04.69

le Paris Budapest
SPECIALITES HONGROISES
DEJEUNER - DINER (F dim et lund)
Jeud., vend. et sam. - Orchestre Tzigane
52 rue Ste Anne - 49 27 98 54

EL BURRIQUITO
Restaurant - Cabaret Espagnol
DEJEUNER - DINER SPECTACLE
Ambiance typique avec musiciens
T.l.j. jusqu'à 4h du matin - Salle clim.
44, bd Voltaire. 11e. 47.00.90.79

PIZZA ROM
Pâtes fraîches - Qualité-Prix
Non Stop - 7 sur 7
de 11 h à minuit 30
23, bd de Sébastopol - 42.33.40
Entre Forum et centre Pompidou

CHARLOT 1er
128 bis, bd. de CLICHY
jusqu'à 1h du matin 45.22.47.08

aux 3 Fondues
Fondues et raclette suisse
DINER - SOUPER
Place Denfert Rochereau - Fermé lundi
6, av. René Coty (14e) 43.27.24.66

Pub St GERMAIN des PRES
Restaurant — Taverne
Jazz-variétés 7 jours sur 7
17, rue de l'Ancienne-Comédie
Paris 6e Tél:43.29.38.70
Ouvert Jour et Nuit

12. What is Lucas thinking?

(Cela fait trois ans que je suis amoureux de Stéphanie... Exactement trois ans demain-...que je la connais.)

PAGE 96

STAGE PRATIQUE

Unité 11

Organiser une excursion

GIVERNY
(à 81 km de Paris)
Maison de Monet.

ROUEN
(à 140 km de Paris)
Cathédrale. Ville de Jeanne d'Arc. Ville d'art et d'histoire.

SALON DE HAUTE COUTURE D'YVES SAINT LAURENT
(rue du Faubourg-Saint-Honoré)
Couturier français. Célèbre aussi pour ses parfums.

CHANTILLY
(à 48 km de Paris)
Forêt. Château. Courses de chevaux.

COMPIÈGNE
(à 82 km de Paris)
Château. Forêt.

COULOMMIERS
(à 60 km de Paris)
Lieu de fabrication du fromage «brie».

REIMS
(à 141 km de Paris)
Cathédrale. Production de champagne. (Visite des caves.)

RAMBOUILLET
(à 52 km de Paris)
Château. Parc. Résidence d'été du président de la République.

VERSAILLES
(à 24 km de Paris)
Château. Jardins.

CHARTRES
(à 90 km de Paris)
Cathédrale.

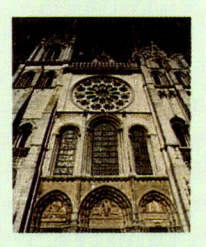

FONTAINEBLEAU
(à 65 km de Paris)
Château. Forêt.

ÉVRY
(à 35 km de Paris)
Ville nouvelle. Courses de chevaux.

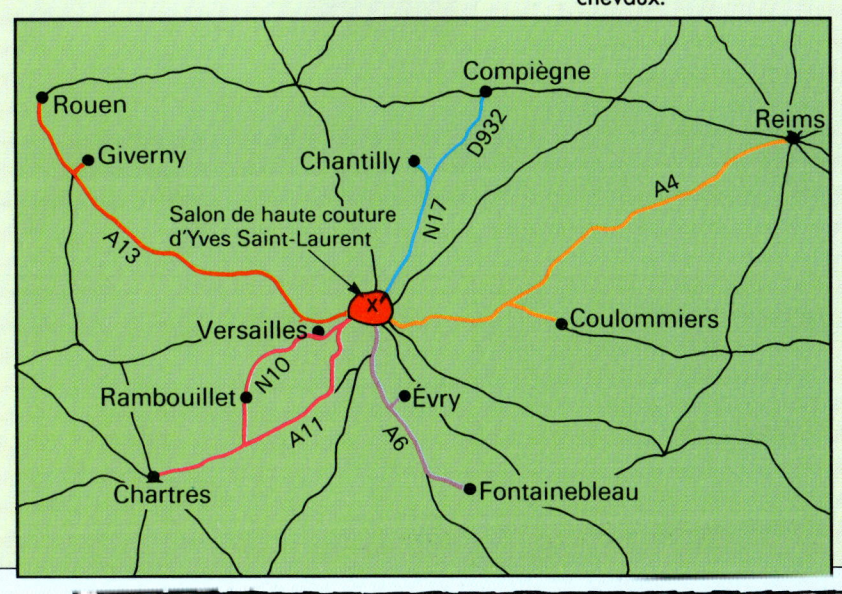

Un groupe de vingt hommes et femmes d'affaires australiens fait un stage d'un mois au magasin. Quelques-uns d'entre eux parlent couramment le français, et les autres le parlent un peu. Avec vos co-stagiaires, vous êtes chargé(e) de l'organisation de leur programme d'excursions.

13. Travaillez avec vos co-stagiaires. Sur les cinq circuits proposés, choisissez-en quatre, et décidez des dates. (Les excursions ont normalement lieu le samedi ou le dimanche.)

14. Chacun(e) d'entre vous choisit un circuit. Dressez tout d'abord le programme de la journée. (En français, à la demande du groupe.) Le car roule à une vitesse moyenne de 80 km à l'heure, mais il mettra au moins une demi-heure à faire 15 km pour sortir de Paris.

Par exemple:

Départ: 9h 00 devant les Galeries Vendôme
9h 40–11h 30: Visite du château de Versailles (avec possibilité de prendre un café à la cafétéria)
12h 30: Déjeuner à Rambouillet
15h 00: Visite de la cathédrale de Chartres
17h 00: Départ de Chartres
18h 30: Retour à Paris

PAGE 97

Unité 11

15. Avec vos collègues, faites des recherches à la bibliothèque (ou renseignez-vous auprès de votre professeur) sur au moins un des endroits que le groupe pourrait visiter.
a) Faites une courte présentation (en français) au groupe australien avant leur visite.
b) Préparez une liste de mots-clés, avec leur traduction, pour donner à ceux qui risquent d'avoir des difficultés.
Par exemple: *roi = king, peinture = painting*, etc.)
c) Rédigez un paragraphe (25–30 mots) en français sur chaque endroit, et ajoutez-le au programme de la journée.

16. Pour chaque endroit que le groupe va visiter, vous devez vérifier quelques détails. Faites-le individuellement.
Par exemple:

*Parking pour le car? (Payant? Combien?)
Jours d'ouverture?
Heures d'ouverture?
Guide qui parle anglais?
Combien coûte la visite guidée?*

Téléphonez au syndicat d'initiative de la ville en question. (Préparez bien vos questions avant de téléphoner.)
Votre partenaire va jouer le rôle de l'employé(e) du syndicat d'initiative.*

— Bonjour, syndicat d'initiative de la ville de Versailles, à votre service.
— Pourriez-vous me donner des renseignements, s'il vous plaît?

17. Vous devez réserver le car. Téléphonez à trois compagnies d'autocars. Expliquez ce qu'il vous faut, et demandez leur prix. Vos camarades vont jouer le rôle des employés.

AUTOCARS KLÉBER
Les professionnels de la route
45 62 33 12

AUTOCARS CONSTANZO
Confort exceptionnel
46 23 98 14

Autocars St-Jacques
TARIFS SUR DEMANDE
42 34 16 76

— Allô. Autocars Kléber, bonjour.
— Vous pouvez m'indiquer vos tarifs, s'il vous plaît?
— Oui. Enfin, cela dépend. C'est pour quelle date? Et à quelle heure?
— Vous voulez aller où?
— Il y combien de passagers?
— D'accord. On peut vous faire un prix. Il faut compter...

*Votre professeur a les renseignements qu'il vous faut.

Unité 12

Mon histoire

— Salut, Nathalie. J'ai pensé... c'est-à-dire, je ne savais pas... enfin je suis très content de te voir.

— Salut, Julien.

— On achète des billets tout de suite? Il y a du monde pour ce film. Voici 40 francs.

— Non, non. Je t'invite. C'est moi qui paie.

— Deux places pour la salle 2, s'il vous plaît, madame.

— C'est complet en salle 1 et 2, monsieur. Vous voulez des billets pour la salle 3?

SALLE			3	CAUC... MORTS-VIVAN...
1	L'OURS			18H50
	18H40			20H30
	20H00		4	UNE AFFAIRE...
2	MILOU EN MAI			15H10
	15H00			20H10
	20H00			

— Oui, d'accord.

— Le film de Louis Malle est complet. J'ai pris des billets pour Le Cauchemar des Morts-Vivants. Le film commence à huit heures et demie. On va prendre un pot?

— Si tu veux.

— Nathalie, je sais que tu es fâchée. On m'a parlé de cet incident avec Sylvie.

— J'étais désolée pour elle, c'est tout. Mais c'est vrai que ton père est Monsieur Lambert? Pourquoi n'as-tu rien dit?

— Mon père vient d'une famille pauvre. À l'âge de 16 ans, il a commencé à travailler aux Galeries Vendôme au service de la comptabilité. Il a fini par devenir le P.D.G. Il est très fier de tout ce qu'il a fait.

Un jour, ma mère a trouvé une lettre d'amour de sa secrétaire, Martine. Ma mère lui a demandé de déménager. Il a quitté la maison pour aller vivre chez Martine.

Unité 12

What is this Unité all about?

MAIN TOPIC AREA	entertainment
LANGUAGE TASKS	• buy tickets at a cinema • find out when a film starts and finishes • talk about something you've seen (a play, film, concert, etc.) • agree or disagree with an opinion • give a brief account of some events in your family history
MAIN GRAMMAR POINT	the *passé composé* (perfect tense) with *avoir* (e.g. *Il a commencé à travailler*)

Unité 12

Au cinéma

Oui, monsieur?

Je voudrais deux places pour la salle 2, s'il vous plaît.

Soixante francs, s'il vous plaît, monsieur.

La séance commence à vingt heures trente, monsieur. Regardez, tous les renseignements sont marqués là.

SALLE — SÉANCE COMMENCE
1. BLUE STEEL (VF) 22-30
2. RÊVES (VO) 20-30
3. CHASSEUR BLANC COEUR NOIR (VF)

Voilà. Le film commence à quelle heure?

Regarde, c'est en version originale.

Mais je ne comprends pas l'anglais! Et je n'aime pas lire les sous-titres, ça m'énerve.

Excusez-moi, madame. Est-ce que je peux changer ces billets pour la salle 1, s'il vous plaît?

Oui, d'accord. Voici deux billets pour la salle 1. Le film commence à 22 heures 30.

Et il finit à quelle heure?

Il finit à minuit et quart.

C'est trop tard. On va manquer le train. Deux billets pour la salle 3, s'il vous plaît, madame.

Salle 3? C'est complet en salle 3, monsieur.

---

1. Qu'est-ce qui ne va pas? Trouvez les phrases qui décrivent les problèmes de Khalid et de son frère Tarik.

a) Le film en salle 1 finit trop tard.
b) Le film en salle 1 est en français.
c) Le film en salle 2 commence trop tard.
d) Le film en salle 2 est en anglais.
e) Le film en salle 3 commence à 9 heures du soir.
f) Il n'y a plus de places en salle 3.

---

2. Écoutez trois dialogues au guichet d'un cinéma. Notez combien de places chaque client achète, et pour quelle salle. Ensuite, réécoutez la cassette. Quel renseignement supplémentaire demande chaque personne?

Est-ce:
a) l'heure du film?
b) l'heure de la séance?
c) quand le film finit?

Notez aussi les réponses qu'on leur donne.

---

3. Trouvez la bonne réponse pour chaque question. Écrivez les questions et les réponses dans votre cahier.

1 On va au cinéma?
2 À quelle heure commence la séance?
3 Avez-vous deux places pour la salle 3?
4 Tu aimes les films d'épouvante?
5 C'est en anglais?
6 Le film finit à quelle heure?

a Non, c'est en français.
b Il finit à 22 heures 30.
c Oui, je veux bien. J'aime bien aller au cinéma.
d Elle commence à 20 heures.
e Non. C'est complet.
f Non. Je préfère les films d'amour.

---

4. Travaillez avec un(e) partenaire. C'est samedi soir. Vous êtes au guichet de La Lanterne (le cinéma de la bande dessinée ci-dessus).

A choisit un film, achète des billets, et demande à quelle heure le film commence.
B travaille au guichet. Attention! Avant de commencer, **B** choisit deux salles qui sont déjà complètes.

Unité 12

SPECTACLES DES PROCHAINES SEMAINES

cinéma
Les Affranchis, de Scorsese.
Le Château de ma mère, d'Yves Robert.
Comme un oiseau sur la branche, de John Badham, avec Mel Gibson.
Cyrano de Bergerac, de Jean-Paul Rappeneau, avec Gérard Depardieu.
Présumé innocent, de Alan J Pakula.

théâtre et variétés
Le Cirque du soleil. Arts de cirque, danse, musique, comédie, avec humour et magie. Du Québec. Cirque d'hiver, du 3 au 24 juin.
Les Justes, d'Albert Camus. Cinq Diamants, jusqu'au 3 juin.
Lorenzaccio, d'Alfred de Musset. Comédie Française, 4, 6, 8 juin.
Monstre va ! de Ludovik Janvier. Atalante, du 1 au 30 juin.
Le Songe d'une nuit d'été, de William Shakespeare. Théâtre National de Chaillot, à partir du 9 juin.

musique
Musique au Louvre: Shlomo Mintz, violon, et ses amis. Œuvres de Bach, Prokofiev, Haïm. Auditorium du Louvre, 3 juin.
Musique des Caraïbes, avec Marijosé Alié. Olympia, 1 juin.
Philippe de Preissac. Jazz traditionnel. Caveau de la Huchette, 7 et 8 juin.
Sinead O'Connor, 5 juin. **The Christians**, 7 juin. Le Zenith.

---

5. C'est la fin mai. Deux copains discutent de ce qu'ils vont faire la semaine suivante quand leurs correspondants vont arriver à Paris. Lisez le programme ci-dessus. Écoutez la cassette et notez le titre des quatre activités qu'ils choisissent.

---

6. Vous devenez critique. Voici le système d'étoiles utilisé par les critiques de cinéma de *Pariscope* (un magazine hebdomadaire qui donne la liste des spectacles à Paris).

Les critiques ont aimé:			
★★★ passionnément		★	un peu
★★ beaucoup		☐	pas du tout

Qu'est-ce que vous avez vu récemment (en direct ou à la télé)? Un film? Un concert? Une pièce de théâtre? Un spectacle? Qu'est-ce que vous en avez pensé? C'était bien ou c'était nul?

Copiez la grille ci-dessous et écrivez le nom de quelques spectacles que vous avez vus récemment.

Nom du spectacle	Genre	Mon opinion

Discutez de vos choix et jugements avec un(e) partenaire. Par exemple: *J'ai vu le Rocky Horror Show. C'est une pièce de théâtre (et aussi un film). Ce n'était pas mal, l'histoire était drôle mais un peu bête aussi.*

---

7. Six jeunes français expliquent ce qu'ils ont vu récemment et donnent leur opinion. Trouvez dans la liste les mots et expressions qu'ils utilisent. En écoutant la cassette, notez d'abord les numéros. Ensuite, copiez dans votre cahier les mots et expressions utilisés.

C'était:
(1) idiot (2) amusant (3) ennuyeux
(4) drôle (5) excellent (6) extraordinaire
(7) formidable (8) intéressant (9) nul
(10) pas mal

(✓) J'ai aimé...
(✗) Je n'ai pas aimé...

(✓✓) J'adore...
(✗✗) Je déteste...

(11) l'acteur/l'actrice
(12) l'histoire
(13) l'opéra
(14) les films de guerre

Il/Elle a... bien/mal joué
Ils/Elles ont... bien/mal chanté
bien/mal dansé

---

8. Pour une revue scolaire, écrivez une critique brève d'un spectacle que vous avez vu récemment.

Unité 12

Impasse St-Antoine

Alain Jacob a passé un an à l'étranger. Sa mère, qui est veuve, habite au numéro sept d'une impasse de huit maisons individuelles, dans la banlieue parisienne. Alain veut savoir tout ce qui s'est passé chez ses voisins pendant son absence. Sa mère lui explique tout...

veuve femme dont le mari est mort

impasse rue qui a une seule entrée

9. Qui habite où? Faites un plan de l'impasse. Puis écrivez *Madame Jacob (Mme J)* au numéro 7. Écoutez la cassette et notez qui habite dans les autres maisons.

10. Écoutez la cassette encore une fois. Qui a fait les choses suivantes?

Par exemple: *Monsieur et Madame Corelli ont déménagé.*

a vendu...   a malgri
a épouse...
a appelé...   ont perdu...   ont déménagé
a choisi...   a fini...

Monsieur et Madame Brahim, leur fils Haji
Monsieur et Madame Corelli
Madame Jacob, la mère d'Alain
Madame Latrasse, son fils Sébastien

Monsieur et Madame Martin, leur fille Cécile
Serge Roussel
Liliane et Louise Simonet
René et Hélène Verdeil
Latifa, Georges et Jean-Michel

11. Travaillez avec un(e) partenaire.
A habite l'impasse St-Antoine. Il/Elle doit répondre aux questions de B et expliquer ce qui s'est passé dans l'impasse

B a été absent(e) et veut savoir ce qui s'est passé dans l'impasse. Il/Elle pose des questions à A.
Par exemple:
Comment va Madame Latrasse?
Comment vont les Martin?
Qui habite au numéro six?
Les Brahim habitent toujours dans l'impasse?

B pourrait se servir des expressions suivantes pour réagir à ce que dit son/sa partenaire:
C'est pas vrai! Tiens! Incroyable! Formidable! C'est affreux! C'est pas possible! Ah bon? C'est dommage.

Après cinq ou six questions, changez de rôle.

Unité 12

12. Des gens racontent des histoires gênantes qui leur sont arrivées. Lisez ces histoires. À votre avis, laquelle est la plus gênante? Mettez-les en ordre, en commençant par la plus gênante.

Histoires gênantes

Au début des vacances de l'année dernière, on a dû prendre le métro à l'heure de pointe, avec toutes nos valises. On avait peur de se perdre, alors j'ai pris la main de Christine, ma copine. On a marché le long du quai, puis elle m'a dit quelque chose, et j'ai vu que ce n'était pas Christine, mais une autre femme que je ne connaissais pas. — Luc

J'ai acheté un nouveau parfum pour sortir avec mon nouveau petit ami. Je ne savais pas qu'il avait des allergies. Nous sommes allés à un concert de musique classique. Au bout de cinq minutes de Mozart, mon copain a commencé à éternuer et à tousser. Au bout de dix minutes, nous avons dû sortir. — Katya

J'étais chez ma tante à Paris. Pour le déjeuner elle a fait des œufs en gelée. Ça avait l'air horrible, alors je les ai mis dans mon sac à main, enveloppés dans un Kleenex. Après le déjeuner elle a proposé d'aller visiter le Musée d'Orsay. Le service de sécurité a demandé à tout le monde d'ouvrir leurs sacs... Quelle honte. — Fabienne

Samedi dernier au supermarché, j'ai rencontré une jeune collègue de bureau. Elle était avec un homme d'une cinquantaine d'années. Je lui ai dit bonjour, puis j'ai dit: «C'est votre père?» Elle a répondu «Non. C'est mon mari». Je me suis senti gêné. — Thomas

J'ai rendu visite aux parents de mon fiancé pour la première fois dimanche dernier. Après le repas, j'ai voulu aider à faire la vaisselle. J'ai ramassé les assiettes et puis j'ai posé les verres sur un plateau. Dans la cuisine, j'ai glissé sur un morceau de fruit et hop là! tout était par terre. J'ai cassé huit verres et six assiettes! — Josiane

13. Écrivez une lettre à ce magazine. Utilisez une des idées illustrées si vous voulez.

Avez-vous une histoire gênante? Écrivez-nous. Les meilleures lettres gagnent 100 francs.

porter   mettre

embrasser   oublier   voir

casser

14. Travaillez avec un(e) partenaire. Inventez une histoire pour les dessins de droite. Dites qui c'est, ce qui s'est passé, etc.

Par exemple: *1. C'est ma copine, Anne-Laure. Elle a acheté une nouvelle voiture.*

15. Écrivez le paragraphe d'une lettre décrivant l'un de ces dessins avec plus de détails.

> Cher Nicolas,
> J'ai une histoire à te raconter. Tu connais ma sœur

POINT LANGUE

Unité 12

The *passé composé* (perfect tense) with *avoir*

When is the *passé composé* used? The *passé composé* allows you to talk about what took place last year, yesterday, five minutes ago or just a second ago.

How is the *passé composé* formed? The vast majority of verbs behave according to the following formula:

subject	+ part of *avoir* +	past participle
Julien	***a***	***acheté les billets.***
Julien	(has)	bought the tickets.
Il	***n'a pas***	***acheté les journaux.***
He	didn't	buy the newspapers
He	hasn't	bought the newspapers

Questions
To ask a question . . .

- you can put *est-ce que* in front of the affirmative:
  Est-ce qu'il a acheté les journaux?

- you can use the affirmative but change the way you say the sentence to show that it's a question:
  Tu as fini ta bière?

- or you can turn round the subject and the verb:
  Pourquoi n'as-tu rien dit?
  (You have to add a t to the third person singular to make it sound right: *A-t-il tout expliqué? A-t-elle compris? A-t-on manqué le film?*)

Past participles

some regular -er verbs
acheté *bought*   aidé *helped*   aimé *liked*

Notice how the past participle of *-er* verbs is formed:
acheter → acheté   aider → aidé   aimer → aimé
Start a list of *-er* verbs and their past participles and add to it as you come across them.

some regular -ir verbs
applaudi *applauded*   grandi *grew/grown*
choisi *chose/chosen*   réfléchi *thought*
fini *finished*   rempli *filled in*

some regular -re verbs
attendu *waited*   répondu *replied*
perdu *lost*   vendu *sold*

some irregular verbs
bu *drank/drunk*   lu *read*
compris *understood*   mis *put/put on*
connu *knew/known*   offert *offered*
 (a person or place)   ouvert *opened*
couru *ran/run*   pris *took/taken*
disparu *disappeared*   pu *could/was able/*
dit *said*   *been able*
dormi *slept*   reçu *received*
dû *had to*   su *knew/known*
écrit *wrote/written*   vécu *lived*
été *was/been*   vu *saw/seen*
eu *had*   voulu *wanted*
fait *did/done/made*

---

16. Read the following extracts from the French novel, *L'Étranger*, (*The Outsider*) by Albert Camus. The main character has just found out that his mother has died. In the following passage he describes the visit he made to the home where she was living. With a partner, talk through his actions on that day. Then pick out the verbs in the *passé composé* and see if your partner knows what infinitive they come from.

presque nearly, almost
l'asile retirement home
il fallait que je rencontre I had to meet

J'ai mangé au restaurant, chez Céleste, comme d'habitude. J'ai pris l'autobus à deux heures.(…) J'ai couru pour ne pas manquer le départ.(…) J'ai dormi pendant presque tout le trajet.(…)

L'asile est à deux kilomètres du village. J'ai fait le chemin à pied. J'ai voulu voir maman tout de suite. Mais le concierge m'a dit qu'il fallait que je rencontre le directeur.(…)

J'ai attendu un peu. Pendant tout ce temps, le concierge a parlé et ensuite, j'ai vu le directeur: il m'a reçu dans son bureau.

(…Le concierge) m'a offert une tasse de café au lait. Comme j'aime beaucoup le café au lait, j'ai accepté.(…) J'ai bu. J'ai eu alors envie de fumer. Mais j'ai hésité parce que je ne savais pas si je pouvais le faire devant maman. J'ai réfléchi, cela n'avait aucune importance. J'ai offert une cigarette au concierge et nous avons fumé.

Albert Camus, *L'Étranger* © Éditions Gallimard

Unité 13 — L'invité du dimanche

Samedi matin...

— Maman, j'ai invité mon copain Julien à venir déjeuner chez nous dimanche.

— Déjeuner? J'allais faire un gigot. Tu penses qu'il aime l'agneau? Mais qu'est-ce que je peux faire comme dessert?

— J'ai perdu ma recette pour le gâteau aux poires à la sauce au chocolat. Tu l'as vue?

— Quelle affaire! Je ne savais pas que le président de la République venait manger chez nous.

— Vous désirez, madame?

— Donnez-moi un kilo de poires, deux kilos de pommes de terre et une livre de haricots verts, s'il vous plaît.

— Voilà, madame. 26 francs 50.

— Ça y est! C'est tout... Je suis bête! J'ai oublié le lait. Va en chercher, chérie. Deux litres... et 500 grammes de beurre.

— D'accord. La crémerie est par là, n'est-ce pas?

— Nathalie a un nouveau petit ami. Il vient déjeuner chez nous demain. C'est le fils du P.D.G. aux Galeries Vendôme.

Unité 13

What is this *Unité* all about?

MAIN TOPIC AREA shopping for food

LANGUAGE TASKS
- shop for food (using appropriate quantities and the names of containers)
- know what is sold in different food shops and supermarket departments
- understand prices and quantities
- understand shop signs and announcements
- explain what, when and where you usually eat; your likes and dislikes
- understand and explain myths and realities about national eating habits

MAIN GRAMMAR POINT direct object pronouns (e.g. *Mets-la dans le frigo*)

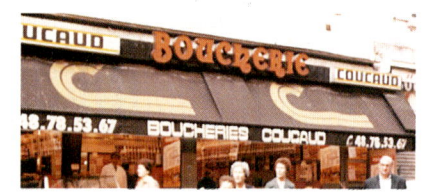

Unité 13

une boucherie    *une boulangerie*    *une pâtisserie/confiserie*

une crémerie    *un magasin d'alimentation*    *une fromagerie*

une poissonnerie    *un marchand de fruits et légumes*    *une charcuterie*

De nos jours, beaucoup de gens font leurs courses dans les supermarchés ou les hypermarchés à l'extérieur des grandes villes. C'est moins cher. On y trouve de tout. Il y a un parking gratuit. C'est pratique!

Cela ne veut pas dire que les marchés et les petits magasins de quartier ont disparu. Ils sont encore très utiles et très fréquentés. Les photos ci-dessus montrent une sélection de ces magasins de quartier.

1. Vous devez faire des courses. Le supermarché est loin et vous n'avez pas de voiture. Dans quels magasins pouvez-vous acheter les produits sur les photos? Écrivez le nom de chaque produit, avec le nom du magasin.

des baguettes    *des saucisses*    *des crevettes*    *du beurre*    *des tomates*    *des bonbons*    *de l'huile d'olive*

du gigot    *du vin blanc*    *du café*    *des gâteaux*    *des croissants*    *des truites*    *du pâté*

2. Travaillez avec un(e) partenaire. Cachez avec un cahier les photos des magasins, et regardez seulement les produits.
A choisit un produit et demande à **B** où on peut l'acheter. Par exemple: *Où est-ce qu'on peut acheter du beurre?* ou *Je voudrais des tomates: dans quel magasin dois-je aller?*
B répond, par exemple: *Dans une crémerie*, ou *Va chez le marchand de fruits et légumes*.

Unité 13

3. Monsieur Boukaraa est tunisien. Il est propriétaire d'un restaurant à Londres. Dans l'interview que vous allez entendre, il parle de quatre spécialités de la maison.

le couscous   *le brik à l'œuf*   *la salade méchouia*   *la chorba*

● Écoutez la première partie de l'interview.

1. Quelles sont les deux sortes de chorba: la chorba d'agneau/la chorba au poulet/la chorba au poisson?
2. Comment est-ce qu'on prépare le couscous? Choisissez la bonne lettre pour chaque phrase:
   ● Le couscous est composé (a) en deux parties (b) en trois parties. ● Le couscous, c'est (c) du riz (d) de la semoule, qu'on fait cuire à la vapeur.
   ● On la fait cuire (e) deux fois (f) vingt fois. ● Pour accompagner le couscous, on prépare (g) un bouillon de légumes avec de la viande de mouton (h) une salade de légumes.

● Écoutez la deuxième partie de l'interview.

3. Notez deux choses qu'on peut mettre dans un brik.
4. Pour la salade méchouia, on fait griller les légumes ou on les mange crus?

● Écoutez la dernière partie.

5. Écrivez la liste des provisions qu'il faut pour une semaine!

1ère partie
la semoule semolina
faire cuire à la vapeur to steam
le bouillon stock
relevé de seasoned with
l'ail garlic
la coriandre coriander
la cannelle cinnamon
le clou de girofle clove

2ème partie
une feuille de pâte sheet of pastry
farcir to fill, to stuff
plié(e) folded
soit either
faire frire to fry
arrosé(e) sprinkled
les câpres capers

3ème partie
le marché de gros wholesale market
le collier collar, neck
la caisse box

---

4. Danièle et Richard ont des invités à dîner ce soir. D'abord ils doivent faire les courses. Écoutez le dialogue et complétez les deux listes de provisions.

Pommes – 1 livre
Poires – 1 livre
Fraises – 1 livre
Raisins

Poulet
500g beurre
Yaourts
1 litre lait
1 litre jus d'orange
Riz
Confiture d'oranges
Chips
Boîte d'ananas

5. Écoutez les trois dialogues. Quel dialogue correspond à quelle illustration?

A   B   C

6. Travaillez avec un(e) partenaire. A fait une liste de fruits et de légumes qu'il/elle veut acheter au marché. B est marchand(e). C'est la fin de la journée, et il/elle n'a pas tout ce que demande A. Jouez la scène.

PAGE 109

Unité 13

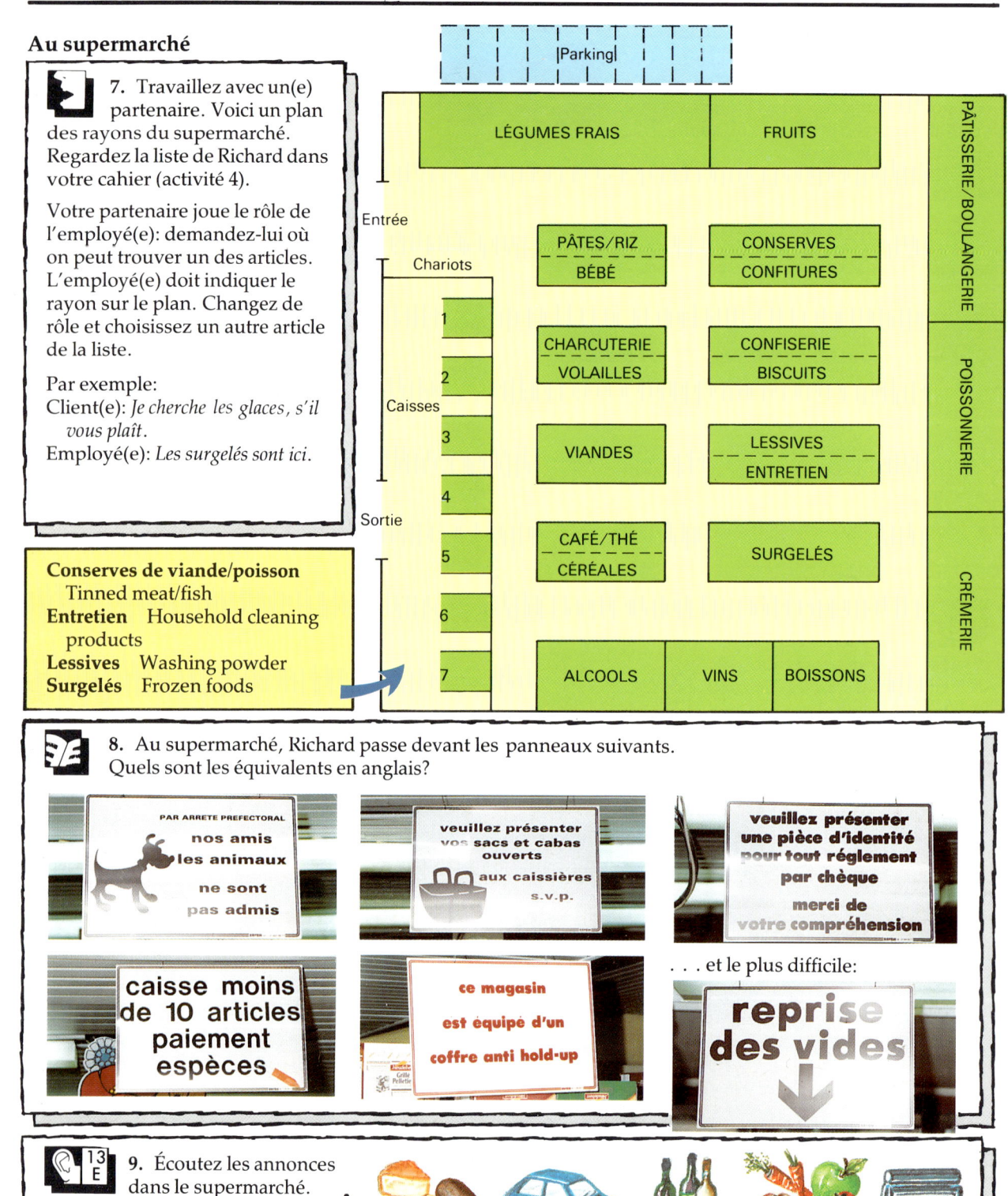

Au supermarché

7. Travaillez avec un(e) partenaire. Voici un plan des rayons du supermarché. Regardez la liste de Richard dans votre cahier (activité 4).

Votre partenaire joue le rôle de l'employé(e): demandez-lui où on peut trouver un des articles. L'employé(e) doit indiquer le rayon sur le plan. Changez de rôle et choisissez un autre article de la liste.

Par exemple:
Client(e): *Je cherche les glaces, s'il vous plaît.*
Employé(e): *Les surgelés sont ici.*

Conserves de viande/poisson Tinned meat/fish
Entretien Household cleaning products
Lessives Washing powder
Surgelés Frozen foods

Parking

| LÉGUMES FRAIS | FRUITS |

Entrée
Chariots

| PÂTES/RIZ | CONSERVES |
| BÉBÉ | CONFITURES |

Caisses

| CHARCUTERIE | CONFISERIE |
| VOLAILLES | BISCUITS |

| VIANDES | LESSIVES |
| | ENTRETIEN |

Sortie

| CAFÉ/THÉ | SURGELÉS |
| CÉRÉALES | |

| ALCOOLS | VINS | BOISSONS |

PÂTISSERIE/BOULANGERIE
POISSONNERIE
CRÉMERIE

---

8. Au supermarché, Richard passe devant les panneaux suivants. Quels sont les équivalents en anglais?

- PAR ARRETE PREFECTORAL — nos amis les animaux ne sont pas admis
- veuillez présenter vos sacs et cabas ouverts aux caissières s.v.p.
- veuillez présenter une pièce d'identité pour tout règlement par chèque — merci de votre compréhension
- caisse moins de 10 articles paiement espèces
- ce magasin est équipé d'un coffre anti hold-up

. . . et le plus difficile:
- reprise des vides

---

9. Écoutez les annonces dans le supermarché. Mettez les illustrations correspondantes dans le bon ordre.

A B C D E

Unité 13

La nourriture: les mythes et la réalité

10. Est-ce que les Français mangent beaucoup d'escargots? Est-ce que les Anglais mangent de la confiture avec la viande?

Écoutez Danny, qui est écossais, et Sabine, française. Notez les lettres des plats dont ils parlent.

12. Qu'est-ce que vous aimez et qu'est-ce que vous mangez d'habitude? Après avoir écouté Sabine et Danny (activité 11), répondez aux questions suivantes.

1. Que mangez-vous pour le petit déjeuner?
2. Vous déjeunez à la cantine? à la maison? dans la cour?
3. Qu'est-ce que vous prenez pour le goûter?
4. Est-ce que vous mangez entre les repas?
5. Qu'est-ce que vous mangez le soir?
6. Quel est votre repas préféré?

13. Comment mange votre classe? Est-ce que vous avez de bonnes ou de mauvaises habitudes? Posez des questions à vos camarades de classe, puis faites un résumé par écrit.

Sondage: nourriture

Combien de personnes . . .
a) ne prennent jamais de petit déjeuner?
b) suivent un régime?
c) ne mangent pas de viande?
d) ne mangent pas de bonbons?
e) mangent beaucoup de fruits et de légumes frais?

11. Le tableau montre ce qu'on mange, selon les traditions, en France et en Grande-Bretagne, pour les quatre repas principaux. Lisez d'abord le tableau. Puis écoutez Sabine et Danny et faites une liste de ce qu'ils mangent en réalité.

Le petit déjeuner	
croissants tartines  café chocolat chaud	céréales, muesli bacon, œufs toast confiture d'oranges jus de fruit thé, café 

Le déjeuner	
crudités omelette viande, poisson salade fromage, dessert eau minérale, vin 	pie, frites sandwiches chips pomme, yaourt pudding coca, thé, café 

Le goûter	
pâtisserie, tartine thé, café, infusion 	sandwiches biscuits, gâteau thé, boisson fraîche 

Le dîner	
soupe, pâté poulet, poisson légumes salade  fromage tarte aux pommes 	(melon, avocat) bœuf, poulet pommes de terre petits pois carottes, choux dessert chaud avec 'crème anglaise' 

PAGE 111

Unité 13 — STAGE PRATIQUE

Préparer un buffet

En ce moment, vous travaillez avec le traiteur. Vous avez la responsabilité d'organiser un buffet pour trente personnes la semaine prochaine (les vingt stagiaires australiens et dix membres de l'administration du magasin). Pour vous aider, le traiteur vous montre la table (illustrée ci-dessous) qu'il a préparée aujourd'hui pour un buffet pour dix personnes, commandé par une agence de presse internationale pour un séminaire.

> Le pâté, c'est du pâté de campagne et il y en a un kilo. Il y a un kilo de salade niçoise aussi. Et deux kilos de raisin. Et puis vingt petits pains.

Il vous explique les quantités de certains plats, et vous montre la liste des prix courants.
Le prix d'achat = le prix payé par les Galeries Vendôme au producteur.
Le prix de vente = le prix payé par le client aux Galeries Vendôme.

14. Calculez combien ce buffet a coûté aux Galeries Vendôme. Additionnez:

– le prix d'achat de tous les éléments du repas
– le coût du travail du traiteur: trois heures payées à 150 F de l'heure
– le coût du travail du commis: trois heures payées à 90 F de l'heure.

15. Calculez combien l'agence de presse va payer. Additionnez:

– le prix de vente de tous les éléments du repas
– le coût du travail du traiteur et du commis.
Ajoutez 50% à votre total.

ALIMENTATION — PRIX COURANTS

	ACHAT	VENTE
Charcuterie		
Cuisses de poulet (la pièce)	4,50F	9,50F
Jambon cru (le kilo)	70F	120F
Mini-pizza (la pièce)	3,50F	7F
Mini-quiche (la pièce)	3F	6F
Pâté de campagne (le kilo)	46F	70F
Pâté de foie gras (le kilo)	150F	250F
Salade niçoise (le kilo)	30F	55F
Saumon fumé (le kilo)	190F	285F
Tomates farcies (la pièce)	4F	6,50F
Poissonnerie		
Crevettes (le kilo)	120F	180F
Moules farcies (la douzaine)	36F	54F
Crémerie		
Gruyère (le kilo)	40F	60F
Camembert (la boîte)	6,50F	13F
Bleu de Bresse (la boîte)	7,50F	15F
Fruits et Légumes		
Pêches (le kilo)	5F	14,50F
Raisin (le kilo)	8F	16F
Pâtisserie		
Glace (la pièce)	4F	9,50F
Tarte aux pommes (10 personnes)	35F	70F
Profiteroles (la pièce)	4F	8F
Boulangerie		
Baguette	2F	4,50F
Petit pain (la pièce)	1,50F	3,20F
La Cave (prix par bouteille)		
Vin blanc (Muscadet)	12F	22F
Vin rouge (Côtes du Rhône)	12F	22F
Eau minérale	3,40F	7,20F

Légendes de l'illustration:
- les verres à vin
- les assiettes (décor bouquet sur fond vert)
- les assiettes à dessert
- les couverts « Bistrot » coloris gris

Agence de Presse A.P.E.

Unité 13

La nappe
- unie: coloris rose/vert/bleu
- imprimée motifs géométriques sur fond rose
- imprimée oiseaux et fleurs sur fond bleu

La vaisselle
- motifs géométriques sur fond gris
- décor bouquet sur fond bleu
- bord doré

Les couverts
- couverts «Bistrot»: coloris vert/rose/bleu
- couverts «Vieux Paris»

les verres à eau
le saladier
la corbeille à pain
la nappe (imprimée fleurs sur fond blanc)

Votre buffet

16. La nappe, la vaisselle, les couverts
Faites une liste de tout ce que vous allez emprunter au rayon Arts de la Table. Notez sur votre liste:
- le nombre nécessaire pour chaque article
- le coloris que vous désirez.

17. Les plats
Choisissez des plats qui figurent sur la liste de la page 112, en quantités suffisantes pour trente personnes. Vous avez 2 500F à dépenser.
Faites une liste de tous les plats que vous allez servir, et calculez le coût total. Il faudra calculer:
- le prix d'achat de tous les éléments que vous choisissez
- le coût du travail de trois personnes (cinq heures chacune à 90F de l'heure).

18. La carte
Dessinez un menu pour les stagiaires australiens (sans les prix: ils sont invités par le magasin).

19. Le papotage
Si vous n'avez pas la conversation facile, préparez des questions à poser aux stagiaires australiens. Par exemple:
Vous vous appelez comment?
C'est votre première visite à Paris?
Votre stage se passe bien?

Unité 13

POINT LANGUE

Direct object pronouns

(Speech bubbles in comic panels:)
- Vous voulez cette truite? — Oui, je la prends.
- Ce pull-over est en laine et il coûte seulement 200 F. — Ce n'est pas cher. Je le prends.
- Il me reste seulement deux baguettes. — Alors, je les prends.

In each of the scenes above, the customer is telling the assistant that he or she will take the goods: 'I'll take it.' 'I'll take them.' The items or goods being taken are called the **object** of the sentence. To avoid repeating the words for the trout, sweater and loaves of bread, the customer refers to the goods as 'it' or 'them'.

In French, the word 'it' when used as the object of a sentence is *la* when the item is feminine, *le* when the item is masculine and *l'* when a vowel follows immediately. The word 'them' when used as the object of a sentence is *les*.

Le, *la*, *l'*, *les* are called object pronouns: a pronoun replaces a noun or noun phrase in order to avoid repetition.

Word order

In English, the word order is:

subject	verb	object
I	will take	it/them.

(the trout, the sweater, the loaves of bread)

In French, the word order is:

subject	object	verb
Je	le	prends.
Je	la	prends.
Je	les	prends.
Je	l'	ai pris.
		(Je l'ai prise if the object is feminine singular.)
Je	les	ai pris.
		(Je les ai prises if the object is feminine plural.)

The word order of a **negative statement**: (in English – I won't take it/them, I didn't take it/them)

Je ne le prends pas.
Je ne la prends pas.
Je ne les prends pas.

Je ne l'ai pas pris(e).
Je ne les ai pas pris(es).

---

20. La soirée The dialogue for this scene of a soap opera has been badly written. Can you improve on the sentences underlined in red? The first one has been done for you.

1. J-P. Oui, je l'aime bien.

Dîner chez Nadia et Christian

Nadia (*charmante*): Vous aimez le champagne?
Jean-Pierre (*poli*): Oui, j'aime bien le champagne.
Nadia: Vous aimez les escargots?
Jean-Pierre: Oui, j'aime bien les escargots.
(*Plus tard*)
Jean-Pierre: Délicieux, ce fromage!
Nadia: Oui, j'ai acheté le fromage au marché.
(*On entend des bruits de vaisselle, dans la cuisine.*)
Sophie (*surprise*): Il fait la vaisselle, votre mari?
Nadia: Bien sûr. Il fait la vaisselle tous les jours.
Nadia: Vous avez goûté ce café décaféiné?
Sophie: Euh non, je n'ai pas goûté ce café décaféiné.
Nadia (*le maximum de charme dans la voix*): Votre mari, peut-être?
Sophie (*impatiente*): Non, il n'aime pas le café, surtout le soir.
Nadia: Même décaféiné?
Sophie (*fâchée*): Même décaféiné.
(*Plus tard*)
Nadia (*romantique*): Il est minuit. Tu entends l'horloge qui sonne?
Jean-Pierre (*doucement*): Oui, j'entends l'horloge.
Jean-Pierre (*à Sophie*): Tu peux aller chercher la voiture, chérie?
Sophie: Ah non, je ne peux pas aller chercher la voiture.
Jean-Pierre: Mais pourquoi?
Sophie (*furieuse*): On y va ensemble, j'ai quelque chose à te dire, Jean-Pierre.

14 La panne

Dimanche. Julien se met en route pour aller chez les Merlin.

— D'accord. Je vais prendre le périphérique jusqu'à la sortie marquée St-Denis. C'est facile!

— J'ai besoin d'essence. Et je dois acheter quelque chose pour offrir à Madame Merlin.

— Faites le plein, s'il vous plaît. Est-ce qu'il y a un fleuriste près d'ici?

— Juste à côté, monsieur.

— ...est bloquée sur la Route Nationale 29. Deux poids lourds sont entrés en collision. Un des camions...

— Mais... Qu'est-ce que c'est?

— Pardon, madame. Il y a un téléphone dans le coin?

— Je ne sais pas. Je pense qu'il y en a... attendez... il y a un café à cinq minutes d'ici.

— Allô? Service dépannage Leforge? Ma voiture est en panne, je pense que c'est le moteur. Je m'appelle Lambert, Julien Lambert... La marque? C'est une Ferrari rouge. Le numéro d'immatriculation est... comment? Vous n'en avez pas besoin? ... une demi-heure? D'accord.

Unité 14

What is this *Unité* all about?

MAIN TOPIC AREA travelling by car, coping with a breakdown

LANGUAGE TASKS
- at a petrol station, buy petrol and have your car checked
- recognise and explain some common roadsigns
- deal with a breakdown: ring a breakdown service, explain the problem, give relevant information

MAIN GRAMMAR POINT *aller* plus infinitive (e.g. *Je vais prendre un taxi*)

Unité 14

B Khalid veut avoir son permis de conduire. Aujourd'hui, il a sa première leçon de conduite. Le moniteur lui montre d'abord les différentes parties de la voiture.

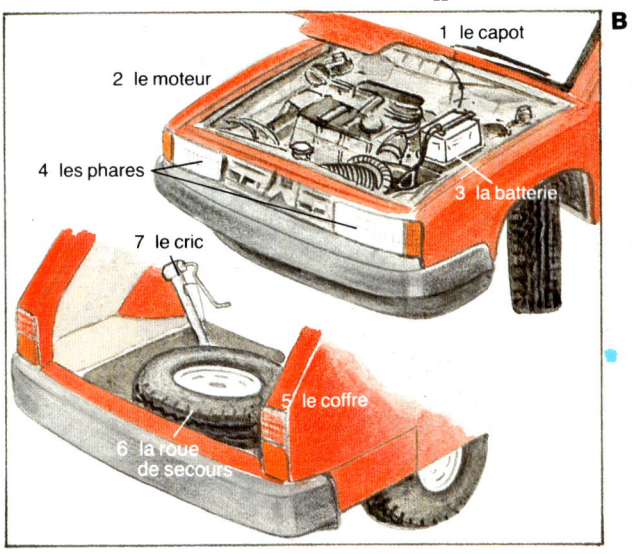

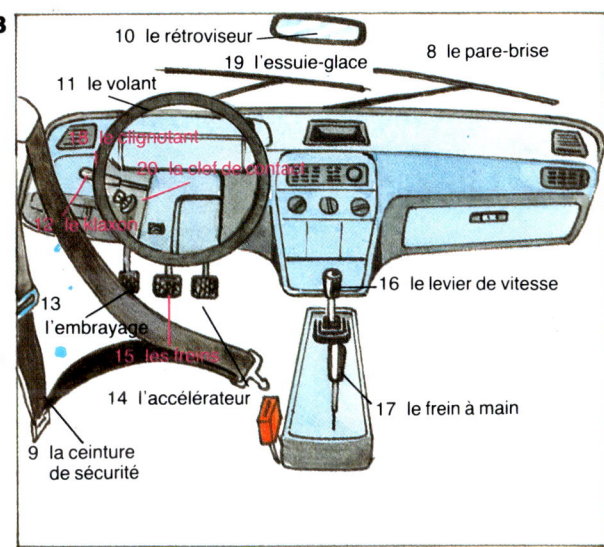

A
1. le capot
2. le moteur
3. la batterie
4. les phares
5. le coffre
6. la roue de secours
7. le cric

B
8. le pare-brise
9. la ceinture de sécurité
10. le rétroviseur
11. le volant
12. le klaxon
13. l'embrayage
14. l'accélérateur
15. les freins
16. le levier de vitesse
17. le frein à main
18. le clignotant
19. l'essuie-glace
20. la clef de contact

1. Écoutez dix automobilistes: chacun a un problème différent. Pour chaque automobiliste trouvez la partie de la voiture dont il ou elle parle et notez la lettre.

2. Travaillez avec un(e) partenaire. **A** est moniteur/monitrice d'auto-école et doit expliquer à son/sa partenaire comment s'appellent les différentes parties de la voiture. Utilisez l'illustration A ci-dessus.

Ensuite, c'est le tour de **B**. Vous prêtez votre nouvelle voiture à un(e) ami(e). Utilisez l'illustration B pour expliquer les commandes à l'intérieur de la voiture.

3. Khalid fait de bon progrès.
Aujourd'hui, il conduit la voiture dans les rues. Écoutez les instructions de son moniteur. Trouvez les symboles qui correspondent aux instructions et notez les lettres a-j dans le bon ordre. (Notez une lettre deux fois, si nécessaire.)

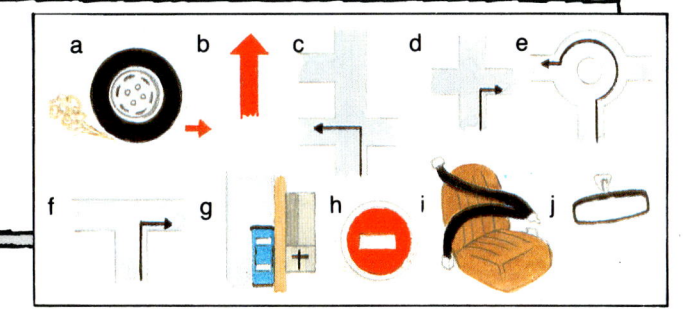

Aujourd'hui, Khalid roule avec son père. Celui-ci décide que Khalid doit tout faire quand ils s'arrêtent à la station service.

4. Écoutez les huit automobilistes de l'image. Expliquez qui parle.

Par exemple:
1. C'est le chauffeur de la voiture bleue/la Renault 5.

5. Écoutez ce que Khalid doit faire à la station service. Regardez les illustrations et notez les lettres a–e dans l'ordre de la conversation.

6. Travaillez avec un(e) partenaire.
A est automobiliste à une station service. Demandez les services illustrés.

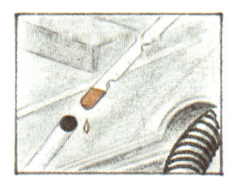

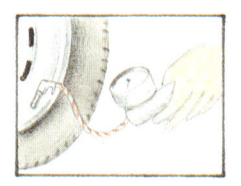

B travaille à la station service. Donnez les services ou les renseignements nécessaires.

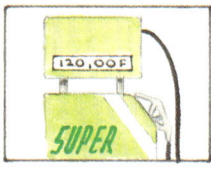

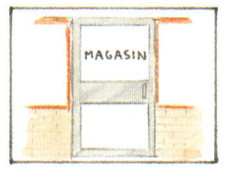

Unité 14

7. Après plusieurs leçons et beaucoup de kilomètres, Khalid est prêt à passer son examen de conduite. D'abord, il doit passer l'épreuve du code de la route. Essayez ce test sur la signalisation routière.

1. Regardez les panneaux. Quels sont les équivalents dans le code de la route de votre pays? Notez le terme anglais pour chaque panneau.

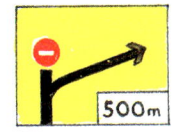

a. Déviation
b. Travaux
c. Feux
d. Zone piétonne
e. Limitation de vitesse
f. Autoroute

2. Regardez ces panneaux qui concernent le stationnement des véhicules. Trouvez l'illustration qui correspond à chaque panneau.

a. Stationnement interdit sous peine d'amende
b. Parking gratuit
c. Parking interdit aux poids-lourds
d. Stationnement payant

1   2   3   4

3. Regardez les situations illustrées sur les plans. Dans chaque situation, quelle voiture a la priorité, A ou B?

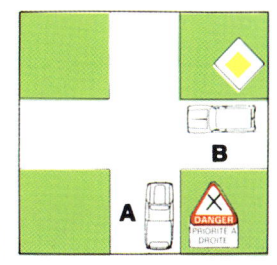

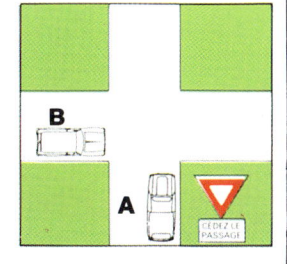

8. Khalid a réussi à son examen et il a son permis de conduire. Il veut prendre la voiture pour aller voir un copain à Chaumont. Regardez la carte du nord-est de la France. Khalid va commencer son voyage à Saint-Denis. Quel est l'itinéraire que vous lui recommandez? Écrivez les numéros des routes.

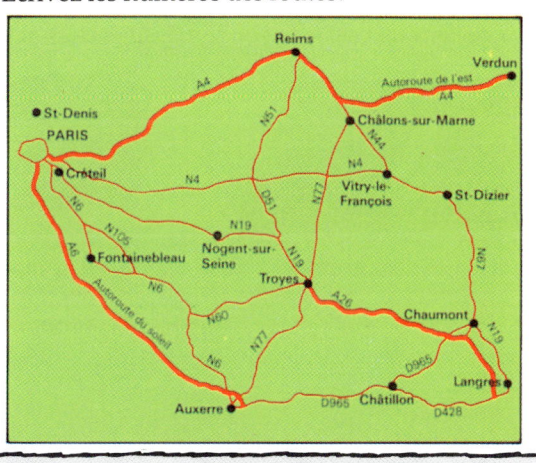

Classification des routes françaises

C: Route communale   Petite route de campagne.
D: Route départementale   Route à chaussée unique qui traverse un département.
N: Route nationale   Grande artère reliant les grandes villes entre elles.
A: Autoroute   Large route à deux chaussées séparées. Souvent payante en France (le «péage»).
E: Route européenne   Les routes **E** prennent progressivement la place des **A**. Ce sont de très grandes artères qui traversent le pays.

---

9. Maintenant, écoutez Khalid. Il appelle son copain et lui explique l'itinéraire qu'il va prendre. A-t-il choisi le même itinéraire que vous? Que dit son copain?

10. Travaillez avec un(e) partenaire. Partenaire **A**: vous habitez à Reims. Vous voulez rendre visite à **B** qui habite à Langres. Téléphonez-lui pour expliquer quel itinéraire vous allez prendre. **B** écoute et donne son avis.

Ensuite, c'est à **B** d'appeler partenaire **A**. Vous habitez à Auxerre et vous voulez rendre visite à **B** qui habite à Créteil. Expliquez-lui par où vous allez passer.

PAGE 119

Unité 14

En panne   Voici des raisons de pannes courantes:

la voiture ne démarre pas

le pare-brise est cassé

il y a un bruit dans le moteur

il y a de la fumée sous le capot

les freins ne marchent pas bien

le moteur chauffe

11. En route pour Chaumont, la voiture de Khalid tombe en panne à Nogent-sur-Seine. Il appelle un service de dépannage. Écoutez la cassette et regardez ces cinq voitures. Laquelle est la voiture de Khalid?

a    b    c    d    e

12. Le service de dépannage remplit une fiche pour chaque voiture. Regardez les fiches: avec un(e) partenaire, imaginez la conversation entre chaque automobiliste et le service de dépannage.

Ducellier Dépannage
130, boulevard du Général Giraud
10975 Nogent-sur-Seine

Nom: Carrard
Marque de voiture: Peugeot 205
Couleur: noire
Numéro d'immatriculation: 3316 NJ 93
Lieu du véhicule: N45
Problème: Pare-brise cassé

Ducellier Dépannage
130, boulevard du Général Giraud
10975 Nogent-sur-Seine

Nom: Thibaut
Marque de voiture: Renault 4
Couleur: Rouge
Numéro d'immatriculation: 9173 DR 13
Lieu du véhicule: A6
Problème: Le moteur chauffe

13. Copiez et remplissez la fiche du service de dépannage pour la voiture de Khalid.

14. Khalid appelle son ami à Chaumont. Il n'est pas là mais sa sœur prend un message.

Écrivez un message pour les personnes ci-dessous.

Khalid a téléphoné. Il est tombé en panne à Nogent-sur-Seine. Ce n'est pas grave mais il doit attendre le service de dépannage. Il va arriver avec au moins deux heures de retard.

18h 00 – 21h 00

H demain

A7 minuit

PAGE 120

POINT LANGUE

Unité 14

Aller plus infinitive

There are two ways to talk about future events in French. On page 89 you saw the form and use of the future tense. The second way is to use the verb *aller* (to go) followed by a verb in the infinitive. English has a direct equivalent of this:

Zut! On va être en retard

Mais non! Je vais réparer ça.

Je quitterai Londres mardi à 20h00 et j'arriverai à quatre heures du matin. Tu pourras venir me chercher à la gare?

Which form should you use?
The future tense is used more in writing and when making formal arrangements. It tends to be used for events taking place further in the future.

Aller plus infinitive is used more in conversation and for actions or events in the more immediate future. Use this form to say what you're going to do immediately (e.g. *Je vais réparer ça.*). Use it also when you aren't giving a specific date or time (e.g. *Je vais suivre des cours de planche à voile, pendant les vacances.*).

NB. When you give the date or time, you can use the present tense instead: «*Qu'est-ce que tu fais ce week-end?*» «*Bof! Samedi, je fais mes devoirs, je promène le chien . . .*»

15. Write captions in French for the scene at the youth club. Use these phrases: *regarder le billard, rester là toute la nuit, jouer plus tard, revenir.*

aller (*to go*)	Je ne vais pas . . .
je vais (*I'm going*)	Tu vas/Vous allez . . .?
tu vas	Est-ce que tu vas/
il/elle/on va	vous allez . . .?
nous allons	Vas-tu . . .?
vous allez	Va-t-il . . .?
ils/elles vont	Va-t-elle . . .?

Recognising an infinitive

The infinitive is the form of a verb usually found in the dictionary. It is the 'to do' form. To see, to hear, to walk, to be, to have are all infinitives. On pages 38, 48 and 53, we looked at verbs whose infinitives end in *-er*, *-re* and *-ir*. There are also infinitives ending in *-oir*, some of which are listed on page 80.

16. Pick out the infinitives:

Vouloir, c'est pouvoir

Je voudrais un jour travailler à Hollywood. Mon rêve serait de tourner un remake de Casablanca, *et de jouer le rôle de Bogart.*

Je n'arrive pas à comprendre pourquoi tu ne veux pas apprendre à conduire.

Avant de partir, nos clients sont priés de remplir le questionnaire ci-dessous:

Dates du séjour: . . . .

PAGE 121

Unité 15 — Bon appétit

1. Nathalie, je suis vraiment désolé. Je suis venu en taxi, mais j'ai perdu mon portefeuille. Tu peux me prêter de l'argent pour payer, s'il te plaît ?
— Bien sûr !

2. Ça y est ! Il est arrivé. Nathalie est sortie payer le taxi.
— Ça alors ! C'est le fils du patron et il n'a pas d'argent ?

3. Il est monté dans la salle de bains. Il est tombé en panne de voiture, sa veste est couverte d'huile.
— Le pauvre garçon !

4. Julien, je te présente mon père...
— Bonjour. Alors, vous êtes le fils du patron...

5. ...et ma mère...
— Bonjour, Julien. Je peux vous appeler Julien ?
— Bien sûr.

6. Et tu connais déjà mon frère Laurent.
— Salut.

7. Le déjeuner est prêt. Passons à table tout de suite ! Oh, vous savez, j'ai préparé quelque chose de simple. En entrée, il y a des fruits de mer. Et après... j'espère que vous aimez le gigot d'agneau et les haricots verts...
— J'adore le gigot, c'est mon plat préféré.
— Et j'espère que tu l'aimes bien cuit !

8. Allez !... Bon appétit à tous ! Julien, servez-vous !
— Et à votre santé !

Unité 15

Ces fruits de mer sont excellents. Ils sont très frais.

— Oui, je suis allé les pêcher cette nuit, spécialement pour vous. J'ai pensé que pour le fils de Monsieur Lambert...

— Julien, ne faites pas attention à lui.

Un peu plus tard...

— Julien, vous reprenez du dessert?

— Euh... Un tout petit peu. Je n'ai plus faim, mais c'est tellement bon... Alors, Laurent, ça va, le lycée? Tu es en quelle classe?

— Je suis en seconde.

— Il passe en première l'année prochaine.

— Tu vas choisir quelle section? Quelles sont tes matières préférées?

— Ben, moi je préfère les matières littéraires. Je suis assez bon en langues.

— Assez bon? Il est très doué. Il fait anglais et espagnol. Et il commence juste le russe. Moi, j'étais nulle en langues.

— Oui, mais par contre, tu étais très bonne en maths et en dessin.

— L'important, c'est qu'ils passent leur baccalauréat. Moi, je n'ai pas fait d'études. Maintenant, je suis chauffeur de camion, et j'ai un patron difficile...

— Papa!...

— Georges!

— Mais je plaisantais!

— De toute manière, vous avez tout à fait raison. Mon père n'est pas un homme facile. Je le sais.

What is this *Unité* all about?

MAIN TOPIC AREAS	school, having a meal in someone's home
LANGUAGE TASKS	• exchange information and opinions about school routines and the subjects that you study • greet someone, ask how they are and respond to their greeting • introduce yourself • ask for food and table articles (including asking for more, a little, a lot) • respond to offers of food • express appreciation and pay compliments
MAIN GRAMMAR POINT	verbs that form their *passé composé* with *être*

Unité 15

1. Trouvez la matière représentée par chaque symbole.

2. Les élèves français ont souvent des contrôles. Trouvez la matière de chaque épreuve.

Épreuve de
1. Quelle est la capitale de la Grèce? *Athènes*
2. Quel est le plus grand pays du monde? *L'URSS*

Épreuve de
Effectuez les opérations suivantes:
1. $-2 \times 3 =$ *−6*
2. $-\tfrac{1}{2} \times -\tfrac{1}{2} =$ *¼*

Épreuve
1. Quelle est l'année du sacre de Napoléon? *~~1799~~ 1804*
2. C'était la femme de Louis XVI. *Marie-Antoinette*

3. Six délégués de classe expliquent leurs problèmes d'emploi du temps. Dans quel ordre est-ce qu'ils parlent?

Classe 2nde 4

	8	9
L	français	
M	gym	
M	biologie	
J	gym	
V	histoire	
S		

Classe 3ème A

	8	9	10	11	12
L	musique	anglais	anglais	commerce	
M	anglais	physique	allemand	anglais	

Classe 3ème B

	Devoirs/Contrôles
L	
M	maths
M	
J	anglais, chimie, histoire
V	
S	

Classe 3ème C

	8	9	10	11	12	14	15	16
L	dessin	dessin	permanence			permanence	français	
M	maths	géo.	chimie	info		anglais	commerce	travaux pratiques

Classe 2nde 3

	Devoirs/Contrôles
L	allemand
M	
M	anglais français maths
J	
V	
S	

Classe 2nde 1

	8	9	10	11	12	14	15	16
J								
V	histoire	biologie	espagnol	maths		maths	anglais	chimie
S	géographie	anglais	histoire					

4. Écoutez la cassette une deuxième fois (avec beaucoup de pauses), et notez les expressions utiles. Vos notes vont vous aider pour cette activité.

Vous êtes délégué(e) de classe. La classe a un problème d'emploi du temps, par exemple une journée trop chargée. Expliquez le problème au professeur principal (votre partenaire), qui doit prendre des notes.

Unité 15

On va voir le conseiller d'orientation

Agent de police: Il faut avoir de bonnes notes en français et en gymnastique. Il faut aimer l'histoire-géo.

Pilote: Il faut avoir une bonne moyenne. Vous avez surtout besoin de bonnes notes en mathématiques et en géographie.

Réceptionniste: Il faut avoir de bons résultats en commerce et en français. Il faut aimer les langues étrangères.

Agriculteur: Il faut avoir de bonnes notes en biologie et chimie. Il faut aussi être fort(e) en géographie.

Dessinateur/trice publicitaire: Il faut être très fort(e) en dessin. Il faut aussi avoir de bons résultats en informatique, en maths et en travaux manuels.

Journaliste: Il faut avoir d'excellentes notes en français. Il faut être fort(e) en histoire-géo, et en langues étrangères.

---

5. Lisez les profils de ces élèves, et suggérez une profession pour chacun d'entre eux.

Nom et prénom: Diouf David
Classe: 2M2
J'ai d'excellentes notes en... biologie, géographie
J'ai de bonnes notes en... mathématiques, chimie
J'ai de mauvaises notes en... anglais, allemand
Je trouve le français intéressant/<u>ennuyeux</u>/difficile/<u>facile</u>
Je trouve les mathématiques <u>intéressantes</u>/ennuyeuses/difficiles/<u>faciles</u>
Ma matière préférée, c'est... la biologie

Nom et prénom: Roussillon Aurélie
Classe: 2M2
J'ai d'excellentes notes en... mathématiques, histoire, géographie
J'ai de bonnes notes en... anglais, physique
J'ai de mauvaises notes en... —
Je trouve le français <u>intéressant</u>/ennuyeux/difficile/<u>facile</u>
Je trouve les mathématiques <u>intéressantes</u>/ennuyeuses/difficiles/<u>faciles</u>
Ma matière préférée, c'est... les mathématiques

Nom et prénom: Sarano Hélène
Classe: 2M2
J'ai d'excellentes notes en... dessin, musique, travaux pratiques
J'ai de bonnes notes en... mathématiques, anglais, informatique
J'ai de mauvaises notes en... histoire, géographie
Je trouve le français <u>intéressant</u>/ennuyeux/difficile/<u>facile</u>
Je trouve les mathématiques <u>intéressantes</u>/ennuyeuses/difficiles/<u>faciles</u>
Ma matière préférée, c'est... le dessin

6. Faites votre propre profil, en copiant et remplissant la même fiche. Quelle profession vous convient le mieux?

7. Le conseiller d'orientation a un entretien avec des élèves. Est-ce que la profession que chaque élève a choisie lui convient? Si non, pourquoi?

8. Vous êtes conseiller/conseillère d'orientation. Choisissez une profession (autre que les six qui figurent ci-dessus). Quel serait le profil idéal pour exercer cette profession? (Remplissez une fiche.) Après un entretien avec votre partenaire, dites-lui s'il/si elle serait apte à exercer cette profession.

Unité 15

9. *Les rencontres*
C'est la rentrée des classes. Il y a de nouveaux élèves.

Écoutez la cassette. Parmi tous ces élèves, lesquels est-ce que Rafik rencontre pour la première fois?

Claire Vieuxjean   Olivier Bury   Nicolas Beny   Amélie Desguin   Marie-Laure Lalère   Alice Jaume

10. En groupes de trois ou quatre: **A** choisit le nom d'un personnage célèbre. **A** présente **B** à **C**, comme si **B** était ce personnage.

C est, naturellement, heureux/heureuse de faire la connaissance de **B**.
Ensuite, **B** choisit un nom pour **C**, et le/la présente à **D**, et ainsi de suite.

11. Plusieurs élèves arrivent en retard à l'école. Écoutez leurs excuses. Quelle excuse correspond à quel dessin?

1. Le car est tombé en panne.
2. Je me suis levé trop tard. Le réveil n'a pas sonné.
3. Mon grand-père est arrivé des États-Unis, et il n'y avait personne à la maison.
4. Je suis parti à sept heures et demie, mais je n'avais pas mon cartable, alors je suis retourné à la maison.
5. Le chat est monté sur le toit et j'ai dû appeler les pompiers.
6. Mon lapin est mort.
7. Je suis descendu à la cave et ma sœur a fermé la porte.
8. Une chèvre sauvage est entrée dans la maison et j'ai dû la chasser.

12. Travail de groupe. Tout le monde est arrivé en retard au lycée ce matin. Chacun écrit un mot d'excuse. Ensuite, lisez vos excuses et choisissez la meilleure.

Unité 15

13. Dans quel ordre est-ce qu'on vous demande de passer toutes ces choses? Écoutez la cassette et notez les numéros.

le pain
le beurre
le vin
l'eau
le poivre
le sel
le lait
le café
le sucre
les fruits
la salade
le fromage

14. Demandez à votre partenaire de vous passer une de ces choses, mais sans la nommer: il faut mimer. (*Tu me passes le . . ., s'il te plaît?*) Votre partenaire doit deviner de quoi il s'agit: *Ah, le lait!*

15. Écoutez la cassette et trouvez l'assiette de Philippe, de Sabine et de Xavier.

A   B   C

16. Recopiez les noms des objets 1 à 5 dans l'image ci-dessus. Ajoutez-y encore cinq plats.
Travaillez avec un(e) partenaire: **A** essaie de persuader **B** de reprendre un peu de chacun des plats sur sa liste. Dites, par exemple, *Encore un peu de . . .?* **B** accepte de reprendre un peu de certains plats (*Avec plaisir/Je veux bien*), mais il/elle refuse tous les autres plats (*Non merci, c'était délicieux*).
A doit deviner pourquoi **B** accepte ou refuse. Par exemple, **B** refuse tous les plats qui commencent par la lettre 's' ou il/elle accepte de boire mais non pas de manger, etc.

PAGE 127

Unité 15

POINT LANGUE

Verbs that form their *passé composé* with *être*

aller
venir
(r)entrer
sortir
arriver
partir
monter
descendre
rester
retourner
mourir
naître
tomber
revenir
devenir

Most verbs form their *passé composé* with *avoir* (as explained on page 105). There is a group of verbs that use *être*: they are listed on the left. All reflexive verbs also use *être*.

Melchior s'est réveillé à sept heures. Il est sorti de son tiroir, puis il a sauté sur le lit de la duchesse pour la réveiller.

If a verb that takes *être* has a feminine or plural subject, the past participle of the verb has to be feminine or plural also.

Feminine past participles, to agree with la duchesse.

Sans enthousiasme, la duchesse s'est (levée), elle a quitté sa chambre, et elle est (descendue) à la cuisine. Napoléon, l'oncle de Melchior, a entendu le bruit de la porte, et il est arrivé dans la cuisine en même temps que son neveu.

Plural past participles, to agree with ils.

Les deux chats ont pris le petit déjeuner ensemble. Ils se sont (disputés), parce que Melchior a essayé de manger dans le bol de Napoléon, mais finalement ils se sont mis d'accord, et Napoléon a accepté de manger dans le bol de Melchior. Ils sont (sortis) ensemble, mais ils se sont (quittés) dans le parc.

---

17. Write out the next part of the story, making the past participles agree, where you think they should.

Napoléon est parti ? vers la loge du jardinier pour prendre son deuxième petit déjeuner, et Melchior est monté ? sur le toit d'un garage pour surveiller son territoire. Il y est resté ? quinze minutes, puis il en est descendu ? . Il a passé une ou deux minutes à chasser un papillon, puis il s'est endormi ? sous un arbre.
Pendant ce temps, Froufrou, la chatte des voisins, est entré ? dans le parc. Melchior ne l'a pas vue. Elle a traversé le parc et elle s'est dirigé ? vers la chatière. À ce moment-là, Napoléon est sorti ? de chez le jardinier. Il a traversé le parc comme un éclair. Froufrou s'est retourné ? . Le chat et la chatte se sont regardé ? un long moment, puis Froufrou est parti ? . Napoléon l'a suivie des yeux. C'était sa première victoire de la journée.

18. Now say whether these statements are true or false. First, you will have to copy them out, putting in part of the correct auxiliary verb (*avoir* or *être*).

a) La duchesse . . . réveillé Melchior.
b) Napoléon et Melchior . . . arrivés dans la cuisine ensemble.
c) Napoléon . . . entré chez le jardinier pour se faire caresser.
d) Melchior . . . pris deux petits déjeuners.
e) Melchior . . . monté sur le toit d'un garage parce qu'il y . . . vu un papillon.
f) Melchior . . . tué le papillon.
g) Napoléon s'. . . battu avec Froufrou.
h) Froufrou et Napoléon . . . entrés par la chatière.
i) Melchior . . . félicité Napoléon de sa victoire.

STAGE PRATIQUE

Unité 15

Les bonnes manières

Vous allez tourner un film vidéo, à l'usage des futurs stagiaires. Le film va s'appeler «Les bonnes manières en France».
Vous allez montrer de bons et de mauvais exemples de comportement.
On vous propose des fragments de dialogue pour vous aider: à vous de décider si ce sont de bons ou de mauvais exemples...

Au travail

- Un(e) client(e) fait une réclamation. Restez calme et poli(e).

> J'ai acheté cette chemise hier, et quand je l'ai mise pour la première fois, un bouton a sauté.

> Excusez-nous, monsieur. Je vais vous la changer tout de suite.

> Ne vous énervez pas comme ça, monsieur. Ce n'est pas de ma faute.

> Attendez un instant, monsieur, je vais chercher le chef de rayon.

- Vous travaillez au restaurant. Un(e) client(e) trouve une erreur dans l'addition.

> Regardez. Je crois qu'il y a une erreur.

> Je vais vérifier tout de suite, madame.

> Oui, madame. Vous avez raison. Je suis désolé.

> Bof, une petite erreur de deux francs. Ce n'est quand même pas très grave.

Les relations sociales

- **Refuser une invitation**
  Il ne faut jamais dire «non» tout seul. Il faut dire que vous ne *pouvez* pas (jamais que vous ne *voulez* pas) accepter l'invitation.

> Nous voudrions vous inviter à dîner vendredi prochain. J'espère que vous êtes libre.

> Ah! Ça me ferait plaisir mais malheureusement j'ai une autre invitation.

> Non, merci. Ça ne me dit rien.

> Je regrette infiniment, mais je suis prise ce jour-là.

Unité 15

- **L'arrivée**

  Il est souvent recommandé d'arriver environ 15 minutes après l'heure indiquée: si vous êtes invité(e) pour 20h00, essayez d'arriver entre 20h10 et 20h30.
  Si vous êtes en retard, il faut donner une raison acceptable.

  L'invité(e) dit...

  - Je suis désolé. Ma voiture est tombée en panne.
  - Je vous prie de m'excuser. J'ai eu des problèmes au travail et je suis parti très tard.
  - Je suis désolé. J'avais tout à fait oublié votre invitation.

  L'hôte(sse) dit...

  - Ce n'est pas grave. N'y pensez plus.
  - Ce n'est pas trop tôt! On a faim, nous.

- **S'excuser d'une maladresse**

  L'invité(e) doit en accepter la responsabilité.
  L'hôte(sse) doit mettre l'invité(e) à l'aise.

  L'invité(e) dit...

  - Je suis tout à fait désolée.
  - Vous avez un torchon?
  - Heureusement que c'était une vieille nappe.

  L'hôte(sse) dit...

  - Oh, ça arrive. Ne vous inquiétez pas.
  - Oh là là! Dites donc! Que vous êtes maladroite!
  - Ce n'est pas grave. Je vais aller vous chercher un autre verre.

- **Le départ**

  Ne partez pas trop tôt, mais ne restez pas trop longtemps. Ne partez pas sans remercier vos hôtes.

  - Je suis désolé de partir si tôt, mais je dois travailler demain.
  - Merci de m'avoir invité. J'ai passé une soirée très agréable.
  - J'ai sommeil. Salut.

Unité 16

16A C'est grave, docteur?

— Maman! Ouin!
— Mon pauvre petit chou. Ça ne va pas?

— Allô, docteur? Ici Martine Lambert. Vous êtes déjà venu pour mon petit Ludovic. Il avait de la fièvre et il pleurait beaucoup, mais il n'avait pas d'autres symptômes…
— Oui, Madame Lambert. Comment va-t-il aujourd'hui?

— Il ne va pas mieux. Il a encore beaucoup de température et il vomit. Je suis très inquiète.
— Ne vous inquiétez pas, Madame Lambert. J'arrive tout de suite.

Pendant ce temps, au Maroc…
— Nous pensions donc qu'il était très important de…
— Excusez-moi, Monsieur Lambert, votre femme est au téléphone.
— Excusez-moi un instant.

— Allô? J'étais avec nos hôtes marocains. Nous commencions juste à parler de choses sérieuses. Qu'est-ce qu'il y a?
— Ludovic est toujours très malade. J'étais un peu inquiète. J'ai rappelé le médecin.

— C'est très inquiétant. Qu'est-ce qu'il a?
— Il a mal au ventre et il vomit.

— Oh, là, là… Je ne… Je ne peux pas rentrer à Paris tout de suite. C'est impossible. Je dois terminer mes négociations. C'est très important.
— Je ne te demandais pas de rentrer. Je voulais seulement te tenir au courant.

— Tu es sûre? Écoute… Je te rappelle après mon dîner. Bon courage!

PAGE 131

Unité 16

Votre femme vous appelait de Paris? Votre fils ne va pas mieux?

Oh! Ce n'est pas très grave. Excusez-moi de cette interruption. Vous disiez donc que...

Le médecin examine Ludovic.

Il n'a pas mal à la tête?

Non. Je ne crois pas.

C'est grave, docteur?

Avant, je pensais que ce n'était rien. Mais maintenant je crois que c'est une crise d'appendicite. Je vais appeler une ambulance pour l'envoyer à l'hôpital.

Un peu plus tard, à l'hôpital. Ludovic est en salle d'opération.

Tu as appelé mon père?

J'attendais le docteur quand je l'ai appelé. Je ne savais pas encore que c'était une crise d'appendicite. Il m'a dit qu'il voulait terminer ses négociations et qu'il ne pouvait pas rentrer tout de suite.

Mon père ne change pas. Le travail passe toujours avant la famille.

Ne sois pas si dur avec lui. Moi, je comprends. Ce voyage au Maroc est très important pour lui, tu sais.

What is this *Unité* all about?

MAIN TOPIC AREA   health and welfare

LANGUAGE TASKS
- state how you feel (well, ill, better, hot, cold, hungry, thirsty, tired)
- ask other people how they feel
- call for help
- report minor ailments (e.g. temperature, sunburn, headache) and injuries
- say that you would like to see a doctor or dentist
- report an accident

MAIN GRAMMAR POINT   the imperfect tense

Unité 16

1. Toutes ces personnes travaillent aux Galeries Vendôme. De temps en temps, elles ne se sentent pas bien. Qui dit quoi?

1. Gilles est manutentionnaire.
2. Maryvonne est caissière. 
3. Arlette est femme de ménage. 
4. Juliette est serveuse. 
5. Marilyne est dactylo. 
6. Bernard travaille pour l'équipe d'entretien. 
7. Delphine travaille au service des renseignements. 
8. Anne-Sophie est vendeuse. 
9. Sébastien travaille à la garderie. 

a «J'ai mal au bras.»
b «J'ai mal au doigt.»
c «J'ai mal au dos.»
d «J'ai mal au genou.»
e «J'ai mal à la gorge.»
f «J'ai mal aux jambes.»
g «J'ai mal aux pieds.»
h «J'ai mal à la tête.»
i «J'ai mal aux yeux.»

2. Cinq d'entre ces personnes prennent rendez-vous chez le médecin. Lesquelles? À quelle heure et quel jour est-ce qu'on leur donne rendez-vous?

3. Travaillez avec un(e) partenaire. **A** dit *J'ai mal aux pieds*, par exemple. Sans regarder le texte, **B** doit dire *Tu es serveuse*.

Ensuite, changez de rôle.

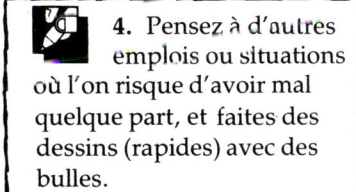

4. Pensez à d'autres emplois ou situations où l'on risque d'avoir mal quelque part, et faites des dessins (rapides) avec des bulles.

J'ai mal au bras!

5. Au début de son stage aux Galeries Vendôme, Julien a eu plusieurs emplois différents. Écoutez la cassette. Dans quel ordre a-t-il occupé les emplois 1 à 9 (illustrés ci-dessus)?

PAGE 133

Unité 16

À la garderie

6. Est-ce que vous êtes apte à travailler à la garderie? Faites ce jeu-test.

1. David (4 ans) vous dit: «J'ai faim».
Qu'est-ce que vous lui dites?

a) «Tu veux une tablette de chocolat?»
b) «Et alors? Tu es déjà assez gros comme ça.»
c) «Tiens, prends cette pomme. Dans un quart d'heure, ce sera l'heure du déjeuner.»

2. Sandrine (5 ans) vous dit: «J'ai soif».
Qu'est-ce que vous lui dites?

a) «Arrête de me dire 'J'ai soif'. Ça m'énerve.»
b) «Tu as déjà bu de la limonade. Je vais te donner de l'eau maintenant.»
c) «Tiens. Reprends du Coca-Cola.»

3. Cyril (3 ans) vous dit: «J'ai chaud».
Qu'est-ce que vous lui dites?

a) «Viens te reposer à l'ombre.»
b) «Tu veux manger une glace?»
c) «Moi aussi j'ai chaud. Est-ce que je me plains, moi?»

4. Julie (4 ans) vous dit: «J'ai froid».
Qu'est-ce que vous lui dites?

a) «Mets-toi à côté du radiateur.»
b) «On va mettre un disque et on va danser un peu pour nous réchauffer.»
c) «Ça ne m'étonne pas. Il fallait mettre un pull-over.»

Maintenant, regardez les réponses en bas de la page.

7. Sébastien travaille à la garderie. Il aime bien son travail, mais au début il a éprouvé quelques difficultés. Sur la cassette, il raconte sa première semaine à Nathalie. Trouvez le dessin qui va avec le prénom de chaque enfant.

David   Florent
Sandrine Marielle
Cyril   Cécile

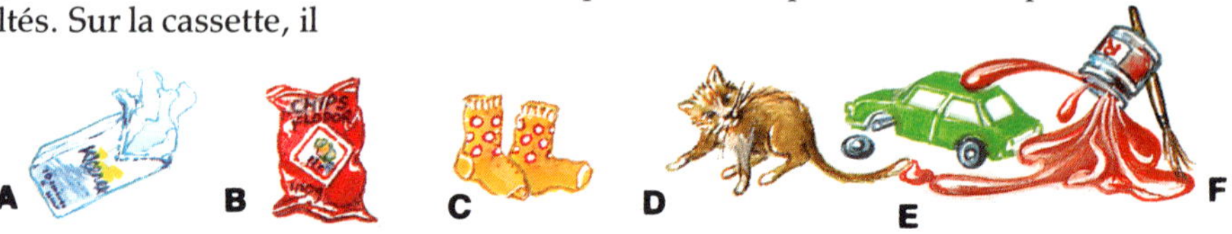

A   B   C   D   E   F

8. Nathalie suggère à Sébastien de rédiger un article pour le bulletin des Galeries Vendôme. Il n'aime pas beaucoup écrire. Aidez-le à rédiger son article.

Mes premiers jours à la garderie

Ma première semaine a été plutôt catastrophique. Les enfants n'étaient pas sages du tout.

C. enlevait tout le temps ses chaussettes.
C. voulait toujours habiller le chat.
S. mettait

Réponses

1. a) 3, b) 1, c) 2
2. a) 1, b) 2, c) 3
3. a) 2, b) 3, c) 1
4. a) 3, b) 2, c) 1

Si vous avez entre 4 et 6: Pour travailler dans une garderie, il vaut mieux aimer les enfants...

Si vous avez entre 7 et 9: Bravo! Vous êtes tout à fait apte à travailler avec les enfants.

Si vous avez entre 10 et 12: Vous avez tendance à gâter un peu trop les enfants. Leurs parents ne vont pas être contents...

Unité 16

9. Lisez cette affiche destinée aux employés du rayon Alimentation. Puis écoutez la cassette. C'est Madame Charvet, la responsable de la santé au magasin, qui explique les règlements aux stagiaires. Elle leur donne aussi des renseignements qui ne figurent pas sur l'affiche. Lesquels?

L'Hygiène au travail

Si vous avez la grippe...
Si vous êtes enrhumé...
Si vous avez de la fièvre...

Ne venez pas au travail!
Restez au lit!

Si vous vous êtes coupé au doigt ou à la main...

Mettez un pansement ou faites un bandage!

Avant de vous mettre au travail...

Lavez-vous les mains avec du savon, et utilisez une serviette propre!
Mettez un bonnet pour vous couvrir les cheveux!

10. Quand des employés du magasin sont malades, ils téléphonent à Madame Tixier, la standardiste. Elle remplit une fiche et l'expédie au chef de rayon. Écoutez ces appels, copiez et remplissez une fiche pour chacun des six appels.

Date: le 3 mars
Nom:
Rayon: a téléphoné.
Message:

Date:
Nom:
Rayon: a téléphoné.
Message:

Date:
Nom:
Rayon: a téléphoné.
Message:

11. Travaillez avec un(e) partenaire. En utilisant les fiches que vous avez remplies, vous allez recréer ces conversations. **A** joue le rôle de Madame Tixier et **B** celui du malade, puis vous changez.

12. Avec un(e) partenaire: **A** téléphone à **B** (Madame Tixier) avec un message un peu inattendu. Par exemple: *Bonjour, Madame Tixier. C'est Alain Dupont à l'appareil. Je ne viens pas au travail aujourd'hui. Je préfère aller à la plage.* **B** remplit une fiche. Ensuite, changez de rôle.

Unité 16

13. Lisez cet article et répondez aux questions à droite.

Apprenez le geste qui sauve!

Vous êtes témoin d'un accident.
Vous êtes seul. Il faut réagir vite.
Appelez les pompiers (n° 18), la police (n° 17) ou le SAMU (n° 15).
Composez le numéro et dites, aussi calmement que possible, pourquoi vous appelez et où vous êtes.

La position latérale de sécurité

Une personne qui respire mais qui a perdu connaissance doit être allongée sur le côté.
Placez un 'coussin' (un vêtement, par exemple) d'un côté de sa tête. Étendez du même côté son bras qui formera un angle droit avec son torse.
Prenez le blessé par l'épaule et la hanche opposées, pour le faire basculer sur le côté.
Pour le maintenir en équilibre dans cette position, pliez son genou et son coude supérieurs.
Couvrez la victime: elle ne doit pas prendre froid.

Lavez une brûlure de l'œil

Si quelqu'un reçoit dans l'œil une projection de produit d'entretien, il faut tout de suite lui laver les yeux à grande eau. L'eau diluera cette projection et évitera une brûlure plus grave. Comment s'y prendre? Mettre carrément la tête sous le robinet pendant cinq minutes. Garder les yeux ouverts.

Étouffez des vêtements en feu

En une seconde, vous voyez les vêtements ou les cheveux de quelqu'un qui s'enflamment (attention au barbecue!)
D'abord, empêchez-le de courir. S'il le faut, jetez-le à terre d'un croche-pied. Ensuite, couvrez la zone enflammée avec la couverture la plus proche: tapis, nappe, serviette, rideau.

Sachez arrêter une hémorragie

Un copain se blesse. La plaie saigne. Si vous avez un mouchoir propre, appliquez-le sur la plaie et appuyez fermement dessus pendant une dizaine de minutes. Faute de mouchoir, faites le même geste à main nue.

Quelle erreur ce monsieur fait-il?

Quel est le bon ordre pour ces dessins?

C'est vrai ou c'est faux?
1. Si les vêtements ou les cheveux de quelqu'un s'enflamment, il ne faut pas les couvrir.
2. Vous pouvez arrêter une hémorragie avec votre main.
3. Si on se brûle l'œil avec un produit chimique, il faut se laver les yeux à l'eau du robinet.

14. Travail de groupe. Vous allez faire une démonstration de secourisme. Choisissez un des cas décrits sur cette page. Une personne va jouer le rôle de la victime, et les autres vont montrer et expliquer ce qu'il faut faire.

POINT LANGUE

Unité 16

The imperfect tense

This is used for talking about a state of affairs in the past: either talking about an action that was repeated, or describing something.

Julien's grandmother has come to visit and is showing him an old photograph.

Grand-mère: Tu vois, ça c'est ma sœur Suzanne, avec sa poupée. Et ça, c'est moi sur les genoux de ma mère. J'avais un an.

Julien: Tu étais mignonne, mamie. Et le petit garçon, c'est l'oncle Gustave?

Grand-mère: Oui. Il mettait ce costume de marin tous les dimanches. C'était très à la mode. Et après la messe, nous faisions toujours une promenade dans les Jardins du Luxembourg.

Julien: Et vous aviez beaucoup de jouets?

Grand-mère: Non, pas tellement. A cette époque, les enfants avaient moins de jouets qu'aujourd'hui, je crois. Mais les poupées étaient très belles: elles étaient en porcelaine.

The imperfect tense is easy to form:

- take the stem of the first person plural of the present tense (for example: nous **donn**ons, nous **change**ons, nous **répond**ons, nous **finiss**ons, nous **av**ons)
- drop the -ons
- and add this set of endings.

je	+ -ais
tu	+ -ais
il/elle/on	+ -ait
nous	+ -ions
vous	+ -iez
ils/elles	+ -aient

The only exception is the verb *être*, where *ét-* is used as the stem for the imperfect. It uses the same set of endings as all the other verbs.

15. This textbook is on sale in the book department of Galeries Vendôme. Can you fill in the gaps in the text, copying the sentences out, and then answer the questions?

Vers 1930, il y av ▮ déjà des embouteillages sur la place de l'Opéra à Paris.

Combien de différentes sortes de véhicules y av ▮ -il?
Comment la place ét ▮ -elle éclairée?

Unité 17

Le Maroc dans votre assiette

— Je ne comprends rien à ce menu. Le « tajine », qu'est-ce que c'est ?
— C'est une spécialité marocaine. C'est une sorte de ragoût, avec de la viande et des légumes. C'est très bon.
— Ou si vous préférez le poisson, essayez le « hout macharmal ». C'est un plat de poisson cuit au four avec des tomates. C'est délicieux.

— Vous avez choisi ?
— Et le « djaj mahamar », qu'est-ce que c'est ?
— Ça, c'est la spécialité de la maison. C'est un plat de poulet, avec des amandes et des raisins. Je vous le conseille. C'est délicieux.

— Mademoiselle Massoud parle très bien arabe.
— En fait, c'est ma langue maternelle. Mes parents sont algériens.
— Ah ! Vous venez de quelle partie de l'Algérie ?
— Non, je n'y suis pas née. En fait je n'y suis jamais allée. Je suis née à Paris. Je parle arabe avec ma mère. Mais je ne le lis pas et je ne l'écris pas non plus.

— Le djaj mahamar, c'est pour mademoiselle ? Et le tajine c'est pour monsieur ?
— Merci.
— Mais non, je n'ai pas commandé ça... Oh, si, pardon, excusez-moi...

— Hmmm ! Ça sent bon ! Et ça a l'air délicieux.
— Bon appétit, messieurs-dames.

— Oh, ce plat est vraiment délicieux.
— Et vous, Monsieur Lambert, que pensez-vous de votre tajine ?
— C'est bon. Mais entre nous, mon plat préféré est le steak-frites...

Unité 17

Panel 1:
- Et comment vont les affaires à Paris?
- Euh... Oh... Oh, là, là! Je suis vraiment désolé...
- Ce n'est rien. Vraiment.

Panel 2:
Les affaires marchent très bien en ce moment. Et la semaine du Maroc que nous envisageons pour le mois de juin est un projet très excitant. Nous voulons donc exposer et vendre une sélection de produits typiquement marocains... Mais nous avons besoin de votre collaboration.
- Nous sommes prêts à collaborer avec vous.
- C'est un honneur.

Panel 3: Un peu plus tard...
- Ce thé à la menthe est vraiment délicieux. J'en reprends un peu.
- Vous en reprenez aussi un peu, Monsieur Lambert?
- Oui, je veux bien, c'est très rafraîchissant.

Panel 4: À la fin de la soirée...
- Nous sommes très heureux de pouvoir travailler avec vous.
- Vous savez où est notre bureau? Venez-y demain matin pour la signature du contrat.
- Très bien.
- Monsieur Lambert, le téléphone pour vous.

Panel 5:
Allô. C'est encore moi. Ludovic avait une crise d'appendicite. On l'a opéré. Il va mieux. Ne t'inquiète plus...

What is this *Unité* all about?

MAIN TOPIC AREA	food and drink, eating out
LANGUAGE TASKS	• understand the menu and order meals in a fast-food restaurant • order a meal in a smart restaurant • describe what a dish consists of and how it is cooked • cope with language difficulties
MAIN GRAMMAR POINTS	the pronouns *y* and *en*

PAGE 139

Unité 17

À la Cafétéria Vendôme

Voici la cafétéria self-service des Galeries Vendôme.
Ce midi, Laurent y mange avec deux copains de classe, Mathieu et Catherine.

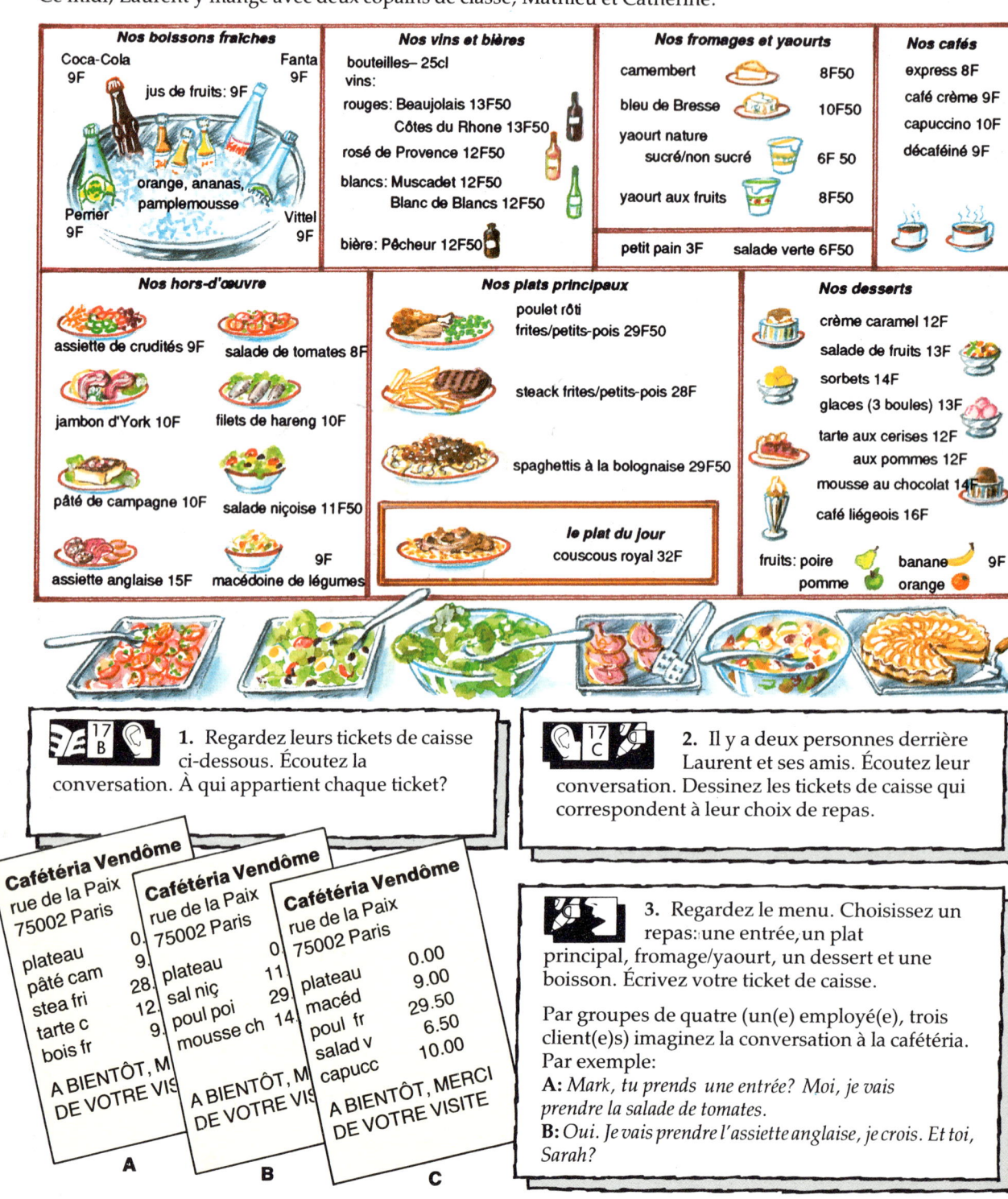

Nos boissons fraîches
Coca-Cola 9F
Fanta 9F
jus de fruits: 9F
orange, ananas, pamplemousse
Perrier 9F
Vittel 9F

Nos vins et bières
bouteilles– 25cl
vins:
rouges: Beaujolais 13F50
Côtes du Rhone 13F50
rosé de Provence 12F50
blancs: Muscadet 12F50
Blanc de Blancs 12F50
bière: Pêcheur 12F50

Nos fromages et yaourts
camembert 8F50
bleu de Bresse 10F50
yaourt nature sucré/non sucré 6F 50
yaourt aux fruits 8F50
petit pain 3F   salade verte 6F50

Nos cafés
express 8F
café crème 9F
capuccino 10F
décaféiné 9F

Nos hors-d'œuvre
assiette de crudités 9F
salade de tomates 8F
jambon d'York 10F
filets de hareng 10F
pâté de campagne 10F
salade niçoise 11F50
assiette anglaise 15F
macédoine de légumes 9F

Nos plats principaux
poulet rôti frites/petits-pois 29F50
steack frites/petits-pois 28F
spaghettis à la bolognaise 29F50

le plat du jour
couscous royal 32F

Nos desserts
crème caramel 12F
salade de fruits 13F
sorbets 14F
glaces (3 boules) 13F
tarte aux cerises 12F
aux pommes 12F
mousse au chocolat 14F
café liégeois 16F
fruits: poire   banane 9F
pomme   orange

---

1. Regardez leurs tickets de caisse ci-dessous. Écoutez la conversation. À qui appartient chaque ticket?

2. Il y a deux personnes derrière Laurent et ses amis. Écoutez leur conversation. Dessinez les tickets de caisse qui correspondent à leur choix de repas.

Cafétéria Vendôme
rue de la Paix
75002 Paris

plateau   0.
pâté cam   9.
stea fri   28.
tarte c   12.
bois fr   9.

A BIENTÔT, M
DE VOTRE VI

A

Cafétéria Vendôme
rue de la Paix
75002 Paris

plateau   0.
sal niç   11.
poul poi   29.
mousse ch 14.

A BIENTÔT, M
DE VOTRE VI

B

Cafétéria Vendôme
rue de la Paix
75002 Paris

plateau   0.00
macéd   9.00
poul fr   29.50
salad v   6.50
capucc   10.00

A BIENTÔT, MERCI
DE VOTRE VISITE

C

3. Regardez le menu. Choisissez un repas: une entrée, un plat principal, fromage/yaourt, un dessert et une boisson. Écrivez votre ticket de caisse.

Par groupes de quatre (un(e) employé(e), trois client(e)s) imaginez la conversation à la cafétéria.
Par exemple:

A: *Mark, tu prends une entrée? Moi, je vais prendre la salade de tomates.*
B: *Oui. Je vais prendre l'assiette anglaise, je crois. Et toi, Sarah?*

POINT LANGUE

Unité 17

The pronouns *y* and *en*

Y is a pronoun used to stand in for a place (or any group of words which mean a place):

Nathalie travaille à Paris.
(Nathalie is working in Paris.)

Elle y travaille depuis le début de janvier.
(She's been working there since the beginning of January.)

Éric travaille au Restaurant du Baron.
(Éric works at the Restaurant du Baron.)

Il y travaille depuis deux ans.
(He's been working there for two years.)

Once a place has been mentioned, *y* can refer to it without having to repeat the same thing over again:
«Tu manges tous les jours à la Cafétéria Vendôme?»
«Non, non, ~~je mange à la Cafétéria Vendôme~~ j'y mange une fois par semaine. Je ~~ne mange pas à la Cafétéria Vendôme~~ n'y mange pas tous les jours.»

- In the phrase *il y a*, which you have known for a long time, *y* really indicates place:
  Il y a deux restaurants aux Galeries Vendôme.
  (There are two restaurants at the Galeries Vendôme.)

En is a pronoun which replaces words for things or people, when *de* (or *du, de la, d', des*) would normally come in front of them:

«Ce thé à la menthe est vraiment délicieux. J'en reprends un peu.»
('This mint tea is really delicious. I'll have some more (of it).')

(Leila could have said: «. . . Je reprends un peu de ce thé à la menthe.»)

- You will often find *en* combined with *il y a* to make *Il y en a . . .*:

  Il y a combien de personnes dans le groupe de Monsieur Lambert au restaurant?
  – Il y en a quatre. (There are four of them.)

---

4. How well do you know the Galeries Vendôme? See if you can answer these questions (check back through the book if you need to). In your answers, use *y* or *en* to replace the words in blue.

1. Qui habite à Saint-Denis?
2. Selon Madame Gaspard, combien de 'pièces' y a-t-il au rayon d'ameublement (saison d'été)?
3. Combien y a-t-il de stations de métro entre la Gare de l'Est et Opéra (la station pour les Galeries Vendôme)?
4. Combien d'années Nathalie a-t-elle vécu au Maroc?
5. Pourquoi Alain Piquet vient-il aux Galeries Vendôme?
6. La cliente de Sylvie achète-t-elle des vêtements?
7. À quel rayon est-ce qu'on trouve des parasols et des barbecues?
8. Avec qui Nathalie va-t-elle tous les jours à la cafétéria?
9. Comment Monsieur Lambert et Leila vont-ils au Maroc?
10. Pourquoi Madame Lambert ne va-t-elle pas au Maroc?

PAGE 141

Unité 17

Aux Galeries Vendôme, il y a aussi un restaurant prestigieux qui s'appelle le restaurant du Baron. Aujourd'hui, le PDG d'une compagnie d'assurances, Assurex, invite huit de ses collègues à déjeuner avec lui à midi au restaurant du Baron.

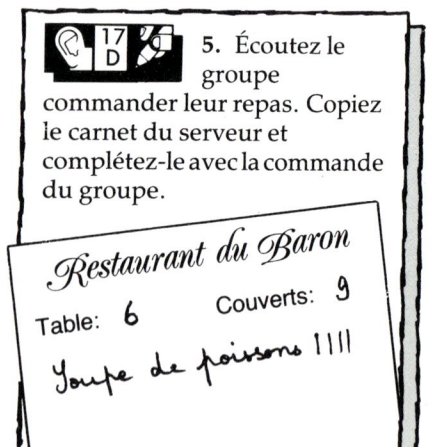

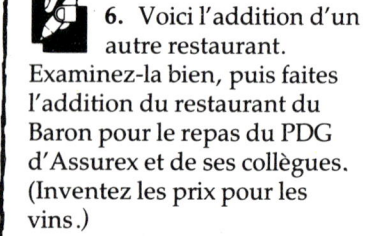

5. Écoutez le groupe commander leur repas. Copiez le carnet du serveur et complétez-le avec la commande du groupe.

Restaurant du Baron
Table: 6   Couverts: 9
Soupe de poissons IIII

6. Voici l'addition d'un autre restaurant. Examinez-la bien, puis faites l'addition du restaurant du Baron pour le repas du PDG d'Assurex et de ses collègues. (Inventez les prix pour les vins.)

La Coupole
Date: 13-8-91
Table no: 3

5 repas à 85 fr.
2 melons
1 soupe
2 pâtés
4 poulets
1 sole   425,00
4 sorbets
1 gâteau
1 muscadet   38,00
5 cafés   28,00
               491,00

Restaurant du Baron

Menu à prix fixe
Menu à 145frs 5 plats, au choix
Toutes taxes comprises. Boisson non comprise.

Service non compris: 12% en sus.

Un hors-d'œuvre, au choix:

le melon au porto
la soupe de poissons
le pâté du chef

Un plat de poisson ou une entrée, au choix:

six huîtres
les moules marinière
le filet de sole dieppoise
la truite aux amandes
une omelette (nature ou fines herbes)

Un plat de viande, au choix:

l'entrecôte garnie
le tournedos aux champignons
le poulet au cidre

Salade ou le plateau de fromages

Un dessert, au choix:

la tarte aux abricots (spécialité de la maison)
les sorbets maison (citron, cassis)
les fruits de la saison

7. À la fin du repas, il ne reste plus beaucoup de parts de certains plats de ce menu. Le chef de cuisine s'inquiète un peu. Copiez cette liste de plats dans votre cahier et écoutez la scène encore une fois, avant de compléter la colonne 'vendredi soir'.

Plat	Parts (vendredi matin)	Parts (vendredi soir)
melon	6	2
soupe/poissons	4	0
pâté	3	
huîtres	5	
moules m.	2	
sole	7	
truite	5	
entrecôte	25	
tournedos	18	
poulet	8	

Unité 17

Menu à la carte

Les soupes et les potages
la soupe de poissons	40F
la Vichyssoise	35F
le potage à la fermière	35F
le potage Saint-Germain	35F

Les hors-d'œuvre
les avocats aux fruits de mer	45F
les moules marinière	40F
les coquilles St-Jacques à la provençale	50F
le melon au porto	25F
les champignons à la grecque	35F
les tomates farcies à la macédoine	25F
le pâté du chef	25F

Les entrées chaudes
les œufs à la suédoise	36F
les omelettes:	
aux fines herbes	30F
aux cèpes	40F
au gruyère	30F
nature	28F

Les poissons
les six huîtres	40F
le filet de sole Soubise	55F
la truite aux amandes	50F

Les viandes
le canard rouennais	65F
le poulet Pays d'Auge	60F
le lapin chasseur	60F
les côtes d'agneau	60F
la grillade de porc sauce charcutière	55F
le tournedos aux champignons	70F
le bœuf à la mode	58F

Pour nos clients végétariens
V8	les crêpes farcies aux mange-tout	55F
V9	le couscous aux raisins et amandes	65F

Les légumes
L1	les courgettes sautées	22F
L2	les épinards en branches	20F
L3	les haricots verts extra-fins	18F
L4	le chou braisé aux noix	22F
L5	le chou-fleur au gratin	25F
L6	les carottes Vichy	18F
L7	les cèpes à la provençale	30F
L8	le riz créole	20F
L9	les pommes de terre duchesse	20F
L10	les pommes de terre vapeur	15F

Les salades vertes — 15F

Les fromages
le Camembert	18F
le Brie de Meaux	20F
le bleu d'Auvergne	25F
le Roquefort	30F
le Neufchâtel	20F
le plateau de fromages	40F

Les desserts
D1	le clafoutis	30F
D2	la marquise au chocolat	30F
D3	l'ananas en surprise (pour deux personnes)	50F
D4	les crêpes Suzette	35F
D5	le gratin de poires	35F
D6	les sorbets: au citron	28F
	au cassis	28F
D7	nos gâteaux (la part)	30F
D8	nos pâtisseries	35F
	la tarte aux pêches (la spécialité de la maison)	40F

Le restaurant du Baron a aussi un menu «à la carte».

8. Aujourd'hui le maître d'hôtel du Baron, Monsieur Guy Paretsky, explique ce menu à une nouvelle serveuse, Kathy, une jeune australienne. Elle trouve certains plats difficiles à comprendre: elle a fait une liste de ces plats. Recopiez sa liste. Écoutez le dialogue, et trouvez pour chaque plat de sa liste une explication parmi celles qui sont écrites ci-dessous.

S2	S3	S4	H1	H5
E1	V1	V2	V3	V5
V6	L6	L7	L8	L10

Exemple: S2-2

1. «C'est un potage aux pois et aux poireaux.»
2. «C'est un potage aux poireaux avec de la crème. On le mange froid normalement.»
3. «C'est un plat de champignons avec une sauce tomate au vin blanc.»
4. «C'est du lapin avec une sauce aux champignons. 'Chasseur' veut dire 'avec des champignons'.»
5. «C'est du poulet avec une sauce aux pommes, avec du cidre et de la crème.»
6. «Ce sont des carottes coupées en rondelles et servies avec du beurre et du persil.»
7. «'Provençale' veut dire 'avec des légumes typiques de Provence': des oignons, des tomates, de l'ail, cuits à l'huile d'olive.»
8. «C'est du riz cuit avec du beurre.»
9. «C'est très simple. Ce sont des pommes de terre cuites à l'eau bouillante.»
10. «C'est une sorte de potage de légumes.»
11. «C'est une purée d'avocats avec des crevettes et des moules dessus.»
12. «Le tournedos, c'est un bon bifteck.»
13. «C'est du canard cuit avec du bacon et du vin rouge.»
14. «Ce sont des œufs durs avec une sauce au fromage et aux anchois.»
15. «C'est une tranche de porc grillé avec une sauce très riche à base de vinaigre.»

Unité 17

Le chef de cuisine du restaurant du Baron, Monsieur Albert Colmar, fait de temps en temps des démonstrations de cuisine. Il explique un menu et comment le réaliser.

Soufflé au fromage
Entrecôte Colmar
Carottes Vichy
Crêpes aux framboises

Pour le soufflé au fromage, on le fait cuire au four.

L'entrecôte, on la fait cuire au gril.

Les carottes Vichy, on les fait cuire dans une casserole.

Et les crêpes, on les fait cuire à la poêle...

...et je les fais réchauffer au four à micro-ondes.

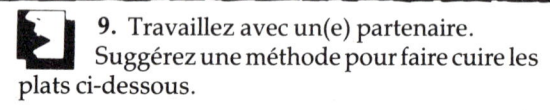

9. Travaillez avec un(e) partenaire. Suggérez une méthode pour faire cuire les plats ci-dessous.

les «scones»
le Yorkshire pudding
les spaghettis
un croque-monsieur
un gâteau au chocolat
des saucisses
des petits pois

Ensuite, à tour de rôle, l'un donne le nom d'un plat (français ou autre), et l'autre explique comment on le fait cuire.

11. Trouvez l'équivalent en français ou en anglais pour chacune de ces phrases du dialogue. Écrivez toutes les phrases dans votre cahier.

Anglais	Français
....	Je ne sais pas.
What does that mean?	....
....	C'est des carottes comment?
How do you spell that?	....
....	Qu'est-ce que c'est?
I've forgotten the word.	....

10. Éric, qui est garçon au restaurant du Baron, sert à table. Il a une cliente britannique qui parle un peu le français mais pas beaucoup...

Écoutez leur conversation. Ensuite, copiez le résumé dans votre cahier et remplissez les blancs.

Résumé du dialogue
Éric, qui est . . . au restaurant du Baron, prend la commande d'une cliente . . .

12. Travaillez avec un(e) partenaire. Choisissez un plat du menu à la carte (page 143). Imaginez un dialogue où **A** joue le rôle d'un serveur/d'une serveuse qui doit expliquer un plat à un(e) client(e). **B** joue le rôle du client/de la cliente qui ne comprend pas ce que c'est.

Elle ne connaît pas le . . . qui s'appelle . . . Vichy. Elle ne parle pas . . . le français, mais heureusement, Éric parle un peu l'. . . Mais il a oublié comment dire . . . en anglais.

STAGE PRATIQUE

Unité 17

Travailler comme interprète

Vous travaillez cette semaine au service Bienvenue.
Vous allez vous entraîner avec vos co-stagiaires, par groupes de trois:
- un(e) client(e) qui parle anglais
- un(e) employé(e) du magasin qui ne parle pas anglais
- un(e) hôte(sse) bilingue.

Galeries Vendôme

— Accueil des clients ou visiteurs étrangers au service Bienvenue, rez-de-chaussée, à côté de la porte Daunou:
accueil, renseignements donnés par des hôtes et hôtesses interprètes, organisation de visites du magasin
(Responsable: Mme Herzog — tél. 40 56)

● **The English-speaking customer**

You speak no French, except for two phrases which you have learned by heart:
"Je ne comprends pas." and "Vous parlez anglais?"
Begin by approaching the salesperson. They will call the interpreter when they realise there is a language problem.

Choose any one of these problems:

1. You don't understand the French system for sizing clothes.
2. You want to buy a particular article (for instance, a teddy bear, a pair of socks, a coffee pot) and want to know which department to go to.
3. You bought something this morning/yesterday, etc. and you want to make a complaint: it is torn/stained/has a button missing/doesn't work, etc.
4. You have lost something (e.g. your purse) or someone (for instance, your younger brother) in the store.

● **L'employé(e) du magasin**

Vous ne parlez pas un mot d'anglais. Au début, vous parlez directement au client/à la cliente:

«Qu'est-ce qu'il y a pour votre service, monsieur/madame?»

«Je peux vous aider, monsieur/madame?» etc.

Le/La client(e) ne comprend pas. Vous dites avec des gestes (votre client(e) ne comprend pas le français):

«Attendez, je vais chercher un(e) interprète»

Vous téléphonez au service Bienvenue pour demander un(e) interprète.

Maintenant vous allez parler par l'intermédiaire de l'interprète.

Vous aurez peut-être besoin des phrases suivantes:

Vous l'avez acheté(e) quand?
Vous avez le reçu, s'il vous plaît?
Vous ne l'avez pas porté(e)?
Vous l'avez lavé(e)?
Vous l'avez utilisé(e)?
Je suis désolé(e).
On va le/la remplacer.
Vous pouvez le/la décrire, s'il vous plaît?

● **L'interprète**

Tournez la page . . .

PAGE 145

Unité 17

- **L'interprète**

Vous parlez anglais au client/à la cliente, et français à l'employé(e) du magasin. Vous avez les documents suivants:
  - un dictionnaire
  - le plan du magasin (voir page 65)
  - la table de comparaison de tailles.

FRENCH, ENGLISH AND U.S. CLOTHING SIZES
TABLE DE COMPARAISON DE TAILLES

Women's dresses, knitwear and blouses.
Robes, chemisiers et tricots femmes.

F	36	38	40	42	44	46	48
GB	10	12	14	16	18	20	22
USA	8	10	12	14	16	18	20

Women's shoes.
Chaussures femmes.

F	35½	36	36½	37	37½	38	39
GB	3	3½	4	4½	5	5½	6
USA	4	4½	5	5½	6	6½	7½

Men's shoes.
Chaussures hommes.

F	39	40	41	42	43	44	45
GB	5½	6½	7	8	8½	9½	10½
USA	6	7	7½	8½	9	10	11

Men's shirts.
Chemises hommes.

F	36	37	38	39	40	41	42
USA	14	14½	15	15½	16	16½	17

Men's sweaters.
Tricots hommes.

F	36	38	40	42	44	46
GB	46	48	51	54	56	59
USA	46	48	51	54	56	59

Au client/À la cliente:
Can I help you?
What's the problem?
I'll take you to . . . (the lost property office, etc.)

À l'employé(e):
Monsieur/Madame a acheté ce/cet/cette . . .
ce matin (hier, etc.) . . .
mais une fois chez lui/elle, il/elle a découvert . . .
  qu'il y avait une tache/un trou
  qu'il/elle était déchiré(e)
  qu'il manquait un bouton
  qu'il/elle ne fonctionnait pas
Monsieur/Madame a perdu . . . (son porte-monnaie/sa fille, etc.)

Ne donnez pas les réponses directement au client/à la cliente. Vérifiez d'abord avec l'employé(e).

> Monsieur a acheté ce jean ce matin, mais une fois chez lui, il a découvert qu'il n'y avait pas de trous.

> Je suis désolée, monsieur, on va le remplacer.

Unité 18

La semaine du Maroc

Un lundi matin, au mois de juin...
Oh, là, là, qu'est-ce qu'il fait mauvais!

Oui, j'ai passé le week-end chez des amis qui habitent en Normandie. Il pleuvait, il faisait du vent. Je déteste le mauvais temps. Ça me déprime.

Oublie tout ça et pense à la semaine du Maroc. Aux Galeries Vendôme, il fait beau et le soleil brille. Regarde les maquettes des vitrines.

Super! Génial! Quel travail!

Mercredi, dans la salle de conférences...
...Notre semaine du Maroc commence donc lundi prochain. Mademoiselle Massoud va vous montrer nos merveilles.

D'abord, nous avons organisé une exposition de photos du Maroc au rez-de-chaussée, juste à côté du rayon des bagages. C'est une exposition de photos qui a pour titre: « Le Maroc traditionnel ».

Au sud de Marrakech se trouvent les montagnes de l'Atlas. Voici le djebel Toubkal qui est le point culminant de l'Atlas à 4165 mètres.

Et bien sûr, nous proposons une délicieuse sélection de produits marocains au rayon alimentation : des oranges, du couscous, des fruits secs, amandes, raisins, etc.

Et voici un plan du rez-de-chaussée. Tout le rez-de-chaussée est consacré au Maroc. Il y a un rayon cuirs avec sacs à main, portefeuilles et autres. Il y a un rayon argenterie avec de magnifiques théières et des plateaux en argent.

Et bien sûr, nos clients ont la possibilité de gagner un fabuleux voyage au Maroc...

LA SEMAINE DU MAROC AUX GALERIES VENDÔME
GAGNEZ UN FABULEUX VOYAGE AU MAROC

PAGE 147

Unité 18

Le jeudi soir, toutes les vitrines sont prêtes pour la semaine suivante.

— Ça, c'est la Bab er Rouah de Rabat. Ça veut dire « la porte des vents ».

— C'est impressionnant. J'aimerais bien retourner au Maroc.

— Tu connais le Maroc ?

— Oui et non. J'y suis née. Mais j'avais trois ans quand nous sommes arrivés ici, alors je ne me souviens de rien.

Le vendredi après-midi...

— Je voudrais d'abord remercier toutes les personnes qui ont préparé cette semaine du Maroc. Vous avez tous beaucoup travaillé. Merci. Je voudrais aussi féliciter Mademoiselle Massoud, qui est venue avec moi au Maroc. C'est grâce à elle si notre voyage a été un succès.

DRING DRING

— Allô ?

— Si vous n'annulez pas la semaine du Maroc, le magasin va sauter. Une bombe, vous savez ce que c'est ?

What is this *Unité* all about?

MAIN TOPIC AREAS	geographical surroundings, weather
LANGUAGE TASKS	• talk and ask about where a town or village is situated, what it is like (including amenities, attractions, features of interest, entertainments) • express an opinion about your own or another town • ask about and comment on weather conditions • describe the climate of your own or another country (e.g. with respect to seasons) and inquire about the climate in the foreign country • understand simple predictions about weather conditions
MAIN GRAMMAR POINT	*qui*

Unité 18

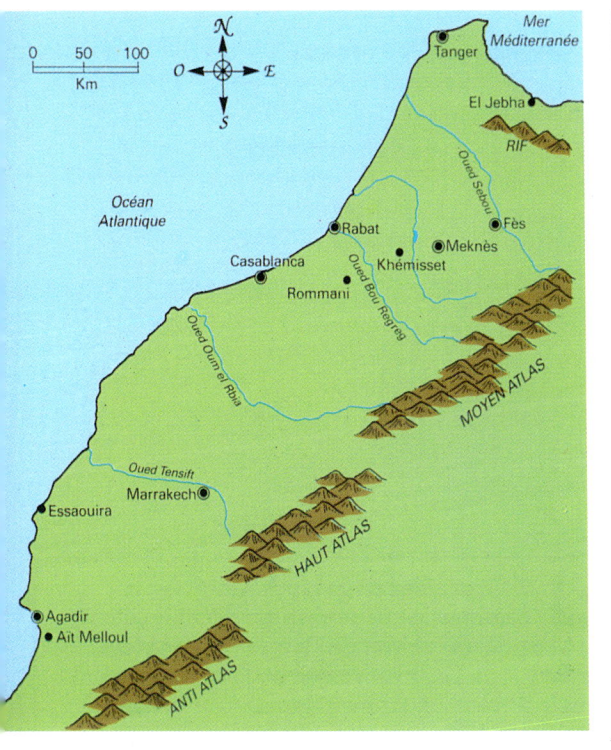

Marrakech: une ville située dans un oasis.

1. Trouvez sur la carte la ville ou le village marocain qui correspond à chaque description.

a) C'est un village qui est situé à 60km au sud de Rabat et à 80km à l'est de Casablanca.
b) C'est un village qui se trouve près d'Agadir.
c) C'est une ville qui est située sur la côte atlantique, sur l'estuaire du fleuve Bou Regreg. C'est la capitale du Maroc.
d) C'est une ville qui se trouve dans le sud-ouest du pays, sur la côte atlantique.
e) C'est une ville qui est située à l'intérieur du pays, à 60km au nord-ouest des montagnes du Haut Atlas.

2. Écoutez huit Marocains qui parlent de leur ville ou village. Pour chacun d'entre eux, prenez les notes suivantes:

Il/Elle habite dans...
- une ville? (au centre? dans un quartier? en banlieue?)
- un village?
  ... qui se trouve/est situé(e) ...
- dans le nord/sud/est/ouest/sud-est, etc. du pays?
- sur la côte/à l'intérieur?
- près des montagnes/d'un fleuve/d'un lac/d'une forêt, etc?

Il y a (combien?) d'habitants, qui sont/qui vivent de (quoi?).

3. Écoutez la cassette une fois de plus, et notez ce qu'on dit sur les choses suivantes:

a) les serpents d'Aït Melloul
b) les gorges de Rommani
c) l'université de Rabat
d) le tremblement de terre d'Agadir
e) les palmiers de Marrakech
f) le port de Casablanca
g) le marché de Khémisset
h) la plage d'El Jebha.

Unité 18

Maroc, le pays des quatre saisons

Au Maroc, toutes les saisons de l'année ont leur charme.

Au printemps, particulièrement en mai, la campagne marocaine est très belle. Les paysages sont verts après les pluies de l'hiver, et dans les forêts du Moyen Atlas il y a des milliers de fleurs. Il fait un temps très doux: le soleil brille et le ciel est bleu.

En été, il fait frais sur les côtes, avec du brouillard de temps en temps, mais à l'intérieur du pays il fait très chaud, surtout dans le sud: on ne peut sortir que tôt le matin et en fin d'après-midi. Le chergui, le vent chaud du désert, peut faire monter la température à 50°.

En automne, surtout en septembre et octobre, il fait un temps très agréable, malgré quelques averses. Au mois de novembre, il pleut souvent.

En hiver, il fait très froid en montagne, surtout la nuit. Les routes sont souvent fermées à cause de la neige. Les températures peuvent descendre au-dessous de −20°: près de Semrir dans le Haut Atlas, on a enregistré le record de froid de toute l'Afrique (avec −24°). Pourtant, sur toute la côte atlantique il fait un temps assez doux, et sans aucun doute l'hiver est la saison la plus agréable pour visiter le sud: Agadir et Marrakech, par exemple. On peut se baigner toute l'année à Agadir.

4. Lisez cet extrait d'un guide sur le Maroc. Dessinez des symboles pour le temps qu'il fait, dans l'ordre du texte.

5. Un spécialiste du Maroc va venir aux Galeries Vendôme pour répondre aux questions des clients de l'agence de voyage. Voici les questions auxquelles il va répondre. Écrivez les réponses qu'il pourrait donner d'après le guide.

Questions posées par les clients sur le Maroc:

(1) Quelle saison est la plus agréable au Maroc?
(2) Je voudrais visiter le sud du Maroc. À quelle époque de l'année faut-il y aller?
(3) J'ai l'intention de visiter Marrakech au mois d'août. Est-ce qu'il fait trop chaud pour sortir?
(4) Est-ce qu'il fait froid l'hiver à Casablanca?
(5) Est-ce qu'il risque de pleuvoir?
(6) Est-ce qu'on peut se baigner en hiver?

6. Maintenant écoutez les réponses du spécialiste. Est-ce qu'il est toujours d'accord avec le guide? Notez *Oui* ou *Non*, pour chaque réponse.

7. Travaillez en groupes. Un(e) élève commence une phrase qui décrit le climat du Maroc à une saison de l'année (par exemple, *Il fait frais . . .*). Les autres essaient d'être le premier à finir la phrase, en donnant la saison et la région (par exemple, *. . . en été sur les côtes*).

8. Écoutez trois bulletins météorologiques. À quelle saison de l'année est-ce que chaque bulletin a été diffusé?

9. Voici des photos de l'album de Monsieur Merlin. À quelle saison de l'année est-ce qu'on a pris chaque photo?

On était à Marrakech. Il faisait une chaleur épouvantable.

En montagne, il faisait un temps très agréable. Les plantes étaient en fleur.

10. Écrivez pour un guide touristique un paragraphe sur le climat de votre région.

Marrakech

Marrakech est la ville la plus intéressante du Maroc. Les principaux monuments sont la mosquée de la Koutoubia, la place Jemaa el Fna et les souks, le musée Dar si Said (Musée d'Art Marocain), le palais de la Bahia et les portes de la ville.

La ville nouvelle est complètement séparée de la médina. Le cœur de la vieille ville est constitué par la place Jemaa el Fna, qui est située au centre de la médina. Elle est entourée d'hôtels simples, de restaurants, de cafés et de magasins de souvenirs.

Le matin, un immense marché a lieu sur la place Jemaa el Fna. Ce marché est très fréquenté par les nomades du Sahara qui cherchent des distractions après les longs mois passés dans le désert. L'après-midi, la place devient de plus en plus animée avec l'arrivée des avaleurs de feu, des charmeurs de serpents, des acrobates, des conteurs, des danseurs, des musiciens et autres amuseurs publics. La place reste tout aussi vivante le soir, quand de nombreux petits stands où l'on vend à manger viennent s'installer.

1. la mosquée de la Koutoubia
2. la place Jemaa el Fna
3. le musée Dar si Said
4. le palais de la Bahia
5. une porte de la ville

11. Posez ces questions sur Marrakech à votre partenaire.

a) Quels sont les principaux monuments?
b) Où se trouve la place Jemaa el Fna?
c) Qu'est-ce qu'il y a autour de la place?
d) Qu'est-ce qui s'y passe le matin?
e) Quelles sont les distractions qu'on y trouve?
f) Qui est-ce qui fréquente la place?
g) Qu'est-ce qui donne à la place son animation le soir?

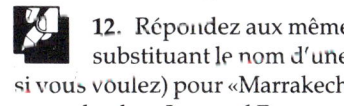

12. Répondez aux mêmes questions, en substituant le nom d'une autre ville (la vôtre, si vous voulez) pour «Marrakech» et un autre endroit pour «la place Jemaa el Fna».

13. Écoutez ce guide parler au sujet de cinq monuments de Marrakech. Recopiez cette liste d'adjectifs dans votre cahier. Pour chaque endroit, notez son numéro à côté des adjectifs qu'on emploie pour le décrire.

ancien(ne)   beau/belle   grand(e)   haut(e)
historique   magnifique   touristique
traditionnel(le)   vivant(e)

14. Quel monument est sur la carte postale que Jean envoie à Sophie?

> جاك مارسيل
> Il y a des choses incroyables à Marrakech. Tu vois les boules dorées sur la tour? Il paraît qu'on les a fabriquées avec les bijoux en or d'une femme du roi. On ne sait pas si elle était d'accord!
> À bientôt
> Jean

SOPHIE THIREAU
6 RUE VOLTAIRE
44100 NANTES
FRANCE

15. Vous êtes l'heureux/heureuse gagnant(e) d'un voyage au Maroc!

Vous envoyez ces deux cartes postales à des amis. Qu'est-ce que vous écrivez là-dessus?

La porte Bab Agnaou
باب أنياو

La place Jemaa el Fna
جامع الفنا

Unité 18

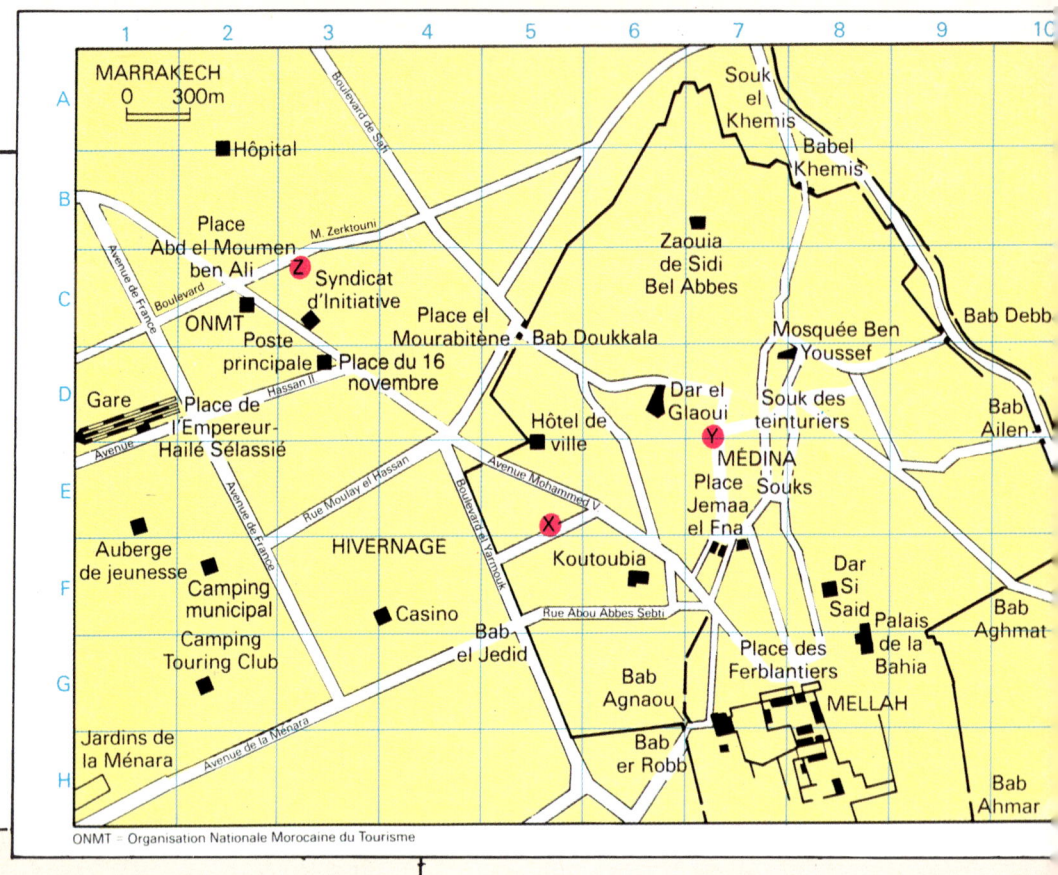

La ville nouvelle de Marrakech a été construite par les Français en 1916. L'avenue Mohammed V, qui relie la médina à la ville nouvelle, commence juste avant la Koutoubia. La poste centrale est située sur la place du 16 novembre, et c'est entre cette place et la place Abd el Moumen ben Ali que se trouvent la plupart des magasins.

À 1 500 mètres de la place Jemaa el Fna, donc, vous trouverez une multitude de terrasses de cafés, des bars, des restaurants, des hôtels, des magasins modernes, des banques et les deux offices de tourisme de la ville. Au sud du centre des affaires se trouve le quartier résidentiel de l'Hivernage où se concentre la plupart des hôtels de luxe, des casinos, des boîtes de nuit et les deux terrains de camping de Marrakech. De nombreux habitants riches de Casablanca et de Rabat, ainsi que des membres de la famille royale, y possèdent des villas. Le quartier industriel se trouve à l'ouest de la gare, au bout de l'avenue Hassan II.

16. Faites une liste de tous les endroits soulignés dans le texte, en y ajoutant leurs coordonnés. Par exemple, *Avenue Mohammed V = 1B–6F*.

17. Travaillez avec un(e) partenaire. **A** dit *Je cherche la poste centrale (un terrain de camping, etc).*

B indique le bon endroit sur la plan, en disant *Il/Elle est là* ou *Il y en a un(e) là*.

Ensuite, changez de rôle.

18. Trouvez les endroits indiqués par les lettres X, Y, et Z sur le plan. Écoutez le touriste français qui parle sur la cassette. Quelle lettre indique:

- le Hammam Mouassine
- la piscine municipale
- le cinéma Colisée?

Lequel des trois endroits aimeriez-vous visiter? Pourquoi?

19. Maintenant vous êtes prêt(e) à servir de guide pour un groupe de touristes qui visitent Marrakech. Préparez votre scripte, rassemblez votre groupe (des camarades de classe, qui voudront poser des questions et faire des photos), et allez-y!

POINT LANGUE

Unité 18

Qui
The pronoun *qui* means 'who' or 'which'.

20. Work out which of these sentences goes with which picture.

a) C'est l'approvisionneur/l'approvisionneuse qui apporte les articles demandés par les vendeuses.
b) C'est le/la manutentionnaire qui reçoit les marchandises et les transporte à la réserve.
c) C'est le caissier/la caissière qui rend la monnaie et vérifie les chèques des clients.
d) C'est le vendeur/la vendeuse qui doit conseiller les clients.
e) La personne qui préside le conseil d'administration du magasin s'appelle le Président-Directeur Général.
f) La personne qui dispose les articles dans la vitrine du magasin s'appelle l'étalagiste.
g) La personne qui dirige le travail des vendeurs s'appelle le chef de rayon.
h) La personne qui fait passer un entretien aux nouveaux employés s'appelle le chef du personnel.

21. See if your partner can remember what all these people are called (without looking at their book). Ask questions either like this:
Qui est-ce qui dirige le travail des vendeurs?

or like this:
C'est la personne qui dispose les articles dans la vitrine. Qui est-ce?

The ending *-eur* (the feminine equivalent is usually *-euse* and sometimes *-rice*) is often used to turn a verb into a noun, meaning the person or object which performs the action indicated by the verb.

un travailleur/une travailleuse = une personne qui travaille
un gros mangeur = une personne qui mange beaucoup
un distributeur de billets = une machine qui distribue les billets automatiquement

22. Invent definitions for these words and phrases, beginning *Une personne qui* . . .
a) un chanteur/une chanteuse
b) un grand dormeur/une grande dormeuse
c) un montreur/une montreuse d'ours
d) un coiffeur/une coiffeuse
e) un maître nageur

23. Now invent some words of your own, starting from verbs, ending in *-eur* or *-euse/rice*. Invent definitions for them, and ask your partner to guess what your words mean. (You may find you've invented some words that really exist in French – try checking in a dictionary.)

Unité 19

19 A La suspecte

— Nous avons cherché partout, mais nous n'avons rien trouvé. Pouvez-vous répondre à quelques questions?
— Bien sûr, inspecteur.

— Avez-vous des ennemis? Des concurrents jaloux?
— Bien sûr que non! Je ne comprends vraiment pas...

— Réfléchissez-bien. Vous devez comprendre que ceci est très grave... Avez-vous renvoyé des membres du personnel récemment?
— Non!... Ah! Euh, oui. Mais vraiment, je ne crois pas que...

— Donnez-moi son nom et son adresse. Nous ne pouvons écarter aucune possibilité.
— Eh bien, récemment, nous avons renvoyé Mademoiselle Sylvie Le Gall. Elle habite 23 rue de la Fontaine, dans le onzième. Mais vraiment...

Le lendemain matin, dans un bureau de poste du onzième arrondissement...

— C'est toujours pareil ici. Je veux juste acheter des timbres. Et il faut attendre des heures!

— Je voudrais envoyer ce paquet aux États-Unis. Par avion. Ça va me coûter combien?
— Mettez votre paquet sur la balance, madame, s'il vous plaît.

PAGE 154

Unité 19

— Est-ce qu'il y a du courrier pour moi? En poste restante?

— Mademoiselle Le Gall? Sylvie Le Gall? J'aimerais vous parler, s'il vous plaît.

— Monsieur, je vais vous demander d'attendre votre tour comme tout le monde.

— Inspecteur Fijac. Police Judiciaire. J'ai quelques questions à vous poser.

— Mon dieu! Qu'est-ce qui s'est passé?

— Où étiez-vous hier après-midi, Mademoiselle Le Gall?

— J'étais ici à mon guichet. Je n'ai même pas fait de pause. Il y avait beaucoup de clients aux guichets.

— Vous êtes partie à quelle heure? Et qu'est-ce que vous avez fait?

— Je suis partie à... je ne sais pas... vers 19 heures 30. Et je suis rentrée chez moi tout de suite. Je suis allée au lit de bonne heure. J'étais fatiguée et j'avais mal à la tête.

— Julien, je déteste ton père et je te déteste. J'ai perdu mon emploi à cause de toi... Mais je ne suis absolument pas responsable de cette histoire de bombe. Je te le promets... Tu me connais assez pour me croire. Tu me crois?... Je t'en prie. Parle à ton père. Et parle à la police. Et laissez-moi tranquille!

What is this *Unité* all about?

MAIN TOPIC AREA   at the post office

LANGUAGE TASKS
- obtain services at the post office
- buy stamps, send parcels
- understand some of the other services offered by French post offices

MAIN GRAMMAR POINTS   the imperfect tense and the *passé composé*

Unité 19

1. Dans un bureau de poste près des Galeries Vendôme, il y a un projet d'aménagement des guichets. On fait un sondage auprès des clients lorsqu'ils sortent du bureau. Écoutez ce qu'ils disent, et lisez les extraits des réponses ci-dessous. Quel guichet ont-ils utilisé? Notez les réponses dans votre cahier, par exemple: *A—1*.

A M. Denis Baudouin
«J'ai envoyé une lettre à ma nièce aux États-Unis. Elle est en Californie.»

B Mme Legagneur
«C'est bientôt l'anniversaire de ma fille. Je lui ai envoyé un cardigan que j'ai tricoté.»

C Sylvie Constanzo
«J'ai acheté la série de timbres sur les chanteurs français.»

D Thomas Carnot
«J'ai envoyé un coupon de commande à mon magazine de football pour avoir un maillot du Paris-Saint-Germain.»

E Mme Carole Chevillard
«Ma fille se marie dans deux mois. J'ai envoyé les invitations et les faire-part à nos amis.»

F Mme Nicole Desmoulins
«J'ai envoyé de l'argent par mandat-carte à mon fils. Il est étudiant à Perpignan.»

G Aziz Taleb
«J'ai envoyé une lettre à ma famille au Maroc.»

H M. et Mme Levasseur
«C'était pour téléphoner à nos enfants au Canada.»

I Mme Claudine Delmas
«Je suis venue me renseigner pour un investissement d'argent.»

J Thierry Buon
«J'ai envoyé une lettre à une copine que j'ai rencontrée en Belgique.»

K Mlle Élise Fabre
«J'ai ouvert un compte de chèques postaux international.»

L Corinne Villandry
«J'ai envoyé un petit paquet à ma correspondante anglaise. Des boucles d'oreille.»

1 Affranchissements : lettres
2 Affranchissements : colis et paquets
3 Mandats
4 Chèques postaux
5 Services financiers — assurances
6 Philatélie et autres services
7 Téléphone

2. Comparez vos réponses à l'activité 1 avec celles de votre partenaire. Dites ce que chaque personne a fait, par exemple: *Monsieur Baudouin voulait envoyer une lettre, donc il est allé au guichet numéro 1.* Avez-vous les mêmes réponses?

3. Écrivez les réponses dans votre cahier.

PAGE 156

Unité 19

4. Ces objets correspondent aux 12 transactions des clients à la poste. Quel objet correspond à quelle personne? Discutez de vos conclusions avec un(e) partenaire. Par exemple:
1. C'est la lettre que Monsieur Baudouin a envoyée à sa nièce.

1.
Melle BAUDOUIN Céline
348 Parkway Boulevard
San Diego
California
U.S.A

2. Bon de commande à retourner à FOOT-CENTER B.P. 4 - 21380 MESSIGNY
NOM: CARNOT PRENOM: Thomas
ADRESSE: 147 rue CLAUZEL
Code Postal: 75009 VILLE: PARIS

3.
Francine Durckens
Gemeentestraat 264
3200 Kessel-Lo
Belgique

4. Marie 4.18-7272

5.
Foot-Center
B.P. 4
21380 MESSIGNY

6.
M. et Mme Paul ROGER
146 avenue de Verdun
51000 REIMS

7. POSTCHÈQUES POUR UN COMPTE CHÈQUES INTERNATIONAL

8. LA POSTE 1990 — La chanson française

9. LA POSTE — MANDAT-CARTE
MONTANT du mandat: F 5000,00 Cinq mille francs
EXPÉDITEUR: Mme DESMOULINS Nicole, 142, rue Rodier, 75009 PARIS
payable à: M DESMOULINS Daniel, 3è gauche, pavillon C, 70, avenue de Villeneuve, 66000 PERPIGNAN
MONTANT 5026,90 F

10.
Penny Barker
31 Milton Crescent
Thame
Oxfordshire OX9 4AC
Angleterre

11.
DOUANE
Boucles d'oreille
70 F
50 g

12.
Famille Taleb
114, route d'Immeuzer
Fès
Maroc

ÉPARGNE LOGEMENT POUR ÊTRE VRAIMENT CHEZ SOI
LA POSTE BOUGEZ AVEC LA POSTE

5. Avez-vous trouvé les bonnes réponses? Maintenant écrivez-les dans votre cahier. Faites des phrases complètes.

Unité 19

Au guichet de la poste

> **6.** Écoutez les conversations des six premiers clients à la poste. Regardez la page 156, et pour chaque conversation, notez qui parle. Écrivez la bonne lettre (A–F). Ensuite, faites pareil pour les autres clients (G–L).

> **7.** Travaillez avec un(e) partenaire. **A** choisit un rôle (A–L), le prépare, et puis parle au guichet avec **B** qui joue le rôle de l'employé(e) de la poste.
> Ensuite, changez de rôle.

A G J	Un timbre pour les États-Unis/le Maroc/la Belgique, s'il vous plaît. J'ai une lettre pour les États-Unis/le Maroc/la Belgique. C'est combien, s'il vous plaît? C'est pour envoyer une lettre aux États-Unis/au Maroc/en Belgique, s'il vous plaît.	Pour les États-Unis, c'est trois francs cinquante. Pour le Maroc, c'est trois francs vingt. Pour la Belgique, c'est deux francs trente.
D E	Un timbre à deux francs trente/dix, s'il vous plaît. . . . timbres à deux francs trente/dix, s'il vous plaît.	Voilà, deux francs trente/dix, s'il vous plaît. Voilà. Ça fait . . . francs . . ., s'il vous plaît.
C	Je voudrais la série de timbres sur . . .	
B L	J'ai ce paquet/colis à envoyer à . . ., s'il vous plaît.	Mettez-le sur la balance, s'il vous plaît. Ça pèse un kilo/. . . grammes, alors ça fait . . . francs . . ., s'il vous plaît.
I K	C'est pour me renseigner sur une assurance-vie/une assurance-retraite/un compte d'épargne.	Oui, voici un dépliant. Il y a un formulaire dedans, à remplir si cela vous intéresse.
F	Je voudrais envoyer de l'argent à quelqu'un. Je voudrais envoyer un mandat-carte.	Voilà. Vous mettez tous les détails ici, et puis vous me le donnez avec l'argent payable.
H	Je peux téléphoner d'ici? Pourriez-vous me donner de la monnaie pour téléphoner?	Oui, bien sûr. Le téléphone est là-bas. Oui, vous voulez des pièces de dix francs ou cinq francs?

Unité 19

Dans le courrier... bonnes nouvelles, mauvaises nouvelles

8. Lisez ces extraits de lettres. Regardez les photos... ce sont les photos des gens qui ont reçu les lettres. Écoutez la cassette afin de savoir quelle lettre chaque personne a reçue. Par exemple : **1 . A3**

A cardigan que j'ai tricoté pour toi. J'espère que la taille est bonne et qu'il te fera plaisir.

B votre numéro d'abonné a été tiré au sort et vous avez gagné ce ballon de football

C et que j'ai rencontré quelqu'un d'autre et par conséquent on ne peut plus se revoir. Je sais que

D u seras, comme moi, bouleversée e savoir que Michel a eu n accident de voiture et u'il a été hospitalisé à Montpellier. Ce n'est pas

E Nous avons le plaisir de vous annoncer que vous êtes l'heureux gagnant de notre concours *Les Vins du Roussillon*. Vous avez gagné la somme fabuleuse de 100 000 francs et vous recevrez dans un proche avenir

F par te dire que j'ai souvent pensé à toi depuis mon séjour en Belgique et je suis si

G LA POSTE — MANDAT-CARTE
COUPON
À REMPLIR PAR L'EXPÉDITEUR
MONTANT du mandat : F 5000 00
MANDAT de la somme de : Cinq mille francs
EXPÉDITEUR : Mme DESMOULINS Nicole, 142, rue Rodier, 75009 PARIS
payable à : M DESMOULINS Daniel, 3e gauche, pavillon C, 70, avenue de Villeneuve, 66000 PERPIGNAN
MONTANT 5026,90 F

H Monsieur et Madame Claude Chevillard ont l'honneur de vous faire part du mariage de leur fille, Aélis, avec Monsieur Cristel de Beler.

Unité 19

POINT LANGUE

The imperfect tense and the *passé composé*

The imperfect tense (see *Point langue*, page 137) is used to talk about a state of affairs in the past: what was happening or used to happen; how things were or used to be.

The *passé composé* (see *Point langue*, pages 105 and 128) is used to talk about something which took place on a particular occasion in the past.

In the *Messages* column of the newspaper *Libération*, people try to contact someone they've met and want to see again.

> **LE SAMEDI 28 JUILLET** sur le banc de pierre au Jardin des Plantes, face à la cabane aux souvenirs, *vous m'avez demandé l'heure. Je ne l'avais pas, mais il était six heures et demie.* J'aimerais

This is what you did.
This was the situation: I wasn't wearing a watch, but it was half past six.

> **DIMANCHE 5 AOUT VERS 21h45** ligne Neuilly-Vincennes *nous portions les mêmes lunettes.* Mathématiques, littérature, musique, *nous n'avons pas épuisé le sujet* en trois stations. J'espère te revoir afin de poursuivre la discussion. François. Ecrire au journal sous le No M100801.

It was like this: We were wearing the same glasses.
And something didn't happen: We didn't exhaust the subject.

9. Now look at these two messages:

> **TRAIN LE HAVRE-PARIS:** du lundi 13 août de départ 14h. Brune, vous êtes descendue à Rouen, habillée d'un ensemble blanc. Moi j'ai continué, j'étais habillé d'une veste blanc cassée et d'un tee-shirt rouge. J'aimerais faire votre connaissance. Ecrire au journal sous le numéro M210801, qui transmettra.

a) What was he wearing? And what happened?

> **3012007 MONTPARNASSE, RESTAURANT LE DOME** Mardi 19 décembre 23 heures. Tu étais avec trois garçons et une fille. A la table voisine, nous étions quatre. Tu avais un tatouage en forme de chaînette au poignet gauche. Tu semblais heureuse de vivre. Nos regards se sont longuement croisés. Je n'ai pas su comment t'aborder. J'aimerais pourtant beaucoup te revoir.

b) What was the situation and what mood was she in? What happened? What stopped him from going up to her?

J'aimerais = I would like (conditional tense: see page 202)

10. Now write your own message for this *Libération* column, to contact a person (real or imaginary). Say where you saw the person, and give the date and time. Say what you and they were wearing or carrying (imperfect tense) and what happened (*passé composé*): did one of you say something? End by saying that you'd like to see them again, and say where you can be contacted.

11. Now read these two *faits divers* from the newspaper *Libération*. Find the three examples of the imperfect tense, and for each one explain why the imperfect has been used.
le braquage hold-up
investir to besiege
le cantonnier roadmender
effectuer une perquisition = to carry out a search
soupçonné de suspected of
le cambriolage burglary
la fracture du bassin fractured pelvis
préoccupant causing concern, worrying

Braquage: chien et chat

Une jeune femme et deux jeunes gens, âgés d'environ 25 ans, armés de pistolets automatiques, ont investi en force le domicile d'un cantonnier de Marseille, qui passait la soirée tranquille avec son épouse. Après les avoir tous deux frappés à coups de matraque, les agresseurs sont repartis en emmenant uniquement les deux animaux du couple, la petite chatte « *Elodie* » et le chien « *Help* ». La Brigade de répression du banditisme de Marseille, chargée de l'enquête, ne dissimule pas sa perplexité sur les mobiles des 3 jeunes gens.

Aie

Un jeune homme de 27 ans a été grièvement blessé en sautant du troisième étage de son immeuble à Calais (Pas-de-Calais), alors que les gendarmes venaient effectuer une perquisition à son domicile. Les gendarmes de Calais se sont présentés jeudi à l'appartement de Fabrice Focquer, soupçonné d'avoir participé à un cambriolage. Au moment où son amie ouvrait la porte, le jeune homme a ouvert la fenêtre du salon et a sauté dans le vide, effectuant une chute d'une quinzaine de mètres. Victime d'une fracture du bassin, Fabrice Focquer a été transporté au centre hospitalier de Calais où son état est jugé préoccupant.

STAGE PRATIQUE

Unité 19

Téléphoner

Cette semaine, vous travaillez comme standardiste. Un(e) client(e) mécontent(e) veut joindre Monsieur Lambert par téléphone. Monsieur Lambert ne veut pas qu'on le dérange...

13. À vous d'imaginer les conversations. Travaillez par groupes de quatre:
- ☐ le/la standardiste
- ☐ le/la secrétaire de Monsieur Lambert
- ☐ le/la client(e) (qui utilise son propre nom, au lieu de «Dominique Lecourt»)
- ☐ Monsieur Lambert

Le/La client(e) réussira à joindre Monsieur Lambert seulement au quatrième appel.

Dring! Dring!

Dominique Lecourt compose le numéro...

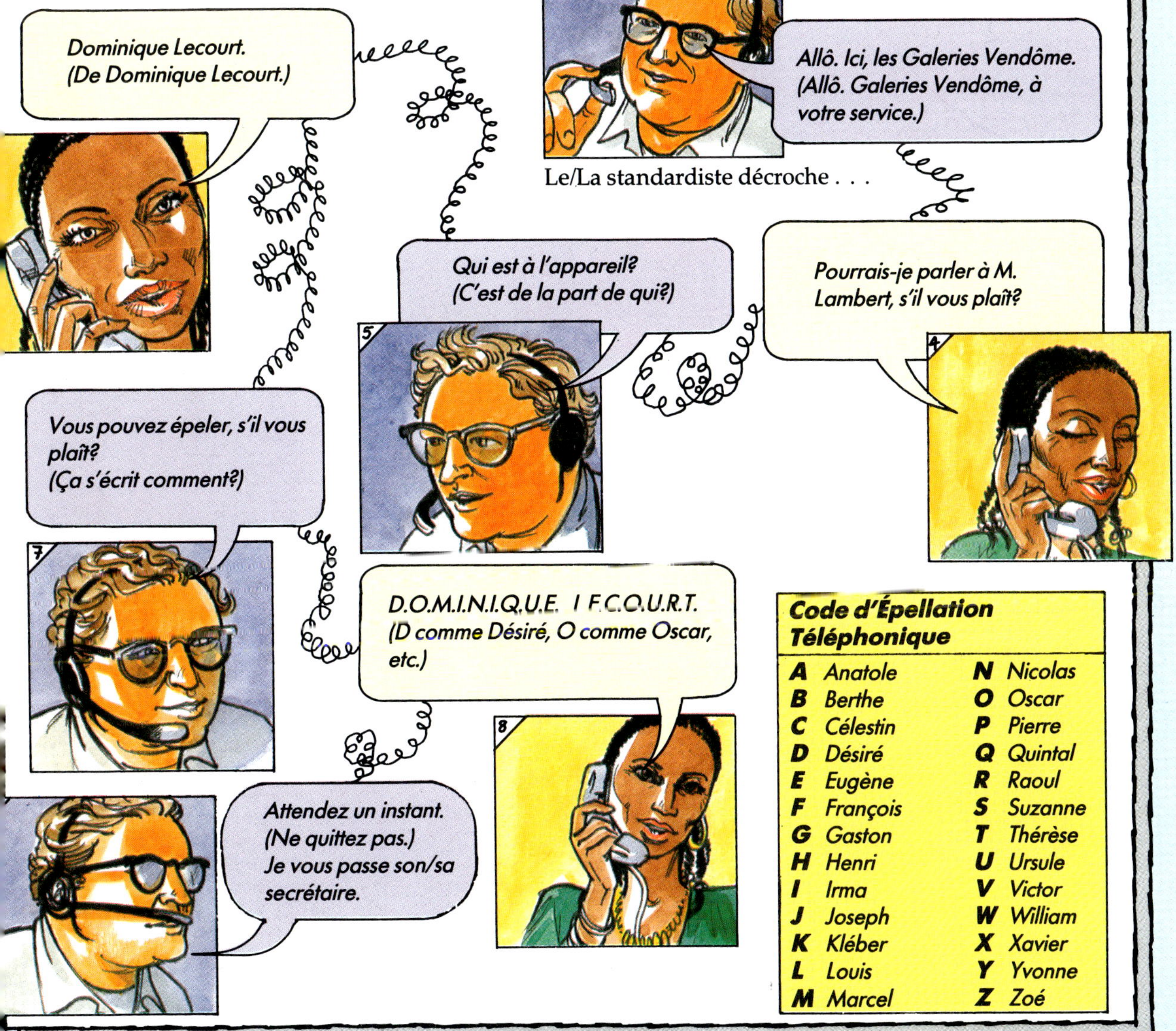

Dominique Lecourt. (De Dominique Lecourt.)

Allô. Ici, les Galeries Vendôme. (Allô. Galeries Vendôme, à votre service.)

Le/La standardiste décroche...

Qui est à l'appareil? (C'est de la part de qui?)

Pourrais-je parler à M. Lambert, s'il vous plaît?

Vous pouvez épeler, s'il vous plaît? (Ça s'écrit comment?)

D.O.M.I.N.I.Q.U.E. L.E.C.O.U.R.T. (D comme Désiré, O comme Oscar, etc.)

Attendez un instant. (Ne quittez pas.) Je vous passe son/sa secrétaire.

Code d'Épellation Téléphonique

A	Anatole	**N**	Nicolas
B	Berthe	**O**	Oscar
C	Célestin	**P**	Pierre
D	Désiré	**Q**	Quintal
E	Eugène	**R**	Raoul
F	François	**S**	Suzanne
G	Gaston	**T**	Thérèse
H	Henri	**U**	Ursule
I	Irma	**V**	Victor
J	Joseph	**W**	William
K	Kléber	**X**	Xavier
L	Louis	**Y**	Yvonne
M	Marcel	**Z**	Zoé

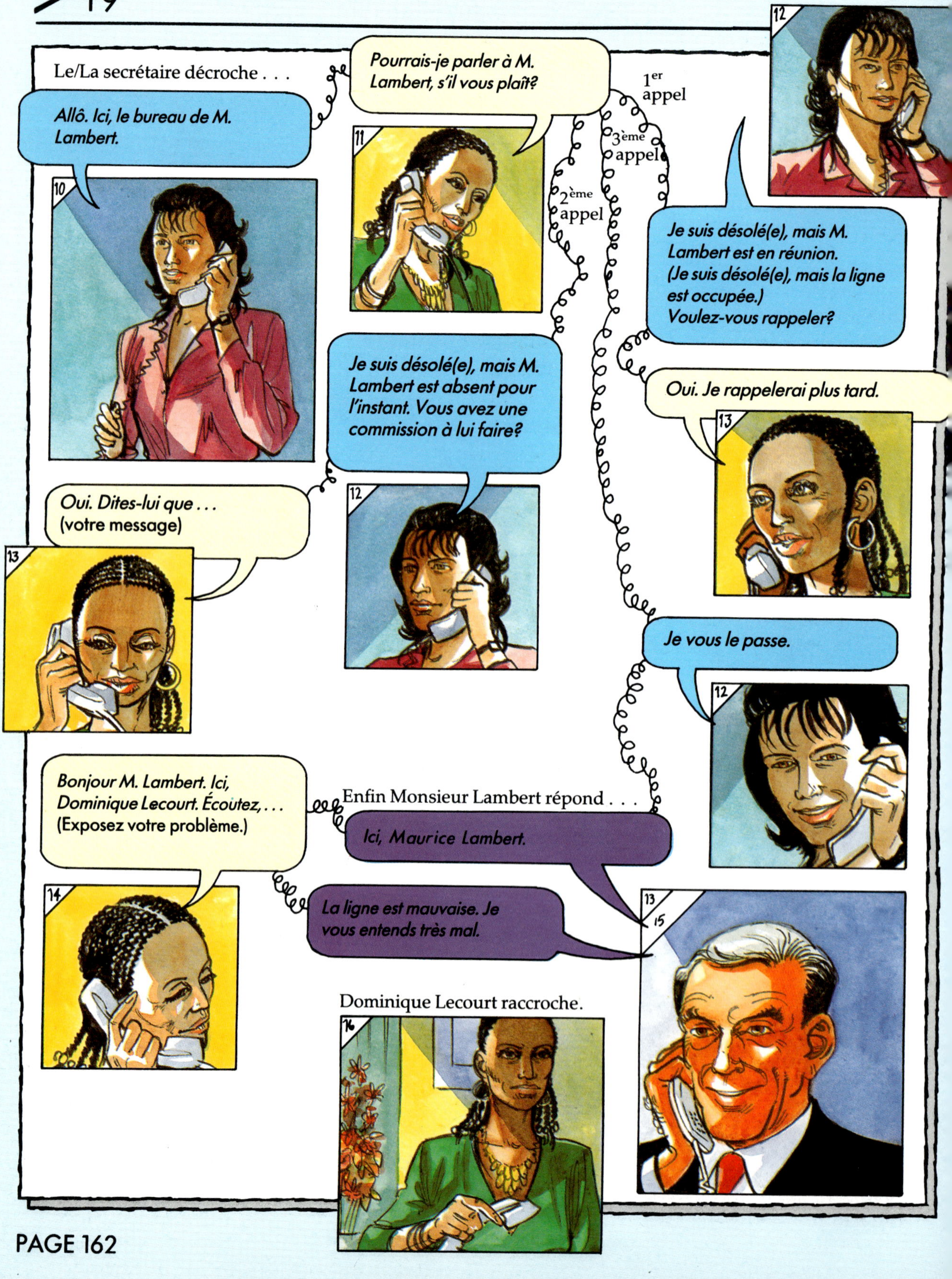

Unité 19

Le/La secrétaire décroche...

Allô. Ici, le bureau de M. Lambert.

Pourrais-je parler à M. Lambert, s'il vous plaît?

1er appel

Je suis désolé(e), mais M. Lambert est en réunion. (Je suis désolé(e), mais la ligne est occupée.) Voulez-vous rappeler?

Oui. Je rappellerai plus tard.

2ème appel

Je suis désolé(e), mais M. Lambert est absent pour l'instant. Vous avez une commission à lui faire?

Oui. Dites-lui que... (votre message)

3ème appel

Je vous le passe.

Bonjour M. Lambert. Ici, Dominique Lecourt. Écoutez,... (Exposez votre problème.)

Enfin Monsieur Lambert répond...

Ici, Maurice Lambert.

La ligne est mauvaise. Je vous entends très mal.

Dominique Lecourt raccroche.

PAGE 162

Unité 20

Un Écossais à Paris

— Il m'énerve, ce chat ! Il demande à sortir, puis il décide de rester.

— Ton copain écossais, à quelle heure arrive-t-il ?
— Je ne sais pas exactement.

— Ah, on sonne. C'est peut-être lui.

— Le téléphone... Je vais répondre. Peut-être que Julien a des nouvelles du magasin... Allô ?

— Ah, Tom ! Tu appelles d'où ? De Boulogne ?... Ah, tu es à la Gare du Nord... Ne t'inquiète pas. Nous venons te chercher tout de suite. Nous serons à la gare dans trois quarts d'heure à peu près... devant le buffet... À tout à l'heure.

— Nathalie est là ?
— Ah, salut, Julien. Entre.

— Ah, salut, Julien. Nous devons aller chercher Tom à la Gare du Nord. Tu peux nous emmener ?
— Bien sûr.

— Je n'arrête pas de penser à Sylvie. Elle n'a rien à faire dans cette histoire de bombe. Pourtant, on l'accuse. Ce n'est pas juste.
— Oui, je sais. Je me sens un peu responsable.

— Vous écoutez Radio-Capitale. Il est quatorze heures. Les informations. L'affaire de la bombe des Galeries Vendôme est maintenant terminée. Le responsable était un employé du service du marketing soucieux d'organiser un bon coup de publicité pour le magasin...
— C'est une bonne nouvelle ! Il faut téléphoner à Sylvie immédiatement.

PAGE 163

Unité 20

Panel 1:
Allô, Sylvie ? Tu as entendu les informations... maintenant la police va te laisser tranquille... Oui... Je suis désolé... Pour ça... et tout le reste...

Panel 2:
Bonjour, Tom. Tu as fait bon voyage ?

Oui. Le voyage ne s'est pas trop mal passé. Beaucoup de gens ont été malades, mais moi, je n'ai pas eu le mal de mer.

Panel 3:
Tom, voici ma sœur, Nathalie, et son copain, Julien.

Salut, Tom.

Bonjour.

Panel 4:
Bonjour. Tu parles bien français. C'est la première fois que tu viens en France ?

Non, ce n'est pas la première fois. Je suis déjà venu une fois avec l'école.

What is this *Unité* all about?

MAIN TOPIC AREAS	travel arrangements, holidays
LANGUAGE TASKS	• inform someone about your proposed times of departure and arrival • describe a holiday (where you went; how, with whom, for how long, where you stayed) • say whether you have been to France, and if so, give details
MAIN GRAMMAR POINT	verbs followed by the infinitive

POINT LANGUE

Verbs followed by the infinitive

Le guide du voyageur malin
Faites ce test:

i) Avant de partir, le voyageur malin n'oublie pas
a) de rendre visite à ses grands-parents
b) de ranger sa chambre
c) d'obtenir un passeport (et éventuellement un visa).

ii) Avant de partir, le voyageur malin apprend
a) à tricoter
b) à dire «Bonjour» et «Merci» dans la langue du pays où il va
c) à faire du jardinage.

iii) Le voyageur malin aime
a) faire la connaissance d'un étranger
b) emporter une valise très lourde
c) chanter très fort dans l'avion.

1. Before you finish the quiz, decide whether *à* or *de* (or neither) is needed in each gap. Write out the full sentence (using a, b or c) in your exercise book.

iv) Le voyageur malin promet à ses parents
a) ? leur téléphoner deux fois par jour
b) ? changer de chaussettes tous les jours
c) ? leur envoyer une carte postale.

v) Le voyageur malin n'hésite pas
a) ? dormir à la belle étoile sans sac de couchage
b) ? dépenser tout son argent le premier jour des vacances
c) ? partir en vacances seul.

vi) Le voyageur malin adore
a) ? manger le même plat tous les jours
b) ? se lever à l'aube de temps en temps
c) ? rester au lit jusqu'à midi.

vii) Les compagnies aériennes conseillent au voyageur malin
a) ? ne pas porter de vêtements trop serrés
b) ? s'habiller chaudement
c) ? ne pas porter de bijoux.

viii) Une fois arrivé à sa destination, le voyageur malin va à l'Office de Tourisme. Il demande à l'employé
a) ? lui prêter mille francs
b) ? téléphoner à sa mère
c) ? lui donner un plan de la ville.

ix) Le voyageur malin essaie
a) ? visiter une ville par jour
b) ? rencontrer des habitants de la région
c) ? retrouver des gens de son propre pays.

x) Une fois rentré chez lui, le voyageur malin invite ses copains
a) ? regarder toutes ses photos
b) ? manger un plat du pays qu'il a visité
c) ? acheter ses tubes de crème solaire à moitié vides.

Here is a list of some of the verbs in each category.

● **followed by *de* + infinitive**
accepter de faire qqch. to agree to do sth.
arrêter de faire qqch. to stop doing sth.
choisir de faire qqch. to choose to do sth.
conseiller à quelqu'un de faire qqch. to advise someone to do sth.
décider de faire qqch. to decide to do sth.
demander/dire à quelqu'un de faire qqch. to ask/tell someone to do sth.
essayer de faire qqch. to try to do sth.
oublier de faire qqch. to forget to do sth.
promettre à quelqu'un de faire qqch. to promise someone to do sth.

● **followed by *à* + infinitive**
aider quelqu'un à faire qqch. to help someone to do sth.
apprendre à faire qqch. to learn to do sth.
commencer à faire qqch. to start doing sth.
demander à faire qqch. to ask to do sth.
enseigner à quelqu'un à faire qqch. to teach someone to do sth.
s'habituer à faire qqch. to get used to doing sth.
hésiter à faire qqch. to hesitate to do sth.
inviter quelqu'un à faire qqch. to invite someone to do sth.
réussir à faire qqch. to succeed in doing sth.

● **followed by infinitive without *à* or *de***
adorer faire qqch. to love doing sth.
aimer faire qqch. to like doing sth.
aller faire qqch. to be going to do sth.
devoir faire qqch. to have to do sth.
espérer faire qqch. to hope to do sth.
oser faire qqch. to dare to do sth.
pouvoir faire qqch. to be able to do sth.
savoir faire qqch. to know how to do sth.
vouloir faire qqch. to want to do sth.

Unité 20

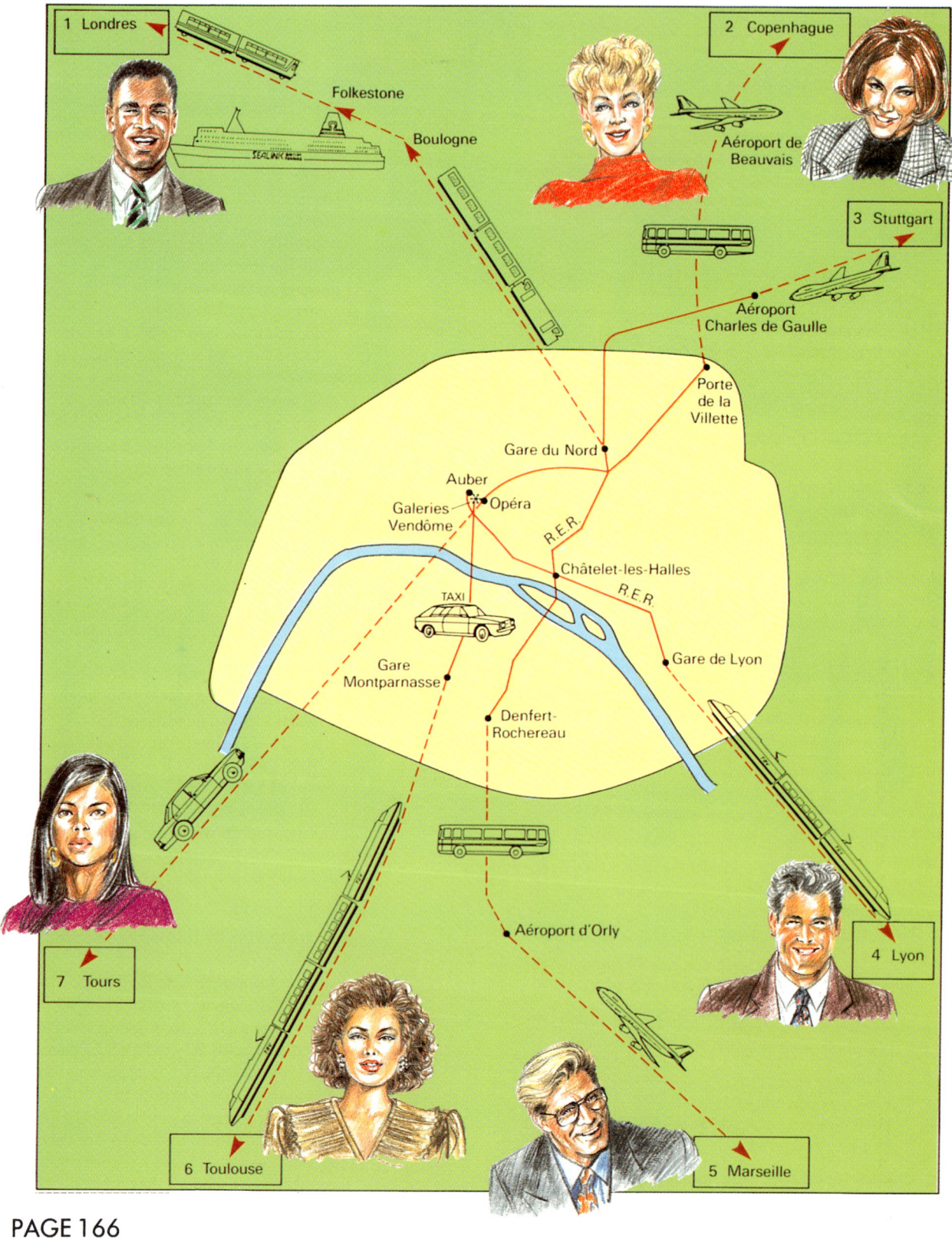

1 Londres
2 Copenhague
Folkestone
Boulogne
Aéroport de Beauvais
3 Stuttgart
Aéroport Charles de Gaulle
Porte de la Villette
Gare du Nord
Auber
Opéra
Galeries Vendôme
R.E.R.
Châtelet-les-Halles
R.E.R.
TAXI
Gare de Lyon
Gare Montparnasse
Denfert-Rochereau
Aéroport d'Orly
4 Lyon
7 Tours
6 Toulouse
5 Marseille

Unité 20

2. Des acheteurs vont arriver au magasin pour des entretiens avec le directeur d'achats le vendredi 10 juillet. Sa secrétaire a besoin de savoir à quelle heure ils comptent arriver, afin d'établir le programme de la journée.

Voici les télécopies qu'ils ont envoyées.

- Identifiez les personnes qui figurent sur la page 166.
- Dans quel ordre est-ce qu'ils arriveront au magasin?

A

le 3 juillet,

Entretiens du 10 juillet. Je viens par le train. Il y a un TGV qui part de Toulouse à 6 H 17 et qui arrive à la Gare Montparnasse à 11 H 30. Je prendrai un taxi et je serai au magasin vers midi.

Françoise Sartini

B

le 9 juillet

Je viens en voiture. Je partirai à 9 heures demain. S'il n'y a pas trop d'embouteillages, je serai au magasin à 11 heures.

Isabelle Vefour

C Vendôme-Dansk, le 6 juillet

Je viens en avion pour les entretiens du 10 juillet: l'avion doit arriver à Beauvais vers dix heures du matin. Je ferai Beauvais–Porte de la Villette en autobus. Cela prend à peu près deux heures. Puis je prendrai le métro, et j'arriverai au magasin vers midi et demi.

Valérie Régol

D Vendôme-Sud, le 7 juillet

Projets de voyage pour vendredi. Je viens en avion, j'arriverai à Orly à 10 h 10. Je prendrai l'Orlybus et puis le R.E.R. Je serai au magasin vers 11 h 30 je pense.

Mathieu Milon

E Vendôme-GB, mercredi

Je vais venir en bateau. Je prends le bateau de 9 h 00 vendredi. J'ai un train qui part de Boulogne à 11h 20. Je serai à la Gare du Nord trois heures plus tard, puis je prendrai le R.E.R. J'espère arriver chez vous avant trois heures de l'après-midi.

Dominique Potavin

F

Jeudi 9,

Je vais venir par le train. J'ai un TGV qui arrive à la gare de Lyon à 13 heures 30, alors je serai chez vous une demi-heure après. Je prendrai le RER jusqu'à Aubes.

Jean-Paul Hazard

G Vendôme–Neckar, mardi 7 juillet

Je viens en avion. J'arrive à Charles-de-Gaulle à 13 h 15. Je prendrai le R.E.R. Je serai au magasin une heure après, peut-être un peu plus, puisqu'il faut changer.

Florence Delarche

3. Faites un itinéraire qui montre les étapes de chaque voyage.

Par exemple:

E Londres–Folkestone (par le train); Folkestone–Boulogne (en bateau); Boulogne–Gare du Nord (par le train); Gare du Nord–Châtelet-les-Halles–Auber (par le R.E.R.)

4. Travaillez avec un(e) partenaire. **A** est aux Galeries Vendôme.

B téléphone et dit (par exemple): *Je suis à l'aéroport d'Orly.*

A va aller chercher **B** à sa prochaine destination. Alors **A** dit: *Je viendrai te chercher à Denfert-Rochereau.*

Essayez plusieurs fois, à tour de rôle, et puis **A** doit essayer de parler sans regarder le manuel.

5. Quelques-uns des voyageurs ont des problèmes. Ils téléphonent au magasin. La standardiste doit prendre des messages. Elle doit surtout noter l'heure à laquelle ils comptent arriver.

Qu'est-ce qu'elle écrit?

Nom	a téléphoné
Message	

Unité 20

6. Laurent et Tom se sont rencontrés pour la première fois quand Laurent est allé chez Tom en Écosse. Voici la lettre que Laurent a écrite pour expliquer les détails de son voyage. Lesquels de ces billets correspondent au voyage de Laurent? (Il a eu cinq billets.)

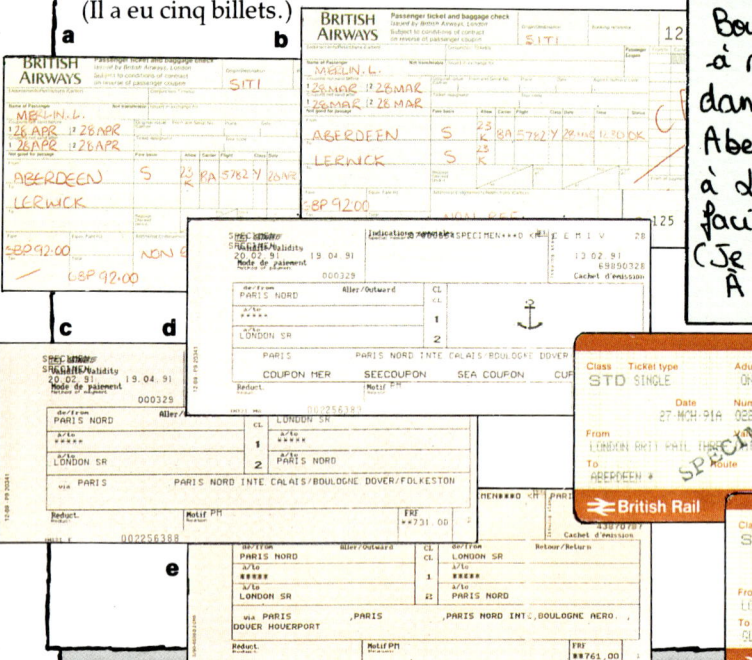

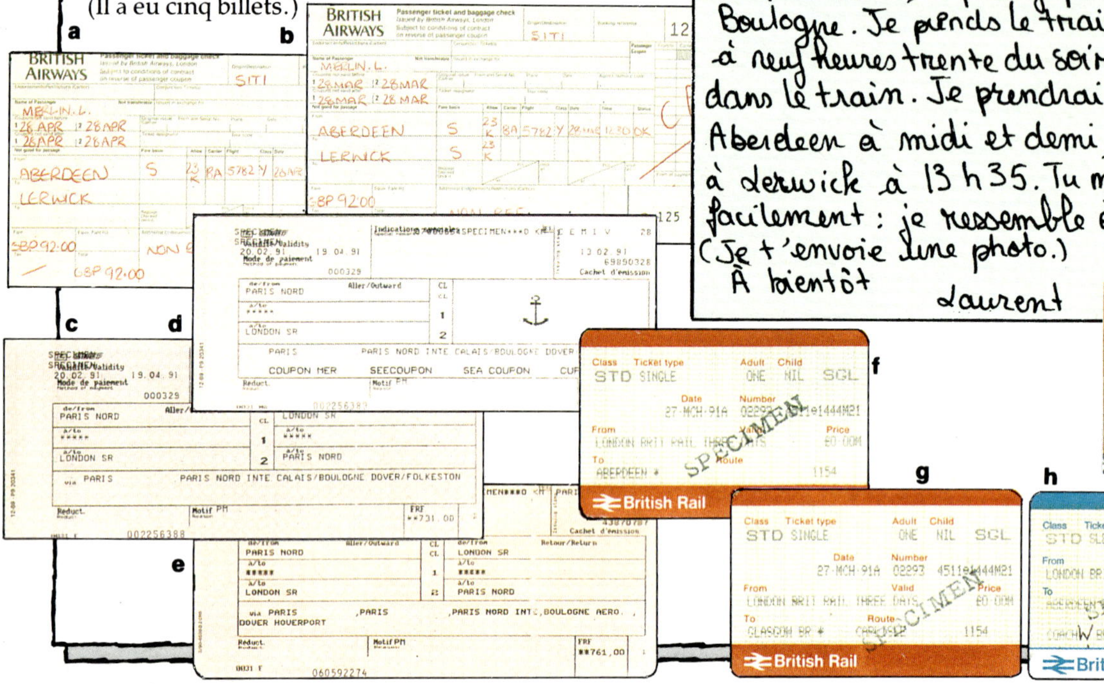

> Paris, le 22 février
>
> Cher Tom,
>
> Merci de ta lettre et du livre sur les statistiques du football écossais. C'était fascinant.
>
> J'ai les détails de mon voyage: Je partirai le jeudi 27 mars. Je prends le train à Paris à deux heures et quart de l'après-midi, et puis je prends le bateau Boulogne. Je prends le train pour Aberdeen à neuf heures trente du soir, je dormirai dans le train. Je prendrai l'avion à Aberdeen à midi et demi, alors j'arrive à Lerwick à 13h35. Tu me reconnaîtras facilement: je ressemble à James Dean. (Je t'envoie une photo.)
>
> À bientôt
>
> Laurent

7. Vous allez rendre visite à Karine à Paris.

Écrivez-lui pour lui donner les détails de votre voyage. (À vous de choisir votre moyen de transport.) Il faudra lui expliquer comment elle vous reconnaîtra.

8. En arrivant, Laurent téléphone à ses parents, puis il envoie une lettre à son copain Mathieu. Il ne raconte pas tout à fait la même chose... Quelles sont les différences entre ce qu'il dit à ses parents et ce qu'il dit à Mathieu?

> Cher Mathieu, Lerwick, le 31 mars
>
> Les îles Shetland, c'est extra. Heureusement, parce que le voyage était archi-pénible. La mer était très agitée, tout le monde a été malade. Moi aussi, mais je suis resté toujours aussi cool. Et puis dans le train il y avait des enfants qui pleuraient. En plus, j'étais dans un compartiment avec un vieux monsieur qui voulait me raconter sa vie. La deuxième guerre mondiale, c'est passionnant, je t'assure, surtout quand tu as très sommeil. Alors je n'ai pas réussi à m'endormir avant trois heures du matin. Puis à Aberdeen, l'avion avait cinq heures de retard à cause du mauvais temps. L'horreur! Mais Tom est super-sympa. Ses parents aussi. Et puis il y a des moutons partout.
>
> À bientôt
>
> Laurent

Unité 20

9. Vous arrivez à Paris chez Karine.

1. Sa mère dit: «Vous avez fait bon voyage?»
Qu'est-ce que vous dites?
a) «Oui, le voyage s'est très bien passé.»
b) «Non, j'ai eu le mal de mer. J'ai vomi trois fois.»
c) «Pas tellement. Le train était archiplein. J'ai dû voyager debout.»

2. Son père dit: «Vous parlez bien français.»
Qu'est-ce que vous dites?
a) «Oui, je sais. Je suis très doué(e) pour les langues.»
b) «Vous êtes très gentil. Je l'apprends depuis quatre ans.»
c) «Comment?»

3. Son frère dit: «C'est la première fois que tu viens en France?» Qu'est-ce que vous dites?
a) «Non, je suis venu(e) une fois avec l'école. C'était bien.»
b) «Non, j'ai fait une excursion à Calais une fois. On a passé trois heures à l'hypermarché.»
c) «Non, je viens très souvent. La France est un de mes pays préférés, mais j'aime aussi beaucoup la Chine et les États-Unis.»

Les réponses: Il n'y a pas de réponses correctes, tout dépend de l'impression que vous voulez donner. Est-ce que votre partenaire a choisi les mêmes réponses que vous?

10. Quand Laurent était chez Tom, il a rencontré Flora, une jeune écossaise. Elle lui a raconté ses vacances en France.

- Quels sont les endroits qu'on voit sur chaque photo?
- Dans quel ordre est-ce que Flora a montré les photos?

11. Pour cette activité, vous aurez besoin de photos de vos vacances, ou de photos découpées dans une brochure touristique. Décrivez vos vacances (réelles ou imaginaires).

Je suis allé(e) avec . . .
Voici une photo de ma copine . . .
On y a passé x jours/semaines
On a logé à l'hôtel/dans une pension/On a fait du camping

12. Travaillez avec un(e) partenaire. **A** commence par dire *La première fois que je suis venu(e) en France, je suis allé(e) à . . .* (un endroit qui commence par A, par exemple: *Avignon*).

B continue *La première fois que je suis venu(e) en France, je suis allé(e) à . . .* (par exemple: *Bordeaux*).

Ensuite, chacun dit: *La deuxième fois . . .*, *La troisième fois . . .*, etc. Il faut trouver une ville qui commence par chaque lettre de l'alphabet, à tour de rôle. Si un(e) partenaire ne trouve pas de ville qui commence par la bonne lettre, l'autre peut essayer. On gagne un point chaque fois qu'on trouve une ville qui commence par la bonne lettre.

Unité 21

Souvenirs, souvenirs

— Tu apprends le français depuis combien de temps ?
— Depuis quatre ans.

— Tu viens d'où en Écosse ?
— Je viens des îles Shetland.

— Mais c'est très au nord. Les nuits sont longues, l'hiver ?
— Oui, c'est vrai. L'hiver, quand j'arrive à l'école à huit heures et demie, il fait encore nuit.

Tom va à l'école en bateau. Son école n'est pas dans la même île que sa maison. C'est une école extraordinaire, entourée de champs de moutons.

— J'ai apporté des photos.

— C'est une vieille école.
— Oui, mais... il y a une nouvelle annexe derrière.

— C'est le centre informatique. J'ai des photos de l'intérieur...

— Ça, c'est Mademoiselle MacTavish, la prof d'informatique. Elle est très sympa... la plupart du temps.

— Et cette fille, qui est-ce ? C'est ta copine écossaise, Laurent ?
— Mais ça ne te regarde pas.

— Ça, c'est pendant une récréation. Il neigeait. Tu te rappelles, Laurent ?
— Mais tu es encore avec la même fille. Tu ne m'as jamais parlé d'elle ! Comment s'appelle-t-elle ?
— Je ne me rappelle pas.

PAGE 170

What is this *Unité* all about?

MAIN TOPIC AREAS education, holidays

LANGUAGE TASKS
- exchange information and opinions about your school and its facilities
- say where, how and with whom you normally spend your holidays and how long they last
- describe a holiday (what the weather was like, what you saw and did, what your general impressions were)

MAIN GRAMMAR POINT asking questions

Unité 21

1. Trouvez les photos qui correspondent aux endroits et aux équipements dans la liste ci-dessous (a–n). Ensuite, répondez aux questions.

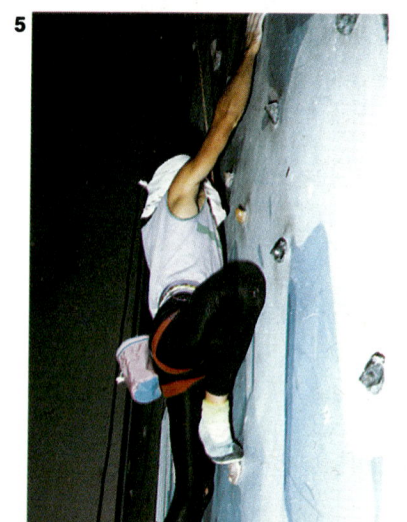

QUESTIONNAIRE

1) Votre lycée, possède-t-il . . .
   a) un centre de documentation et d'information?
   b) un labo de langues?
   c) des micro-ordinateurs?
   d) des équipements sportifs?
   e) des salles de travaux pratiques?
   f) des magnétoscopes?
   g) un atelier de théâtre/danse?
   h) une piscine?
   i) des courts de tennis?
   j) une aire de jeux?
   k) des caméscopes?
   l) une cabine téléphonique à l'usage des élèves?
   m) un distributeur de boissons?
   n) une cafétéria self-service?

2) Votre lycée, est-il situé. . .
   a) au centre-ville?
   b) en dehors du centre?
   c) en banlieue?
   d) en zone rurale?

PAGE 172

Unité 21

2. Écoutez Damien qui répond au questionnaire. Notez ses réponses.

3. Regardez bien la liste des équipements qu'on pourrait trouver dans un lycée (page 172), puis fermez le manuel. Avec un(e) partenaire, essayez de vous rappeler tous les équipements. (Vous dites chacun le nom d'un équipement, à tour de role.)

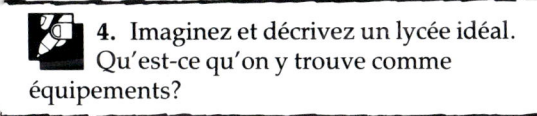

4. Imaginez et décrivez un lycée idéal. Qu'est-ce qu'on y trouve comme équipements?

5. Classez ces critères selon leur importance, en commençant par celui que vous considérez le plus important.

Un bon lycée, c'est un lycée où . . .

a) beaucoup d'élèves réussissent aux examens
b) il y a une bonne ambiance entre les élèves
c) il y a une bonne ambiance entre professeurs et élèves
d) la discipline est sérieuse
e) on aide les élèves en difficulté
f) les équipements sont bons
g) il y a des clubs
h) les locaux sont en bon état (les murs sont peints, etc.)
i) les élèves respectent les locaux (pas de graffiti, pas de papiers qui traînent, etc.)
j) on donne beaucoup de devoirs
k) les salles de cours sont spacieuses
l) les salles de cours sont bien adaptées.

6. Écoutez Karine et Damien qui discutent du questionnaire.

Quels sont les trois critères les plus importants pour Karine? Et pour Damien? Et quel est le critère le moins important pour Karine? Et pour Damien?

7. Travaillez avec un(e) partenaire. Essayez de vous mettre d'accord sur un ordre d'importance. Si votre partenaire n'est pas d'accord avec vous, essayez de le/la persuader.

Dites, par exemple:
Un bon lycée, c'est un lycée où . . .
Dans un bon lycée il faut avoir . . .
Le plus important, c'est d'avoir . . .

Unité 21

Où est-ce que vous passez les vacances?

8. Recopiez cette grille, aussi grande que possible, dans votre cahier, en remplaçant les symboles par les expressions correspondantes.

Je pars en vacances...

Où?	Avec qui?	Pour combien de temps?	Comment?

à l'étranger · seul(e) · pour quinze jours · en avion
à la montagne · avec un club ou un organisme · pour un mois · par le train
à la campagne · avec mes parents · pour un week-end · en voiture
en France · avec l'école · pour plus d'un mois · à vélo
au bord de la mer · avec des copains · pour une semaine · en car

9. Écoutez José et Rachida qui répondent aux questions posées par Solange. Mettez un J ou un R dans les bonnes cases, à côté des expressions dans votre grille. Puis écoutez Solange, qui ne part jamais en vacances, et qui dit où elle voudrait partir. Mettez un S dans les bonnes cases.

10. Posez les mêmes questions à votre partenaire et notez ses réponses.
Vous pouvez lui demander *Tu pars . . . (où, avec qui, etc.)?* ou *Tu voudrais partir . . . (où, avec qui, etc.)?*

11. C'est le grand concours d'Air France. Écrivez les réponses dans votre cahier.

AIR FRANCE

Gagnez des vacances à l'étranger, dans le pays de votre choix.

Complétez cette phrase en 15 à 20 mots:
Je voyage en avion parce que . . .
Nom: Adresse:
Si je gagne, je voudrais passer mes vacances . . .

PAGE 174

12. Vous allez lire une interview avec Djamel Balhi, qui a fait le tour du monde en courant.

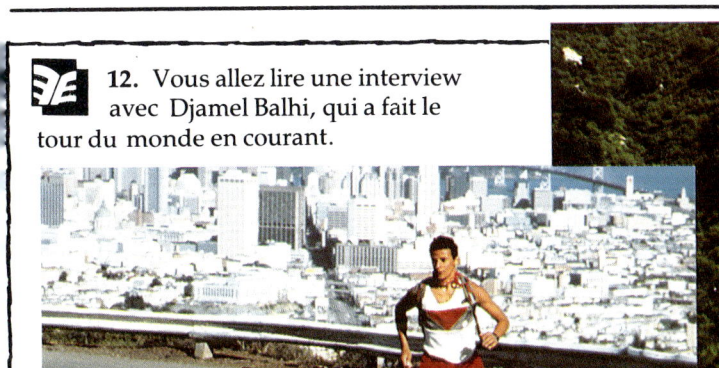

«Ma course autour du monde»   interview avec Djamel Balhi

François Gorget: Pourquoi voyagez-vous à pied?
Djamel Balhi: J'aime la liberté. Et je veux voir moi-même comment vivent les Arabes, les Indiens, les Japonais, les Américains, les Chinois.
François: Pour vous, qu'est-ce qui a été le plus difficile?
Djamel: Le plus dur, ce sont les 10 000 premiers kilomètres! J'ai mis deux mois pour aller de Paris à Istanbul, en Turquie. De là, j'ai continué à courir vers l'Est, vers l'Inde et la Chine. J'ai passé un an et demi en Asie.
François: Où dormiez-vous?
Djamel: Je ne réservais jamais d'hôtel à l'avance. J'arrivais, je cherchais, je demandais aux gens où je pouvais dormir.
   J'ai dormi dans des églises, des monastères, des mosquées, des universités, des stations-services, ou même, quand il faisait chaud, sur des plages. Au Tibet, à 5 000 mètres d'altitude, il faisait tellement froid que je dormais tout habillé. Je me pelotonnais sous une peau de yak.
François: Combien dépensiez-vous par jour?
Djamel: Vous savez, je ne recherche pas le luxe; je voyage simplement avec un petit sac à dos, un appareil photo, une brosse à dents et mon journal de bord. Voilà pourquoi je n'ai pas besoin de beaucoup d'argent: entre Paris et Shanghai j'ai dépensé, en moyenne, seulement 27,50 francs français par jour.
François: Comment vous êtes-vous débrouillé avec la solitude?
Djamel: C'était facile: comme j'étais seul, je faisais toutes les rencontres que je voulais. Par exemple, c'est une Japonaise qui m'a fait découvrir le Japon.
François: Vous avez visité vingt-huit pays. Lequel vous a le plus impressionné?
Djamel: Comment choisir? J'ai vu tellement d'endroits extraordinaires! Ce qui m'a peut-être le plus émerveillé, c'est l'Himalaya, la plus haute chaîne de montagnes du monde.
François: Après l'Asie, vous avez traversé l'océan Pacifique en avion, et vous êtes arrivé en Amérique...
Djamel: En effet. J'ai eu un choc en arrivant aux États-Unis: je trouvais les Américains énormes... Et puis je me suis adapté et j'ai réussi à me faire des tas d'amis. J'ai traversé tout le pays, de San Francisco à New York. L'Amérique, c'est vraiment immense.
François: Comment s'est passé votre retour en France?
Djamel: Je suis revenu à Paris... parce que la Terre est ronde. Je suis arrivé le 9 septembre sur le parvis de la cathédrale de Notre-Dame. Vous savez, ce voyage m'a beaucoup changé: je suis devenu bien plus tolérant.

13. Travaillez avec un(e) partenaire. Relisez le texte. Ensuite, **A** va poser les questions. **B** va essayer de donner (avec un peu d'aide, mais sans regarder le texte) les réponses de Djamel.

14. Choisissez trois endroits que Djamel a visités, et écrivez son journal de bord. Vous pouvez imaginer les détails.

Je suis arrivé ce soir à Istanbul, et je vais dormir cette nuit dans une mosquée.

Unité 21 — STAGE PRATIQUE

Votre établissement scolaire

La mairie de Paris prépare une exposition sur la vie scolaire dans différents pays. Une station de radio parisienne collabore à ce projet. On vous demande d'y participer.

À vous de décider du contenu du dossier. Nous aimerions recevoir des documents écrits et sonores, et vous proposons plusieurs sujets d'enquête.

15. Lisez les feuilles d'instructions envoyées par la mairie et les renseignements sur la vie scolaire en France. Préparez votre propre dossier.

Exposition sur la vie scolaire

Commencez votre dossier en donnant:
le nom de l'établissement
l'adresse de l'établissement
le nombre d'élèves
le nom du proviseur
Si possible, envoyez-nous une photo de l'établissement.

Lycée Jules Ferry
rue de la Réunion
75004 Paris
1 230 élèves

Proviseur: Madame Marie-Claude Jumin

● Le plan de l'établissement

Demandez un plan de votre établissement. (Il en existe peut-être au bureau d'accueil.) Traduisez les noms des bâtiments et des salles de classe en français.

Faites un enregistrement sur cassette d'une visite guidée de votre établissement.

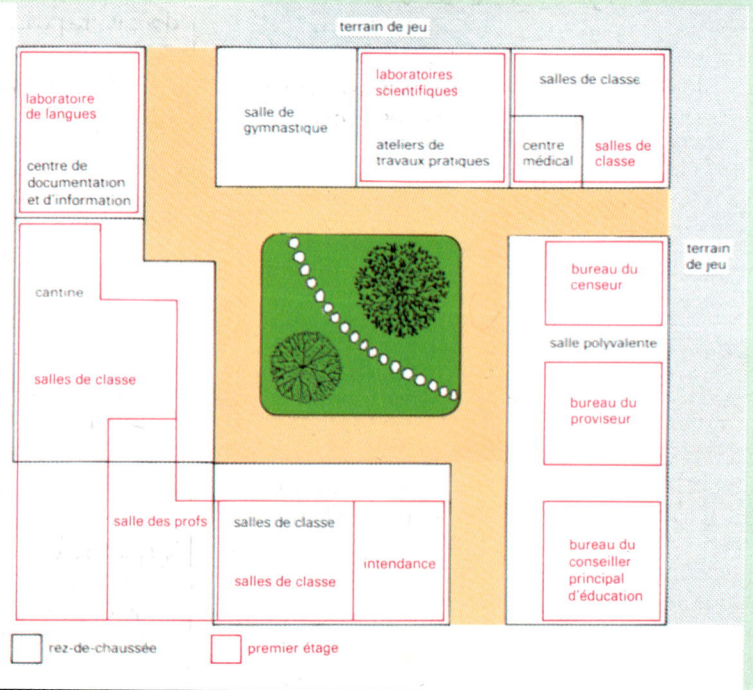

Plan:
- terrain de jeu
- laboratoire de langues
- centre de documentation et d'information
- salle de gymnastique
- laboratoires scientifiques
- ateliers de travaux pratiques
- salles de classe
- centre médical
- salles de classe
- cantine
- salles de classe
- bureau du censeur
- salle polyvalente
- bureau du proviseur
- terrain de jeu
- salle des profs
- salles de classe
- intendance
- bureau du conseiller principal d'éducation
- rez-de-chaussée
- premier étage

PAGE 176

Unité 21

• Le travail des professeurs

Vous pourriez ajouter une explication sur le travail de certains professeurs et d'autres employés de l'établissement. Demandez-leur: «En quoi consiste votre travail?» S'ils savent répondre en français, tant mieux. Sinon, vous traduisez...

> Voici des réponses obtenues par des élèves français:
>
> Le proviseur: «Je suis le patron de l'établissement!»
>
> Le censeur: «Je m'occupe de l'emploi du temps et de la répartition des salles. Et c'est moi qui dois organiser les transports scolaires.»
>
> Le conseiller d'éducation: «Je cherche à faire du lycée un lieu de vie et de travail agréable. J'essaie d'être à l'écoute des élèves. Mais je suis aussi responsable de la discipline.»
>
> L'intendant: «Je m'occupe de l'administration du lycée. Je prépare le budget.»

Donnez ce questionnaire à vos professeurs. (Traduisez-le si nécessaire.)

> Quel est le rôle du prof? Indiquez les trois réponses prioritaires.
>
> 1 Transmettre clairement des connaissances. ☐
>
> 2 Donner envie d'en savoir plus. ☐
>
> 3 Enseigner des méthodes plus efficaces. ☐
>
> 4 Assurer la réussite des examens. ☐
>
> 5 Aider les élèves en difficulté. ☐
>
> 6 Entretenir un climat de sympathie avec les élèves. ☐

• Les transports scolaires

Faites un sondage sur les transports scolaires.

> En France, environ deux élèves sur trois prennent le car pour aller à l'école. Les autres y vont:
> — à pied (21%)
>   — en voiture (9%)
>   — à vélo (8%)
>   — à vélomoteur (2%)
>   — en train ou en métro (0,25%)

Demandez aux élèves qui prennent le car ce qu'ils en pensent. Voici les réponses de deux élèves français:
«C'est long, c'est pénible et c'est énervant à cause des arrêts.» (Hervé) «Ça nous oblige à nous lever plus tôt que les autres. C'est crevant.» (Sophie)

• L'année, la semaine et la journée scolaires

Décrivez l'année, la semaine et la journée scolaires dans votre pays.

> Les élèves français travaillent 175 jours, pour 190 jours de congé.
> Ils n'ont pas cours le mercredi après-midi, mais ils ont parfois cours le mercredi matin et le samedi matin. La journée scolaire commence généralement à 8 h 00 du matin et se termine à 17 h 00. Chaque élève a normalement entre cinq et six heures de cours par jour.

• D'autres sujets d'enquête

les activités parascolaires
les équipements du lycée
la cantine scolaire
le sport au lycée
la mode au lycée
ce que les élèves et les profs
   savent de la France (Préparez un
   jeu-test.)

Unité 22

22 A Projets de vacances

— Alors, qu'est-ce que vous allez faire la semaine prochaine?
— Nous avons décidé de partir explorer les Pyrénées.

— Où est-ce que vous allez loger?
— On va passer la première nuit à l'auberge de jeunesse de Perpignan. Et puis après, on va faire du camping dans la région.

— Il y a du monde dans les auberges de jeunesse au mois de juillet. Il vaut mieux téléphoner pour réserver.
— Oh, ce n'est pas la peine.
— Bien sûr si tu veux passer la nuit dehors...

— Allô? C'est le père aubergiste? Nous aimerions réserver pour la nuit du 12 juillet... Pour deux personnes, deux garçons.

— Tu es sûr? Et Flora, elle ne vient pas?
— Arrête ça! Tu commences à m'énerver sérieusement.

— C'est à quel nom?
— Merlin. Laurent Merlin. On peut dîner à l'auberge?

— Il y a une cuisine où vous pouvez préparer vos repas. Mais surtout n'oubliez pas de faire la vaisselle. Le soir, l'auberge ferme à 23 heures. Le petit déjeuner est servi de 8 heures à 9 heures. Pendant la journée, l'auberge est fermée de 10 heures à 17 heures...
— Merci, monsieur. Au revoir.

Unité 22

— Oh là, là... Il est pas marrant, ce type ! Tu es sûr que tu veux y aller ?

— Bof ! Ils sont toujours comme ça dans les auberges de jeunesse. Mais si tu préfères, on peut aller au Hilton...

— Bon, on a besoin de quoi ? Une tente, des sacs de couchage, une casserole, un camping gaz, des allumettes, un canif...

— Bon, on a tout ça. Il nous manque seulement la tente. On va emprunter celle des voisins.

— Ils ont de la chance de partir en vacances.

— On pourrait aller passer une semaine dans le Midi, nous. Ça te dirait ?

— Oui, mais... euh... Ça coûte cher, le Midi. Je dois faire des économies en ce moment.

— Ce n'est pas un problème. On ira chez ma mère. Elle a une grande maison en Provence. Et je suis sûr que tu t'entendras bien avec elle.

What is this Unité all about?

MAIN TOPIC AREA making holiday plans

LANGUAGE TASKS
- find out about a region
- work out an itinerary for a holiday
- negotiate with someone about your preferences
- refer to a map
- make a youth hostel booking
- deal with holiday brochures and timetables

MAIN GRAMMAR POINT revision of future tense

Unité 22

Projets de vacances

Quelques semaines avant l'arrivée de Tom en France, Laurent pense à ce qu'ils feront pendant son séjour. Ils passeront une semaine ensemble à Paris et puis ils partiront pour le Midi de la France, où ils passeront une quinzaine de jours dans les Pyrénées. Regardez cette carte où l'on voit les activités de vacances qu'on peut faire en Pyrénées-Roussillon.

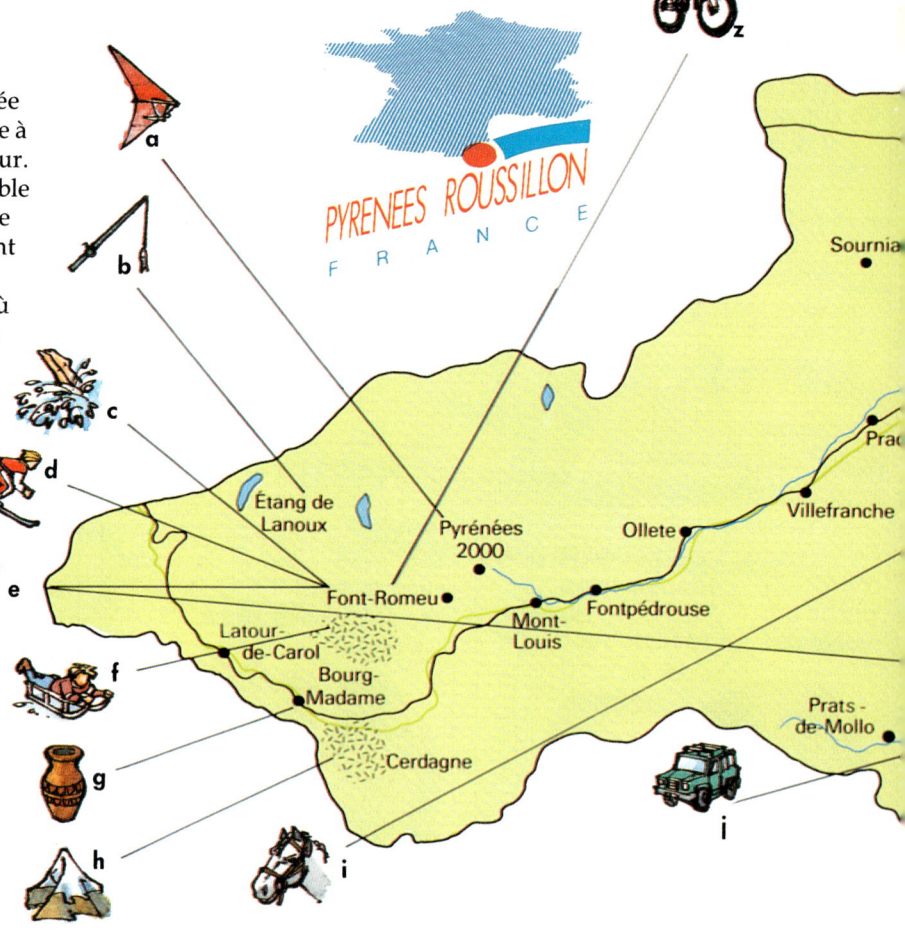

1. Essayez de faire correspondre les dessins (a–z) aux activités de la liste ci-dessous (1–26).

2. Classez les activités (1–26) sous ces trois rubriques:

Vacances artistiques et folkloriques	Vacances sportives	Vacances 'relax et détente'
3	1	2

En Pyrénées-Roussillon vous pourrez . . .

1. louer des vélos tout-terrain (V.T.T.)
2. prendre des bains de soleil sur des plages de sable propre
3. assister à des manifestations de folklore catalan
4. pêcher dans des lacs, dans des rivières ou en mer
5. découvrir la montagne en jeep
6. faire du ski (en été ou en hiver)
7. voir danser la sardane
8. visiter les nombreuses caves des vins du Roussillon
9. faire un stage de planche à voile
10. visiter des sites et monuments historiques
11. danser dans des discothèques et des boîtes de nuit de première qualité
12. monter à cheval ou à mulet
13. faire des promenades en mer
14. admirer des paysages magnifiques
15. assister à de nombreux concerts de musique classique
16. faire un stage de poterie
17. passer une soirée au casino
18. jouer au tennis

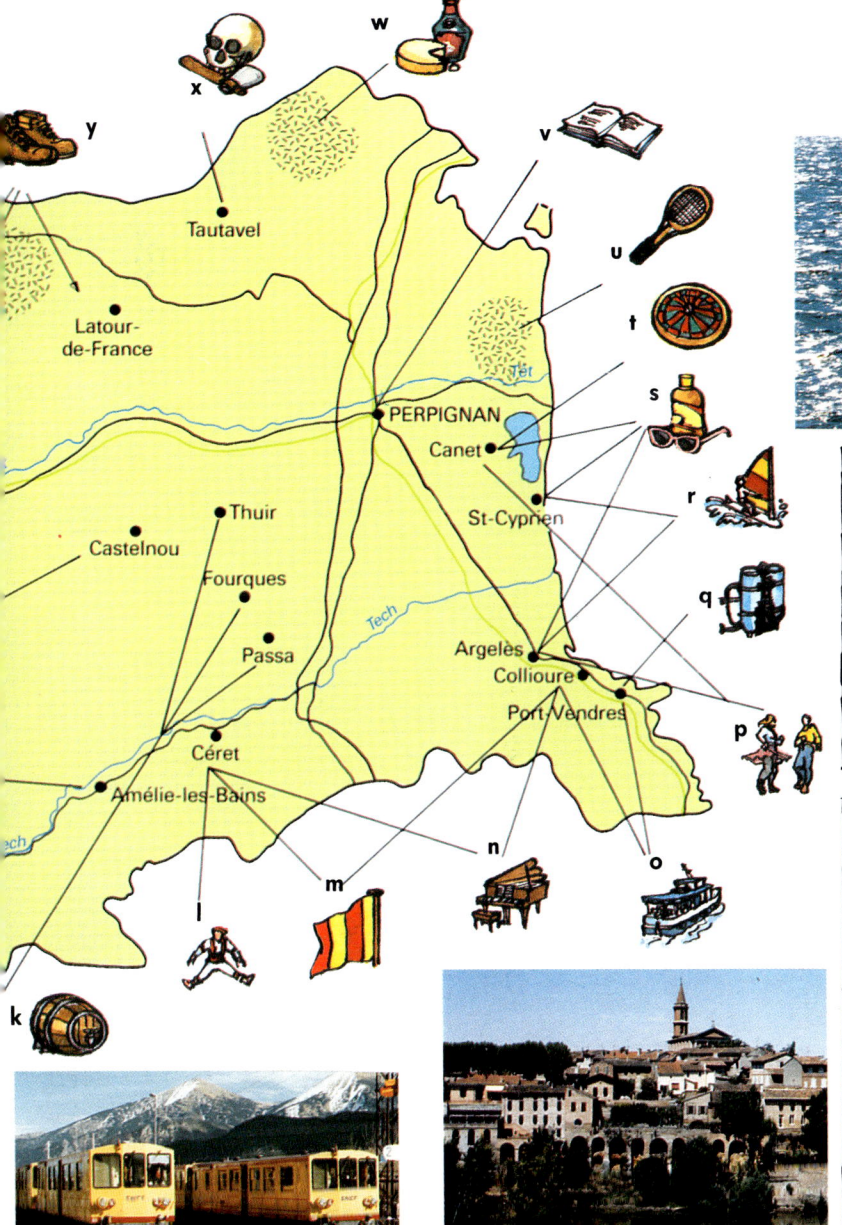

Unité 22

3. Laurent ne connaît pas très bien cette région. Son père la connaît bien et Laurent lui demande son avis. Écoutez leur conversation en regardant les dessins a–z. Trouvez les possibilités mentionnées par Monsieur Merlin. Notez les lettres qui conviennent.

4. Imaginez que vous aussi, vous avez l'intention de passer vos vacances en Pyrénées-Roussillon. Choisissez dans la liste cinq activités que vous voudriez faire par priorité, et trois que vous ne voudriez pas faire.
Puis, devinez les activités choisies par votre partenaire ou votre professeur. Gagnez un point pour chaque bonne réponse.

19 écouter des lectures de poésie catalane
20 pratiquer le vol libre
21 vous faire soigner dans des stations thermales
22 faire de la plongée sous-marine
23 nager dans des piscines olympiques, couvertes ou en plein air
24 goûter les nombreuses spécialités gastronomiques de la région
25 faire de la luge
26 faire des randonnées (guidées ou libres)

5. Étudiez bien, pendant trois ou quatre minutes, les activités qu'on peut faire dans les différentes villes du Pyrénées-Roussillon.

Travaillez avec un(e) partenaire. Décidez à pile ou face qui va commencer. Le gagnant ne regarde pas son livre. Son/Sa partenaire lui donne le nom d'une ville, et il/elle doit rappeler le nom d'une activité qu'on peut y faire. Par exemple: **A:** *Canet.* **B:** *À Canet, on peut prendre des bains de soleil.*

Comptez un point pour chaque bonne réponse. Après cinq villes, changez de rôle.

PAGE 181

Unité 22

6. Après sa conversation avec son père, Laurent fait quelques recherches sur la région Pyrénées-Roussillon. Puis il envoie des documents à Tom, accompagnés de ses suggestions et d'une cassette enregistrée. Tom note les suggestions de Laurent pour leur itinéraire.

Écoutez la cassette et complétez les notes de Tom (en anglais, dans votre cahier).

Pyrénées with Laurent
12 July (day 1) leave Paris for Perpignan (train)
13 July (day 2)

Horaire de trains — SUD-EST

Paris-Montpellier-Perpignan / Perpignan-Montpellier-Paris

On prendra le train, c'est plus rapide que les autocars... mais plus cher aussi!

J'écrirai pour réserver des lits.

Guide des Auberges de Jeunesse

Pau Pyrénées, Pau 2 km, 7 ap St Michel (1.1-31.12) ☎ 59065302.

Perpignan Parc de la Pépinière, Av. de Grande-Bretagne, 66000 Perpignan (Pyrénées-Orientales)
X: 20.12-20.1, 07.00-10.00 h, 18.00-23.00 h, 58, B.
(21.1-19.12) 1 km ☎ 68346332.

Plouguernevel Centre de Vacances de Kermarc'h, Plouguernevel, 22110 Rostrenen. 25 32F 30F (pe

On aura beaucoup de bagages... On pourra prendre un taxi pour aller de la gare SNCF à l'auberge de Jeunesse et pour aller à la gare routière.

Pour aller à la plage d'Argelès, on prendra le car numéro 44 à 8h15. On partira après le petit déjeuner.

Plan de Perpignan

Horaire des autocars — LIGNE 44 RETOUR — PERPIGNAN → CÔTE VERMEILLE

Circule	JO	JO	Quot.	JO	Quot. sauf 16/8	Quot. sauf 16/8	JO	Quot.	Quot. sauf 16/8	JO	JO	Quot. sauf 16/8	Quot. sauf 16/8	JO
Perpignan G.R.	7.00	8.00	8.15	11.00	—	11.10	12.10	14.15	—	16.00	17.00	17.30	—	18.10
Corneilla (R.N.)	7.15	8.15	8.30	11.15	—	11.20	12.30	14.35	—	16.15	17.15	17.50	—	18.35
Elne	7.20	8.20	8.35	11.20	—	11.25	12.35	14.40	—	16.20	17.20	17.55	—	18.40
Argelès-Ville	7.30	8.30	8.45	11.30	—	11.35	12.45	14.50	—	16.35	—	18.10	—	18.50
Argelès-Plage		8.40		1.40	10.40				15.05	16.50			18.50	19.00
Collioure	7.40	—	9.05	—	11.00	11.50	13.00	15.05	15.25	—	—	18.30	—	19.05
Port-Vendres	7.50	—	9.15	—	11.15	12.00	13.10	15.15	15.35	—	—	18.40	—	19.15
Paulilles	7.55	—	9.20	—	11.20	12.05	—	15.20	15.40	—	—	18.45	—	19.20
Banyuls	8.05	—	9.30	—	11.30	12.15	—	15.30	15.50	—	—	18.55	—	19.30
Peyrefite	—	—		—	11.45	—	—	—	16.05	—	—	—	—	19.40
Cerbère	—	—	9.45	—	11.50	—	—	—	16.10	—	—	—	—	19.45

Unité 22

Liste des campings

			Date ou période d'ouverture	Capacité en emplacements	Réservations	Accueil handicapés	Loc. de tentes ou de caravanes	Loc. de mobilhomes et H.L.L.	Branchement électricité	Branchement eau	Machines à laver le linge	Restaurant	Plats cuisinés	Bar ou Buvette	Alimentation	Ombrage	Chien accepté en laisse	Tennis	Piscine	Location de Planche à Voile	Garderie d'enfants	Change	Centre Nautique	Centre Equestre	Golf Miniature
66700 ARGELES SUR MER																									
★★★ NN	Camping La Roseraie R.N.114	68.81.17.03	T.A.	300	●	●		●	●	●	●	●	●	●	●	●	●	●	●	●	●	●	○	○	○
★★★ NN	PRL Le Bois Fleuri Route de Sorède	68.81.26.10 Télex 506 220 Fax 68 81 31 53	20.03/2.11	624																						
★★★	(Camping Le Neptune) Plage Nord	68.81.02.98	Pâques/15.09	180	●		●		●	●	●	●	●	●	○	●	●	○	●	○	●		○	○	○
★★★ NN	Camping Le Roussillonnais	68.81.10.42	15.04/15.10	710																						
★★★	Camping le Stade Avenue Général de Gaulle Cent		15.05/30.09	188																						
★★★	(Camping Les Cèdres) Route de Taxo-Plage Nord	68.81.03.82	01.06/30.09	170	●		●	○	●	●	●	●	●	●	●	●	○	●	○	●		●	○	○	○
★★★	Camping Les Criques de Porteils Route de Collioure	68.81.12.73	Pâques/30.09	230			●	●	●	●		●	●	●		●	●	○	●	○					
★★	Camping Comanges Centre Plage	68.81.15.62	01.06/30.09	100	●	●			●	●		●	●	●	●		●								
★★	Camping de la Plage Avenue Général de Gaulle Cent	68.81.12.17																								
★★ NN	Camping Les Peupliers 12, Rue Notre Dame de Vie	68.81.17.91	15.05/15.09	100	●	●		●						○			○			○				○	
★★	Camping Paris-Roussillon Zone Pujol – Rte de la Plage N	68.81.19.71	01.05/30.09	200	●	●		●	●	●	○	●	●	●		●	○						○	○

Les activités mentionnées se situent dans un rayon de 3 Km maximum.

● A l'intérieur du Camping
○ A l'extérieur du Camping

Je propose le Camping Le Neptune ou les Cèdres.

7. Tom étudie l'itinéraire de Laurent. Il veut suggérer quelques changements. Ses notes sont à droite.

Tom écrit à Laurent en français. Écrivez la lettre pour lui (ou si vous préférez, préparez une cassette enregistrée).

au lieu de	instead of
Si on prenait . . . ?	What about taking . . . ?
Si on passait quelques jours . . . ?	What about spending a few days . . . ?
Ne penses-tu pas que . . . ?	Don't you think that . . . ?
Pourquoi ne pas prendre/ rester . . . ?	Why don't we take/stay . . . ?
Nous ne pourrons pas . . .	We shan't be able to . . .
Il vaudrait mieux . . .	It would be better to . . .
À mon avis,	In my view/opinion,
Je pense que . . .	I think (that) . . .
Je préfère . . .	I prefer (to) . . .
J'aimerais mieux . . .	I would prefer (to) . . .

1. Take a later train – the youth hostel doesn't open till 6 pm!

2. 3 nights not 4 in Perpignan – my YHA book says you can only spend 3 nights in French youth hostels.

3. The 8.15 bus doesn't stop at Argelès-Plage. Take the 8 am instead.

4. I'd prefer the Camping Comanges: smaller, 2-star instead of 3, and right on the beach.

5. I'd prefer to do mountains first, at the start of hols and beach last!!

Unité 23

23 A Une proposition intéressante

— Le bus n'arrive pas. On va manquer le train.
— Il part à quelle heure?

— Je peux vous déposer à la gare?
— On va à la Gare de Lyon. Tu peux nous emmener?

— Allez! Montez! Tes bagages sont lourds, Laurent. Qu'est-ce que tu as là-dedans?
— Il a sa chaîne hi-fi et toute sa collection de cassettes.
— Tu exagères! J'ai trois ou quatre cassettes. C'est tout! On ne peut quand même pas partir en vacances sans musique...

— Allez! Bon voyage et bonnes vacances! Et... soyez bien sages!
— Bien sûr, papa!
— Merci, Monsieur Merlin.

— Mais vous me donnez un billet de deuxième classe. Je vous ai dit: première classe.
— Il en a encore pour longtemps, tu crois?

— Deux allers simples pour Perpignan en TGV, s'il vous plaît. Deuxième classe. Nous avons une carte Carrissimo.
— Ça fait 410 francs, plus 76 francs pour les réservations.

— C'est quel quai?

Trains au départ
10:10	8	MONTPELLIER	TGV
10:29	4	NICE	
10:30	5	MARSEILLE	
10:34	7		

← Accès

PAGE 184

Unité 23

What is this *Unité* all about?

MAIN TOPIC AREA	travelling by train
LANGUAGE TASKS	● buy train tickets ● find your way around station facilities ● deal with train timetables and fares
MAIN GRAMMAR POINT	revision of asking questions

Unité 23

En voyage: on prend le train

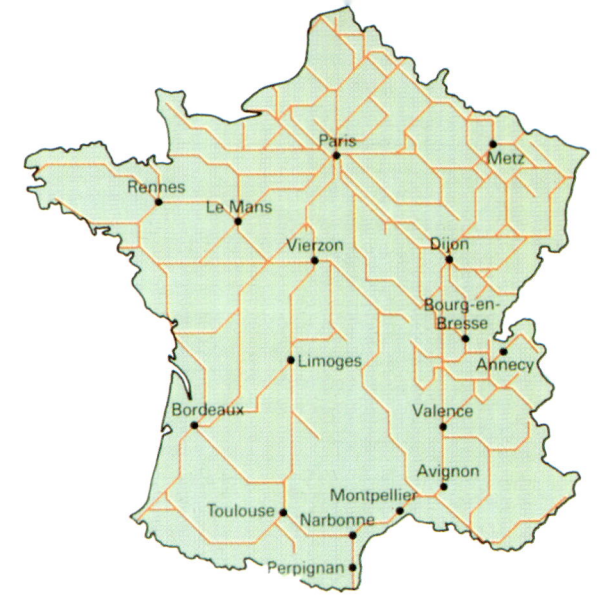

1.
Laurent et Tom, qui partent pour Perpignan dans quelques jours, vont dans une agence de voyages pour se renseigner sur leur voyage. Tom prend des notes, mais il fait deux petites erreurs. Pouvez-vous les trouver, en écoutant la conversation?

```
coach?
too long
Paris (Austerlitz)
Vierzon
Le Mans
Narbonne
Perpignan
```

```
Paris (Lyon)    10h10
Valence         13h40
Avignon         14h03
Montpellier
Narbonne
Perpignan
```

2.
Dans ce dialogue, il y a beaucoup de détails que Tom n'a pas notés. Écoutez la conversation encore une fois, et notez le maximum de détails possible sur les horaires, les prix (car et train), les suppléments à payer, etc.

3.
En sortant de l'agence, Tom et Laurent veulent être sûrs des détails de leur voyage . . . Travaillez avec un(e) partenaire.

A joue le rôle de Tom. À l'aide des notes prises dans l'agence, **A** confirme à Laurent (partenaire **B**) les détails du voyage. Mais inventez deux nouvelles erreurs: des erreurs de prix, d'horaire, ou d'itinéraire.

B joue le rôle de Laurent et écoute Tom (partenaire **A**), qui confirme les détails de votre voyage ensemble. Mais attention, il va faire deux erreurs de détail. À vous de les trouver et les corriger.

Nous allons prendre le train qui. . . .	We're taking the train which . . .
On nous a dit que . . .	They told us that . . .
Il part de Paris à . . . et il arrive à . . .	It leaves Paris at . . . and it arrives at . . .
Il quitte Paris à . . .	It leaves Paris at . . .
Le train passe par . . .	The train goes via . . .
Nous avons 50% de réduction . . .	We've got 50% reduction . . .
Ça va nous coûter . . .	It's going to cost us . . .
. . . par personne	. . . per person
. . . chacun	. . . each
aller simple/aller–retour	single/return
avec le supplément TGV	with the extra charge for the TGV

Unité 23

À la gare

4. À la Gare de Lyon à Paris, il y a deux jeunes filles qui vont prendre le même train que Laurent et Tom.

Regardez ces photos des services et installations à la Gare de Lyon. Écoutez la conversation des deux filles, et notez les numéros auxquels elles font référence.

5. Travaillez avec un(e) partenaire. Regardez bien toutes les photos sur cette page, avec leurs légendes. Ensuite, l'un(e) d'entre vous ferme son manuel et essaie de se rappeler toutes les installations de la Gare de Lyon qui figurent sur ces photos. L'autre aide et corrige. Ensuite, changez de rôle.

1. la salle d'accueil
2. la consigne 
3. le guichet des billets 
4. les distributeurs automatiques de billets 
5. le buffet 
6. le bureau des réservations et renseignements 
7. l'indicateur des arrivées 
8. l'indicateur des départs 
9. les fiches horaires 
10. le kiosque à journaux 
11. les composteurs 
12. les cabines téléphoniques  
13. l'ascenseur 

PAGE 187

La SNCF accorde des réductions sur le tarif normal à certains clients. Par exemple:

- la carte Kiwi* offre 50% de réduction sur le prix du billet pour un jeune de moins de 16 ans et pour la ou les personnes qui l'accompagnent (un au minimum, quatre au maximum).

- Carrissimo* offre 50% ou 20% de réduction sur le prix du billet aux jeunes de 12 à 25 ans, pour quatre ou huit trajets (selon la formule choisie). Avec Carrissimo, les jeunes peuvent voyager seul, à deux, trois ou quatre, en bénéficiant tous de la même réduction.

- Avec la carte Couple*, il y a 50% de réduction pour la deuxième personne figurant sur la carte.

* Renseignez-vous dans les gares.

6. Écoutez quatre personnes qui sont à la Gare de Lyon à Paris. Étudiez les horaires et les tarifs pour les services de train qui les intéressent. Ensuite, trouvez le détail qui manque dans les renseignements à droite, un pour chaque conversation.

1. Le prochain train part à . . . (à quelle heure?)
2. Le train arrive à . . . (à quelle heure?)
3. Ça fait . . . (combien de francs?)
4. Ça vous fait . . . (combien de francs?)

SUD-EST
Paris-Montpellier-Perpignan

★✗	★✗ (r)	★✗	★✗ (r)	★✗	★✗	★✗	
7 00	7 40	10 10	11 42	15 40	17 47	18 35	Paris-Gare de Lyon
	9 12						Le Creusot-TGV
10 08	10 51	13 04	14 38	18 33	20 46	21 32	Valence
	11 14	13 27			21 09		Montélimar
11 02	11 49	14 03	15 32	19 29	21 44	22 28	Avignon
11 28	12 20	14 31	15 57	19 58	22 10	22 58	Nîmes
11 59	12 46	14 57	16 22	20 25	22 36	23 24	Montpellier
12 16	13 26	15 53	17 30	22 19	23 00	0 54	Sète
12 43	13 53	15 35	17r59	22 44	23 25	1 22	Béziers
12 57	14 08	16 11	18r18	22 59	23 39	1 42	A Narbonne
13 34	14 43	17 09	18r54	23 40	0 13		A Perpignan

Tarifs 2e classe à partir de Paris—Gare-de-Lyon
Plus le Supplément TGV, 38 F

	aller simple	aller-retour
Le Creusot	190 F	380 F
Valence	270 F	540 F
Montélimar	288 F	576 F
Avignon	317 F	634 F
Nîmes	335 F	670 F
Montpellier	353 F	706 F
Sète	360 F	720 F
Béziers	378 F	756 F
Narbonne	385 F	770 F
Perpignan	410 F	820 F

Paris-Annecy-St-Gervais

★✗	★✗	(r)✗	★✗	★(a) ✗	★✗	
7 24	10 47	13 12	14 32	16 43	19 20	23 05	Paris-Gare de Lyon
9 20	12 48		16 32	18 45		3 47	Bourg-en-Bresse
10 25	13 52	16 06	17 42	19 48	22 21	5 13	Aix-les-Bains
11 01	14 50	16 43	18 18	20r24	22 57	6 19	Annecy
12 38	16 26	18 36	20 02	22 07	—	8 19	St-Gervais

	aller simple	aller-retour
Bourg-en-Bresse	222 F	444 F
Aix-les-Bains	260 F	520 F
Annecy	274 F	548 F
St-Gervais	299 F	598 F

Vous avez un train qui part à . . .	You've a train which leaves at . . .
. . . du matin	. . . in the morning
. . . de l'après-midi	. . . in the afternoon
. . . du soir	. . . in the evening
Le prochain train part à . . .	The next train leaves at . . .
Il n'y a pas de train pour . . .	There isn't a train to . . .
avant . . . heures	before . . . o'clock
C'est direct/C'est sans changement	It's a through train
Il passe par . . .	It goes via . . .
Il arrive à . . .	It arrives at . . .
Aller simple ou aller-retour?	Single or return?
Ça fait . . . /Ça vous fait . . .	That comes to/That will be . . .

7A. Travaillez avec un(e) partenaire.
A joue le rôle d'un(e) employé(e) de la SNCF. Des passagers viennent demander des renseignements et acheter des billets.
B: regardez en haut de la page 189.
Changez de rôle après trois conversations.

7B. Travaillez avec un(e) partenaire. **B** joue le rôle des passagers qui demandent des renseignements et achètent des billets de train. Voici les détails des trajets qu'ils désirent faire. Notez les heures et les prix, selon ce que dit votre partenaire.

A: regardez en bas de la page 188.

Changez de rôle après trois conversations.

1. St-Gervais / 2 aller-Retour / matinée

2. Nîmes / après-midi / carte Kiwi / 1 aller simple

3. Sète / matinée / 2 allers simples

4. Annecy / soirée / 2 aller-retour / carte Couple

5. Valence / après-midi / carte Carrissimo

6. Bourg-en-Bresse / soirée / 1 aller-retour

Pour aller à St-Gervais, s'il vous plaît.
Il y a un train dans la matinée?
                        dans l'après-midi?
                        dans la soirée?
C'est un train direct?
Il faut changer (de train)?

C'est combien au tarif normal?
               avec la carte Kiwi?
               avec la carte Carrissimo?
Il part/arrive à quelle heure?
Il part de quel quai?
Je voudrais un aller simple pour . . .
              deux aller-retour pour . . .

---

8. Travaillez avec un(e) partenaire.

A: choisissez une destination dans l'horaire à la page 188 et, sans regarder ce calendrier, une date pour votre voyage (entre le 1er juin et le 30 septembre). Choisissez aussi une des cartes en haut de la page 188. Demandez un billet à **B**.

B: trouvez le tarif normal pour le billet demandé (liste des tarifs, page 188). Ensuite, cherchez la date dans le calendrier, notez sa couleur et, selon les informations ci-dessous, calculez le prix du billet. (Jours rouges = plein tarif pour tout le monde!)

Ensuite, changez de rôle.

Réductions
Carte KIWI :
   50% en période blanche ou bleue
Carte CARRISSIMO:
   50% en période bleue
   20% en période blanche
Carte COUPLE :
   50% en période bleue, pour la 2ème personne
   (la 1ère personne voyage à plein tarif)

CALENDRIER VOYAGEURS
Choisissez vos meilleures dates de voyage et bénéficiez d'un maximum de réductions !

Unité 23

STAGE PRATIQUE

Organiser un voyage

C'est le dernier mois du stage. Pendant une semaine, vous allez visiter des succursales des Galeries Vendôme dans le sud-est de la France. Vous quittez Paris le lundi pour rentrer le dimanche.

9. Avec un(e) co-stagiaire vous allez visiter trois d'entre ces cinq succursales. Mettez-vous d'accord sur les trois villes que vous allez visiter, et décidez combien de jours vous allez passer dans chaque ville.

10. À l'aide de l'horaire de trains (à la page 188), planifiez votre itinéraire, et notez les billets de train que vous allez acheter, ainsi que leurs prix. Pour connaître le prix d'un trajet entre deux villes, calculez simplement la différence: par exemple, Nîmes–Montpellier coûte 18 F (353 F – 335 F = 18 F).

En France, le coût d'un trajet en train est calculé au kilomètre, donc le trajet Nîmes–Paris coûte le même prix que le trajet Paris–Nîmes. Vous avez 50% de réduction avec la carte Carrissimo.

Par exemple:

> lundi: départ de Paris à 7h00
> arrivée à Avignon à 11h02
> mardi: départ d'Avignon à 19h29
> arrivée à Nîmes à 19h58

> Un aller simple Paris–Avignon 317F
> 158,50F avec une Carrissimo
> Un aller simple Avignon–Nîmes 18F
> 9F avec une Carrissimo

Valence
Cathédrale romane
Fabrication de bijoux

Nîmes
Ruines romaines:
Arène (68–70 ans après J.C.)
Maison Carrée (4 ans après J.C.)
Équipe de football célèbre

Montpellier
Promenade du Peyrou
Jardin botanique
Cathédrale Saint-Pierre (14ème siècle)

Avignon
Pont
Festival de théâtre (au mois de juillet)
Palais des Papes (14ème siècle)

Perpignan
Culture catalane (on y danse la sardane)
Palais des Rois de Majorque (14ème siècle)
Cathédrale (14ème siècle)
À 15km de la mer

Paris, Gare de Lyon — Valence 617km
Valence — Avignon 125km
Avignon — Nîmes 49km
Nîmes — Montpellier 87km
Montpellier — Perpignan 116km

11. Rédigez les télécopies que vous envoyez à chacun des directeurs du personnel des trois succursales pour annoncer le jour et l'heure de votre arrivée.
Par exemple:

> Paris, le
> Destinataire:
> À l'attention de:
>
> Madame,
> j'arriverai à Avignon à 11h 02 le lundi 10 juillet. Je serai au magasin vers 11h 30.
> Veuillez agréer, Madame, l'expression de mes sentiments respectueux.

Le voyage

Unité 23

12. C'est lundi, le jour du grand départ. Choisissez tout d'abord vos rôles. Il faut:

- un(e) employé(e) de la SNCF pour vendre les billets
- un(e) employé(e) de la SNCF pour annoncer le départ des trains
- une personne pour faire fonctionner la pendule de la gare
- deux ou trois personnes pour préparer des cartes «retard» et jouer le rôle des directeurs du personnel des succursales des Galeries Vendôme
- un groupe de voyageurs

Préparation

a) Les voyageurs
Chaque voyageur fabrique son billet, comme sur l'illustration.

Départ PARIS Gare de Lyon
Arrivée VALENCE
aller simple Prix 270,00F

Tous les voyageurs donnent alors leur billet à l'employé(e) au guichet de la Gare de Lyon. Les voyageurs doivent arriver à la gare avant l'heure de départ de leur train pour acheter leur billet et se rendre sur le quai annoncé par l'employé(e) de la SNCF.

b) Les cartes «retard»
Le petit groupe d'élèves à s'occuper des cartes «retard» inventent des causes possibles de retard, pour les trains mais aussi pour les voyageurs.

CARTE RETARD
Nous regrettons de vous informer que le train à destination de Perpignan a une heure de retard.
Ce retard est dû ... à une grève du personnel
(à un problème technique)
(à une épidémie de grippe)

CARTE RETARD
Embouteillage sur le périphérique – retard d'une heure et demie.
(Panne de métro – retard de deux heures)

e) La pendule
La personne qui s'occupe de la pendule fait avancer l'heure.

f) Les cartes «retard»
S'il s'agit du retard d'un train, les élèves «retard» donnent la carte à l'employé(e) de la SNCF qui annonce le départ des trains.
S'il s'agit du retard d'un voyageur, les élèves «retard» donnent la carte au voyageur/à la voyageuse de leur choix (ou à deux voyageurs voyageant ensemble).

g) L'employé(e) de la SNCF annonce les départs
Il/Elle annonce le départ de chaque train (seulement pour la ligne Paris–Perpignan) au bon moment, en regardant la pendule. C'est le moment de lire les cartes «retard».

Le train pour Perpignan va partir du quai numéro neuf à sept heures.

C'est le départ!

c) Les voyageurs
Ils arrivent à la gare et se rendent au guichet pour acheter leur billet.

d) L'employé(e) de la SNCF
Il/Elle vend les billets au guichet en indiquant les prix.

Voici, madame, un aller simple Paris-Perpignan. Ça fait 110F, s'il vous plaît.

Pour finir

h) Les voyageurs et les directeurs du personnel
Si les voyageurs ratent leur train ou si le train a du retard, ils doivent téléphoner au directeur/à la directrice du personnel du magasin où ils devaient aller pour le/la prévenir. Ils devront peut-être demander de la monnaie ou faire la queue avant de pouvoir téléphoner de la cabine . . .

Unité 24

J'ai quelque chose à te dire...

— Nathalie. Je suis vraiment désolé. Excuse-moi.
— Ce n'est pas grave. Tu es toujours en retard ! J'ai l'habitude.
— J'ai eu un coup de téléphone de mon père. Je te raconterai plus tard...

— Voilà ! On est arrivés.
— Quelle belle maison !
— Julien, mon chéri. Comment vas-tu ? Nathalie, je suis très heureuse de faire votre connaissance. Julien m'a beaucoup parlé de vous...
— Voici votre chambre. Et la salle de bains est là. Je vous ai mis une serviette et du savon. Si vous avez besoin d'autre chose, n'hésitez pas.

— Nathalie, asseyez-vous là. Qu'est-ce que vous voulez boire ?
— Un jus de fruits, s'il vous plaît.
— Oh, super, toutes ces olives !
— Allez-y ! Servez-vous. Il y a aussi des cacahuètes.
— Alors, maman, ce voyage en Australie ? Ça s'est bien passé ? Les Australiens ont aimé tes céramiques ?
— Je crois, oui. En tout cas, l'Australie est un pays fantastique et je m'y suis bien amusée.

PAGE 192

Unité 24

Quelques jours plus tard, dans l'atelier d'Odile...
— Ce sont des assiettes marocaines, hein? Ta mère m'a parlé de ses deux années au Maroc.
— Nathalie, le Maroc t'intéresse?

— Écoute, Nathalie, j'ai quelque chose à te dire. Je t'aime et je veux vivre avec toi.

— Nathalie, est-ce que toi, tu...tu...?
— Bien sûr que je t'aime, Julien. Depuis le premier jour du stage.

— C'est fantastique! Écoute, Nathalie. Mon père m'a proposé d'aller travailler au Maroc. C'est une occasion extraordinaire. On ira ensemble.
— Quoi?

— Mais qu'est-ce qu'il y a?
— Et mes études? Elles ne sont pas importantes? Je dois tout laisser tomber?

Quelques heures plus tard...
— Elle est très gentille, Nathalie. Vous vous entendez bien, hein? Mais... qu'est-ce qu'il y a, Julien?
— Elle est partie. Elle est rentrée à Paris.

What is this *Unité* all about?

MAIN TOPIC AREA staying in someone's home

LANGUAGE TASKS
- offer to help
- ask where places and objects are in a house
- say you need soap, toothpaste, a towel
- invite someone to come in, to sit down
- thank someone for hospitality

MAIN GRAMMAR POINT use of *tu* and *vous*

PAGE 193

Unité 24

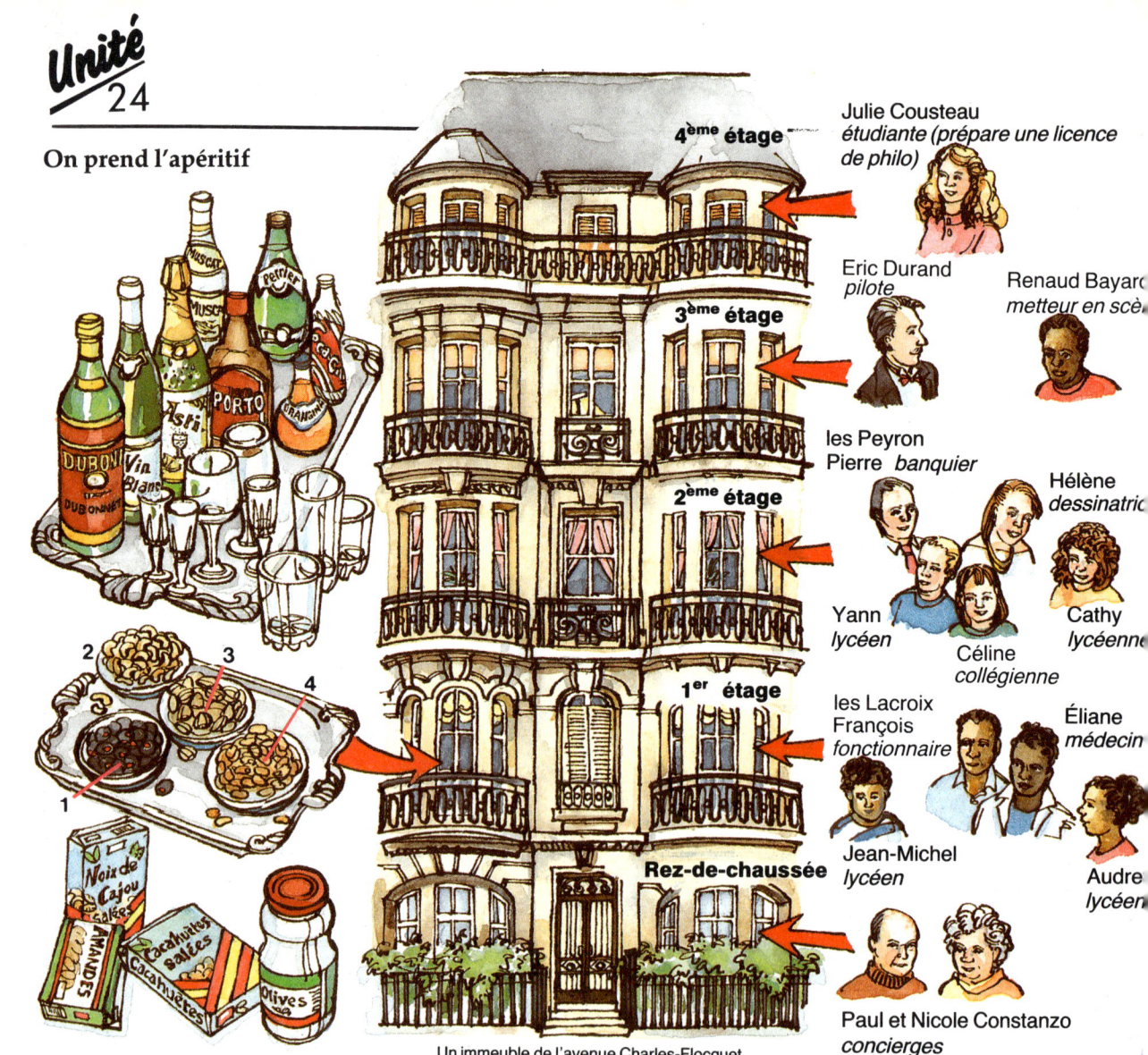

On prend l'apéritif

Un immeuble de l'avenue Charles-Flocquet

4ème étage — Julie Cousteau, *étudiante (prépare une licence de philo)*

3ème étage — Eric Durand, *pilote* ; Renaud Bayard, *metteur en scène*

2ème étage — les Peyron : Pierre *banquier*, Hélène *dessinatrice*, Yann *lycéen*, Céline *collégienne*, Cathy *lycéenne*

1er étage — les Lacroix : François *fonctionnaire*, Éliane *médecin*, Jean-Michel *lycéen*, Audrey *lycéenne*

Rez-de-chaussée — Paul et Nicole Constanzo, *concierges*

1. Une nouvelle famille, les Peyron, vient d'emménager dans l'immeuble. Les Lacroix ont invité tout le monde à prendre l'apéritif chez eux.

Avant d'écouter la cassette, faites une liste des noms de tous les habitants de l'immeuble. Puis écoutez la cassette et notez:

- qui ne vient pas et pourquoi
- qui est-ce qui boit quoi.

2. Faites correspondre les paquets avec leur contenu. Par exemple:
1 = des olives.

3. Travaillez en groupes. Imaginez un autre immeuble (à quatre étages, comme celui-ci), et les gens qui y habitent. Qui est-ce qui invite les autres à prendre l'apéritif chez lui? Inventez les conversations et jouez la scène.

Entre/Entrez
Assieds-toi/Asseyez-vous
Mets-toi là/Mettez-vous là
Il y a des . . ., sers-toi/servez-vous
Qu'est-ce que je t'offre/vous offre?
Qu'est-ce que tu veux/vous voulez boire?
Tu prendras/Vous prendrez . . .?
(x), s'il te/vous plaît
Avec plaisir/Volontiers

Unité 24

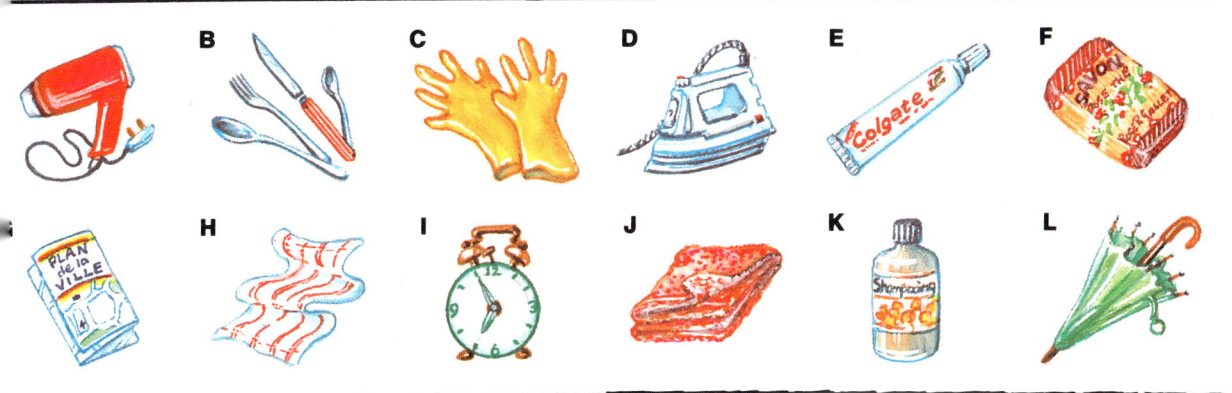

4. Lisez ces extraits de conversations et trouvez les lettres des objets dont on parle.

Emprunter des affaires
1. «Je peux utiliser le fer à repasser, s'il vous plaît?»
2. «Je peux emprunter un sèche-cheveux, s'il vous plaît?»
3. «Je peux emprunter un réveil, s'il te plaît?»
4. «J'ai oublié d'apporter du dentifrice. Je pourrais en emprunter?»
5. «J'ai oublié d'apporter du shampooing. Vous pourriez m'en prêter?»
6. «J'ai oublié d'apporter une serviette. Tu pourrais m'en prêter une?»
7. «Tu as besoin de savon? Il y en a dans. . .»
8. «Vous avez besoin d'un parapluie? Il y en a un dans. . .»
9. «Vous avez besoin d'un plan de la ville? Il y en a un dans. . .»

Donner un coup de main
10. «Je peux mettre la table?»
    «Oui. Les couverts sont dans. . .»
11. «Je peux faire la vaisselle?»
    «Oui. Il y a des gants en caoutchouc dans. . .»
12. «Je peux essuyer la vaisselle?»
    «Oui. Les torchons sont dans. . .»

5. Écoutez la cassette. Où se trouvent tous les objets? Faites correspondre chaque lettre (de A à L) avec un numéro (de 1 à 6 ci-dessous).

1 le placard sous l'évier
2 le tiroir de la cuisine
3 le placard de la salle de bains
4 le placard à linge
5 le tiroir de la commode
6 l'armoire

PAGE 195

Board game

1. « JE PEUX VOUS DONNER UN COUP DE MAIN? »
2. « TU PRENDRAS UN COCA? »
3. (image: kitchen)
4. « C'EST TRÈS GENTIL, IL Y A DES GANTS EN CAOUTCHOUC CÔTÉ DE L'ÉVIER, SI TU VEUX. »
5. « JE PEUX FAIRE LA VAISSELLE? »
6. « AH OUI, SI TU VEUX, LES COUVERTS SONT DANS LE TIROIR DE LA CUISINE. »
7. (image: dog)
8. (image: cupboard)
9. « ASSIEDS-TOI SUR LE CANAPÉ. »
10. « PRENDS DES OLIVES. »
11. (image: clock)
12. « J'AI BESOIN D'UN PLAN DE LA VILLE. »
13. « IL Y A EN A UN DANS LA TIROIR DE LA CUISINE. »
14. (image: armchair)
15. (image: door with fire extinguisher)
16. « JE PEUX ESSUYER LA VAISSELLE? »
17. GAFFE SOCIALE — Tu es arrivé trop tôt — 38 → 13
18. « QU'EST-CE QUE JE PEUX T'OFFRIR? »
19. « METS-TOI À CÔTÉ DE GRAND-MÈRE. »
20. « JE PEUX EMPRUNTER UN RÉVEIL, S'IL VOUS PLAÎT? »
21. « C'EST SYMPA. VOUS POURRIEZ RANGER LES JOUETS DE BRUNO? »
22. (image: Coca-Cola can)
23. (image: person on chair)
24. (image: Orangina bottle)
25. « JE PEUX VOUS AIDER? » — « VOLONTIERS. »
26. GAFFE SOCIALE — Tu as laissé tomber les olives — 13 ← 38
27. (image: iron in cupboard)
28. (image: chest with umbrella)
29. (image: plant)
30. (image: sink with gloves)
31. (image: bathroom sink)
32. « J'AI OUBLIÉ D'APPORTER DU SAVON. » — « IL Y EN A DANS LE PLACARD DE LA SALLE DE BAINS. »
33. (image: bowl of olives)
34. GAFFE SOCIALE — Tu as oublié le nom de ton hôtesse — 38 ← 13
35. « EST-CE QUE JE PEUX EMPRUNTER LE SÈCHE-CHEVEUX? » — « BIEN SÛR, IL EST DANS LE TIROIR DE LA COMMODE. »
36. « J'AI OUBLIÉ D'APPORTER DU DENTIFRICE. » — « IL Y EN A DANS LE PLACARD DE LA SALLE DE BAINS. »
37. (image: teddy bear and toys)
38. « Ce n'est pas grave. »
39. « J'AI BESOIN D'UNE SERVIETTE. » — « IL Y EN A UNE DANS LE PLACARD À LINGE. »
40. « C'EST GENTIL. JE VAIS EN VILLE, VOUS AVEZ BESOIN DE QUELQUE CHOSE. » — « JE VAIS TE DONNER UNE LISTE. »
41. « C'EST SYMPA. PEUX-TU DONNER UN COUP DE MAIN? »
42. (image: list/paper)
43. (image: iron)
44. (image: plant)
45. (image: dishes/sink)
46. (image: person vacuuming)
47. « J'AI BESOIN D'UN PARAPLUIE. » — « IL Y EN A UN DANS L'ARMOIRE. »
48. (image: ironing)
49. « C'EST TRÈS GENTIL. TU POURRAIS PASSER L'ASPIRATEUR. »
50. « C'EST SYMPA. TU POURRAIS DÉBARRASSER LA TABLE? »
51. « JE PEUX UTILISER LE FER À REPASSER? » — « BIEN SÛR, IL EST DANS LE PLACARD SOUS L'ÉVIER. »
52. « J'AI OUBLIÉ D'APPORTER DU SHAMPOOING. » — « IL Y EN A DANS LE PLACARD DE LA SALLE DE BAINS. »
53. « C'EST GENTIL. LES TORCHONS SONT DANS LE PLACARD SOUS L'ÉVIER. »
54. « DE L'ORANGINA, S'IL VOUS PLAÎT. »
55. « BIEN SÛR. PRENDS CELUI QUI EST SUR LA COMMODE. »
56. « C'EST TRÈS GENTIL, TU POURRAIS ARROSER LES PLANTES? »
57. « C'EST TRÈS GENTIL. TU POURRAIS PROMENER LE CHIEN. »

Unité 24

Le Jeu des bonnes manières

Il faut deux joueurs. Chaque joueur a besoin d'un pion.

Si **A** lance le dé et tombe sur la case 10 (qui est verte), c'est **B** qui doit parler, dans le rôle du maître/de la maîtresse de maison. **A** doit immédiatement aller à la case 33, où se trouvent les olives.

A et **B** lancent le dé à tour de rôle. Quand on arrive sur une case avec des mots entre guillemets (« »), le joueur qui a lancé le dé joue le rôle de l'invité(e), marqué en jaune. L'autre joueur joue le rôle du maître/de la maîtresse de maison, marqué en vert.

> 6 «JE PEUX METTRE LA TABLE?»
>
> «AH OUI, SI TU VEUX. LES COUVERTS SONT DANS LE TIROIR DE LA CUISINE.»

Par exemple, si **A** lance le dé et tombe sur la case 6, il/elle doit dire: *Je peux mettre la table?* **B** doit alors répondre: *Ah oui, si tu veux. Les couverts sont dans le tiroir de la cuisine.* **A** doit immédiatement aller à la case 8, où se trouve le tiroir de la cuisine.

Les cases «gaffe sociale»

Si un joueur (**A**, par exemple) tombe sur une des cases «gaffe sociale», il doit essayer de sauver la situation en présentant ses excuses avec beaucoup de charme et de politesse. Si **B** (le maître/la maîtresse de maison) estime que la situation est sauvée, il/elle donne à **A** la permission d'aller à la case 38. Mais si **B** estime qu'**A** n'a pas été assez charmant(e), **A** doit aller à la case 13.

> 26 GAFFE SOCIALE
> Tu as laissé tomber les olives. 38 ← 13

Le vainqueur est le joueur qui tombe juste sur la case 48. Le joueur qui dépasse 48 devra reculer du nombre de cases indiqué par le dé.

PAGE 197

Unité 25

Après la pluie, le beau temps

Il y a une fête au magasin pour marquer le départ des stagiaires. Nathalie et Julien sont là... séparément.

Nathalie, ma petite. Vous avez l'air si triste. Vous ne voulez pas nous quitter ?

Tu vas continuer tes études aux Arts Appliqués. Tu as de la chance. Je t'envie...

Taisez-vous. Lambert va faire un discours.

Tout d'abord, je voudrais remercier tous nos stagiaires et leur souhaiter bonne chance pour la suite...

... Et j'ai une bonne nouvelle. Cela concerne l'un des stagiaires. Il s'agit de mon fils. Julien part travailler à l'étranger. Mais il ne va pas nous quitter complètement. Bien au contraire. Il a décidé de faire carrière aux Galeries Vendôme. Il a accepté de nous représenter au Maroc.

Bon. Sa décision est prise. Je ne vais pas essayer de le faire changer d'avis. On s'est rencontrés au mauvais moment.

Papa, j'ai à te parler.

Oui, bien sûr, on a à discuter de beaucoup de choses.

Mais Nathalie, vous partez déjà ?

Oui. Au revoir, Madame Gaspard. Et merci pour tout.

Et si je partais avec lui... Mais non. Je regretterais toujours d'avoir abandonné mes études et je lui en voudrais...

PAGE 198

Unité 25

What is this *Unité* all about?

MAIN TOPIC AREA	future plans
LANGUAGE TASKS	• say what sort of education you are going to continue with, and where (school, college, university, etc.)
	• talk about the kind of job or career you would like to have, giving reasons
MAIN GRAMMAR POINT	the conditional tense

Unité 25

1. Trois anciens élèves de Madame Noëlle Vallier, institutrice, lui écrivent. Dans quel établissement se trouve chacun d'entre eux maintenant?

a) L'an prochain, je passe en seconde. On va avoir un emploi du temps beaucoup plus chargé. Ça m'inquiète un peu...

b) Je suis apprenti menuisier. J'ai de la chance, je travaille avec Roger. On dit que c'est le meilleur ouvrier de l'atelier.

c) Je passe le bac en fin d'année. Mais après le bac, je ne sais pas ce que je vais faire. Mon plus gros problème est que je ne sais pas quel métier m'attire.

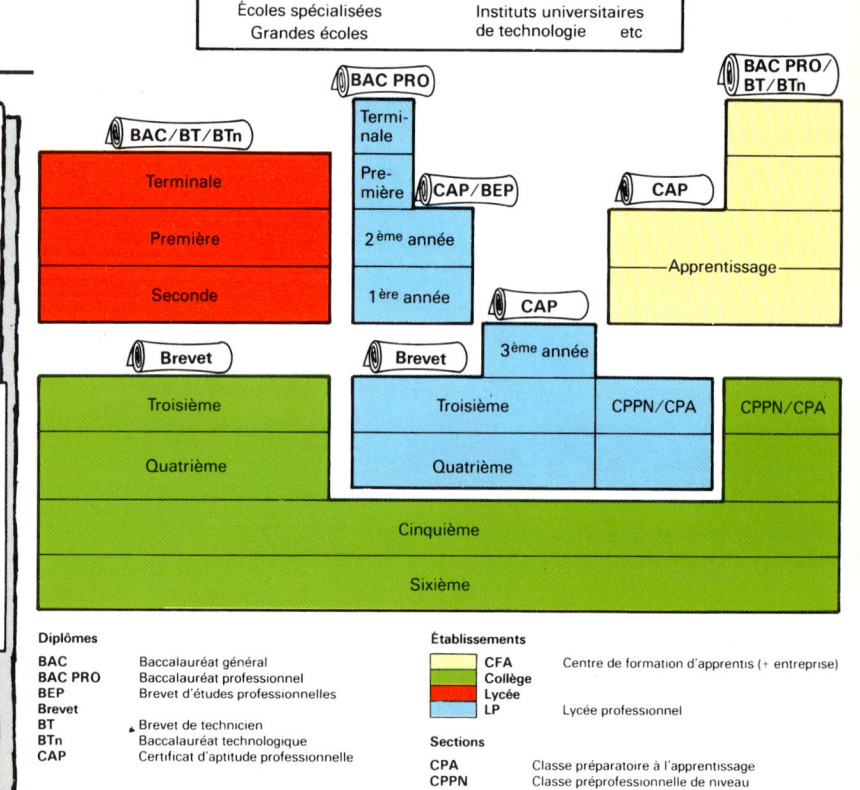

Universités / **Écoles spécialisées** / **Grandes écoles** — **Écoles d'Architecture** / **Instituts universitaires de technologie** etc

BAC/BT/BTn: Terminale, Première, Seconde
BAC PRO: Terminale, Première
CAP/BEP: 2ème année, 1ère année
CAP: 3ème année
BAC PRO/BT/BTn: Apprentissage
CAP: Apprentissage
Brevet: Troisième, Quatrième (Lycée)
Brevet: Troisième, Quatrième (LP), CPPN/CPA, CPPN/CPA
Cinquième
Sixième

Diplômes
- BAC — Baccalauréat général
- BAC PRO — Baccalauréat professionnel
- BEP — Brevet d'études professionnelles
- Brevet
- BT — Brevet de technicien
- BTn — Baccalauréat technologique
- CAP — Certificat d'aptitude professionnelle

Établissements
- CFA — Centre de formation d'apprentis (+ entreprise)
- Collège
- Lycée
- LP — Lycée professionnel

Sections
- CPA — Classe préparatoire à l'apprentissage
- CPPN — Classe préprofessionnelle de niveau

2. Six jeunes qui fréquentent la Maison des Jeunes de Saint-Denis ont fait une cassette qu'ils vont envoyer aux jeunes de Kilburn, Londres. Écoutez la cassette, et pour chaque jeune, notez:
- l'établissement où il/elle se trouve en ce moment
- le diplôme qu'il/elle prépare
- ses projets (s'il/si elle en a).

3. Les jeunes de Kilburn envoient une cassette aux jeunes de Saint-Denis. Trouvez la ou les phrases françaises qui convient/conviennent à chacun: notez les lettres d'abord.

a) Je vais quitter le lycée à la fin de la seconde.
b) Je vais faire un stage de formation.
c) Je vais rentrer en première.
d) Je voudrais entrer dans la vie active.
e) Je vais m'inscrire à la fac.
f) Je vais passer l'équivalent du bac, mais pas au lycée.
g) Je vais préparer trois matières pour l'équivalent du bac.
h) Je vais chercher un emploi.
i) Je vais m'inscrire dans un 'College of Further Education'.
j) Après l'équivalent du bac, je voudrais faire des études de médecine.
k) Je voudrais préparer un diplôme d'électricien.

Ensuite, rédigez une traduction française de la cassette pour envoyer à Saint-Denis. Par exemple: *Zoe va passer l'équivalent du bac, mais pas au lycée. Elle va s'inscrire dans un 'College of Further Education'.*

4. Travaillez en groupes. Préparez ensemble une cassette bilingue, où vous expliquez vos projets en français, avec la traduction anglaise aussi.

Unité 25

5. Dessinez cette roue dans votre cahier, mais n'y mettez pas les lignes bleue et rouge. (N'écrivez pas les phrases entières. Mettez *plein air*, *contact avec le public*, etc.) Puis fermez le manuel. Vous allez écouter un entretien entre Élodie et le conseiller d'orientation. Marquez d'une croix sur la roue les réponses d'Élodie. Liez les croix d'une ligne.

Ensuite, ouvrez le manuel. De quelle couleur est la ligne qui correspond aux réponses d'Élodie?

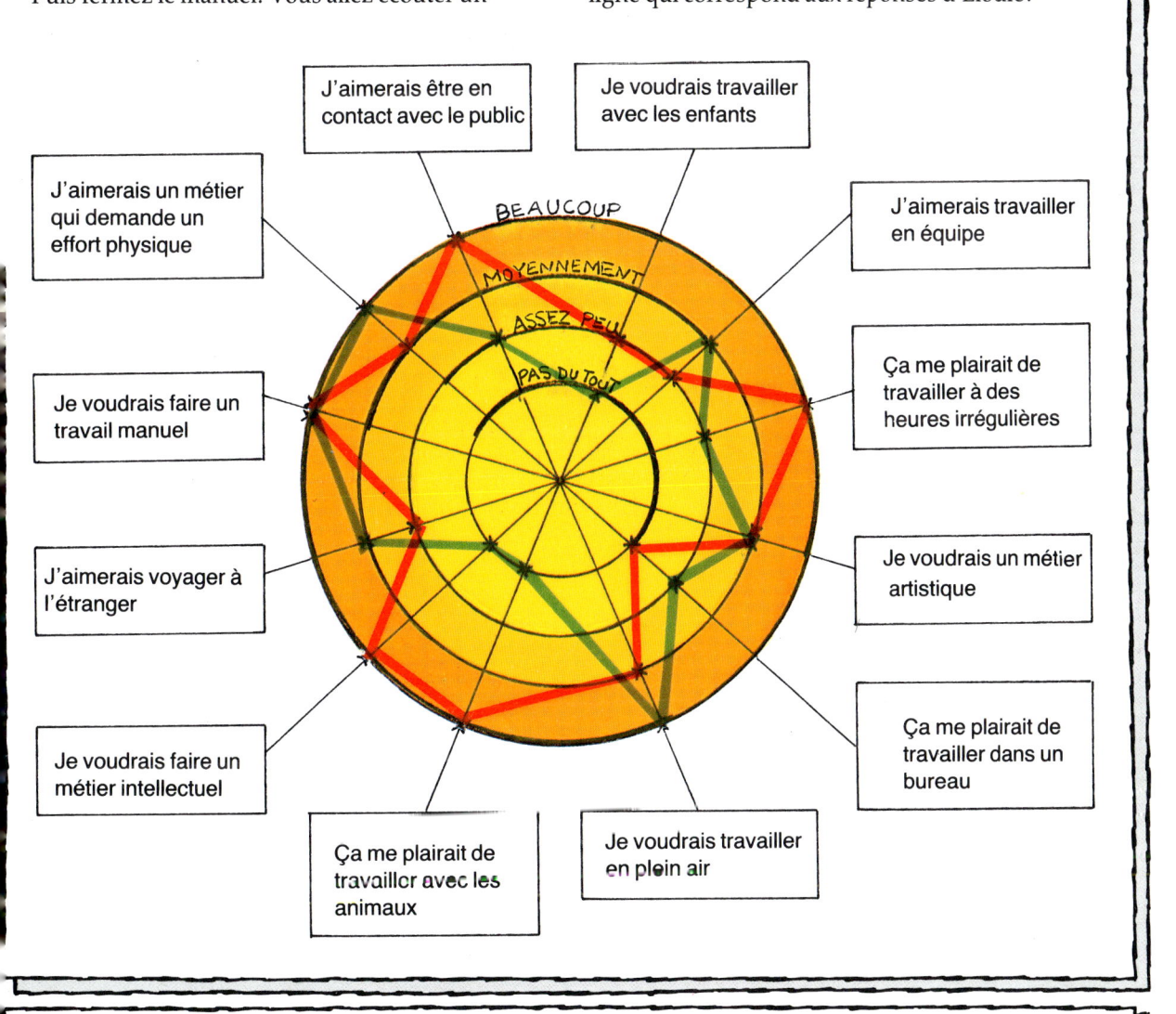

- J'aimerais être en contact avec le public
- Je voudrais travailler avec les enfants
- J'aimerais un métier qui demande un effort physique
- J'aimerais travailler en équipe
- Je voudrais faire un travail manuel
- Ça me plairait de travailler à des heures irrégulières
- J'aimerais voyager à l'étranger
- Je voudrais un métier artistique
- Je voudrais faire un métier intellectuel
- Ça me plairait de travailler dans un bureau
- Ça me plairait de travailler avec les animaux
- Je voudrais travailler en plein air

(BEAUCOUP, MOYENNEMENT, ASSEZ PEU, PAS DU TOUT)

6. Parmi les métiers suivants, lequel choisiriez-vous pour Élodie? Et pour l'autre personne dont on voit les réponses sur la roue?

- Journaliste
- Dessinateur/dessinatrice publicitaire
- Ingénieur
- Professeur
- Vétérinaire
- Comédien(ne)
- Photographe
- Maçon
- Boulanger/boulangère
- Pilote d'avion

7. Posez les douze questions à votre partenaire, et marquez ses réponses sur votre roue. Choisissez un métier qui lui conviendrait.

PAGE 201

Unité 25

Le journal Okapi offre des bourses aux jeunes qui proposent des projets intéressants.

Voici les huit finalistes. On va annoncer les cinq gagnants aujourd'hui....

8. Quel projet est-ce que le dessinateur a oublié de représenter?

9. Okapi offre cinq bourses (de 5 000F, 4 000F, 3 000F, 2 000F et 1 000F). À qui est-ce que vous les donneriez?

10. On va annoncer les cinq gagnants. Voici leurs noms:
Véronique Sellier, Nicolas Lanvier, Emmanuelle Colin, Fabien Guyot, Luisa Pérez.

Écoutez la cassette.
- Faites correspondre les noms et les projets.
- Est-ce que vous êtes d'accord avec la décision du jury?

11. Travaillez en groupes. Chaque membre du groupe écrit son projet:

Si je gagnais une bourse, je....

Ensuite, vous allez vous constituer en jury, et vous allez choisir les trois meilleurs projets. (On n'a pas le droit de voter pour son propre projet!)

A Si je gagnais une bourse, j'imprimerais un journal. Je l'appelerais "Tache d'encre." Tout l'argent obtenu grâce à la vente de ce journal serait envoyé au Burkina-Faso.

B Si je gagnais la bourse, je monterais un spectacle musical. Les répétitions ont déjà commencé.

C Si je gagnais une bourse, je restaurerais un clavecin du 18ème siècle. J'ai déjà consulté des experts.

D Si je gagnais la bourse, je construirais une rampe de skateboard et j'organiserais des rencontres européennes de skate.

E Si je gagnais la bourse, je finirais mon album de bande dessinée de 50 pages.

F Si je gagnais la bourse, je réaliserais un terrarium de tortues.

G Si je gagnais une bourse, je ferais une exposition pour protéger un oiseau migrateur, l'échasse blanche.

H Si je gagnais une bourse, je partirais en Tunisie, pour rencontrer ma correspondante tunisienne.

MINI-POINT LANGUE

To say what you **would do** if . . ., you need the **conditional** tense.
Use the future tense stem, and these endings:

j'ir**ais**   nous ir**ions**
tu ir**ais**   vous ir**iez**
il/elle/on ir**ait**   ils/elles ir**aient**

RÉUSSISSEZ !

1. Premier ingrédient de la réussite: y croire. Fermement. Répétez cette phrase: «Ça va marcher.»

2. Cherchez des alliés. Cherchez des gens qui vous disent: «Bravo!» plutôt que ceux qui crient: «Tu n'y arriveras pas.»

3. Fixez-vous des buts: «Demain je veux arriver là. Et la semaine prochaine, je veux arriver là.»

4. Suivez votre rhythme. Avant de gagner à Roland-Garros, les champions de tennis ont commencé par gagner (et perdre, aussi!) de petits tournois.

5. Redressez-vous! Après une déception, tenez-vous bien droit et dessinez-vous un sourire. Ça vous donnera du courage.

Le dernier mot:

«Je voudrais profiter au maximum de la vie, pour ne pas me dire un jour, quand je serai vieille, «Je n'ai pas vécu.»

Sophie, 16 ans

Unité 25 — STAGE PRATIQUE

Quel poste vous convient le mieux?

Le service du personnel des Galeries Vendôme propose aux employés de remplir des questionnaires à la fin de leur stage.

---

12. Notez vos réponses à cette fiche dans votre cahier, en discutant avec vos co-stagiaires.

Vous souhaitez travailler...

1. où?

Dans un laboratoire?
Dans un atelier?
Dans un bureau?
Sur le terrain?
Dans un magasin?
Dans une salle de classe?

2. avec qui?

Seul(e)?
En équipe?

3. à quel niveau de responsabilité?

Souhaitez-vous des responsabilités immédiates?
Êtes-vous prêt(e) à accepter une hiérarchie?
Voulez-vous commander?

4. dans quelles conditions?

Dans quel type d'entreprise (grande? petite?)
Avec quel salaire?
Quel temps de travail?
Avec ou sans déplacements?
Avec une bonne sécurité de l'emploi?
Dans votre région?
Dans un milieu jeune?

5. dans quel but?

Vous construire une carrière?
Obtenir une formation?
Faire un travail qui vous intéresse?
Avoir de quoi vivre?
Gagner beaucoup d'argent?
Exercer un certain pouvoir?

---

13. Le service du personnel propose aussi ce psycho-test. Notez vos réponses (a, b, c, etc.) dans votre cahier.

Test d'orientation

1. Dans quel environnement préféreriez-vous travailler?

(a) une usine
(b) une bibliothèque
(c) un atelier d'artiste
(d) un hôpital
(e) un bureau
(f) une banque

2. Dans quel(s) domaine(s) avez-vous des talents particuliers?

(a) les maths
(b) les sciences
(c) la musique ou le dessin
(d) les activités sociales
(e) convaincre les gens
(f) organiser

3. Quels sont vos caractéristiques personnelles?

(a) l'esprit pratique
(b) la curiosité
(c) l'imagination
(d) la générosité
(e) l'ambition
(f) la persévérance

4. Quels sont vos loisirs préférés?

(a) réparer de vieux objets (moto, appareil électrique, etc.)
(b) jouer aux échecs
(c) assister à des concerts ou des spectacles
(d) organiser des événements en groupe (pique-niques, sorties, etc.)
(e) faire du sport
(f) collectionner les timbres, les cartes postales, etc.

5. À quoi attachez-vous de l'importance?

(a) la famille
(b) le savoir
(c) les émotions fortes
(d) le bien-être des autres
(e) le pouvoir
(f) l'argent

Les dix-neuf qualités préférées des entreprises

14. À votre avis, quelles sont les qualités auxquelles les grandes entreprises attachent le plus d'importance? Classez ces qualités par ordre de priorité. Votre professeur pourra ensuite vous montrer l'ordre de priorité des entreprises.

- a) Ambition
- b) Capacité de commandement
- c) Capacité de travail en équipe
- d) Caractère stable
- e) Culture générale
- f) Disponibilité et souplesse
- g) Disponibilité pour les déplacements
- h) Diversité de formations
- i) Enthousiasme/ créativité
- j) Esprit d'analyse
- k) Esprit consciencieux
- l) Esprit d'initiative
- m) Expériences/stages
- n) Forte personnalité
- o) Goût du risque
- p) Organisation
- q) Puissance de travail
- r) Sens des contacts, communication
- s) Spécialisation

Résultats du test d'orientation

Si vous avez une majorité de (a), vous devriez faire un métier qui donne des résultats concrets: vous servir de machines, utiliser des outils (matériel de dentiste, pince de bijoutier, etc.), fixer, réparer, construire.

Si vous avez une majorité de (b), vous devriez faire un métier scientifique: résoudre des problèmes, analyser des résultats.

Si vous avez une majorité de (c), vous devriez faire un métier artistique: composer, écrire, créer, dessiner, être acteur ou actrice, décorateur ou décoratrice, etc.

Si vous avez une majorité de (d), vous devriez faire un métier qui vous donne l'occasion d'avoir des contacts humains: enseigner, expliquer, aider, résoudre des problèmes humains.

Si vous avez une majorité de (e), vous devriez faire un métier qui vous permet de prendre des risques et d'occuper une position de direction: acheter, vendre, animer, commander, etc.

Si vous avez une majorité de (f), vous devriez faire un métier qui exige de la concentration: tenir des comptes financiers, ranger, classer.

GLOSSARY

This glossary lists those words which appear in *Arc-en-ciel 4* which are not already familiar or easy to guess. It gives the meanings of the words as they are used in this book.

All words in blue are verbs. In most cases, only the infinitive of the verb is given. If you need to use a verb, it will help you to look it up in the *Arc-en-ciel* Grammar book.

The verbs which are marked with an asterisk (*) are those which form the *passé composé* (perfect tense) with être.

A

un(e) abonné(e) – subscriber
d'abord – first of all, at first
un abricot – apricot
un accélérateur – accelerator
accepter (de) – to agree (to)
les accessoires (m) – accessories
d'accord – all right, OK
être d'accord – to agree
un accord – agreement
accordez-vous (from s'accorder) – give yourself
un accueil – reception
accueillir – to greet, welcome
un achat – purchase
les achats (m) – shopping; customer service; sales
acheter – to buy
un acheteur/une acheteuse – buyer
acquérir – to gain
un acteur/une actrice – actor, actress
(bien) adapté(e) – (well) adapted
* s'adapter – to adapt
une addition – bill
additionner – to add up
un adjectif – adjective
administratif/administrative – administration
admis(e) (from admettre) – admitted, allowed
adolescent(e) – teenage
adorer – to love
aérien(ne) – air
un aéroport – airport
une affaire – business, matter
quelle affaire! – what a fuss!
les affaires (f) – business
les affaires personnelles (f) – personal belongings
l'affichage (m) – bill-posting
une affiche – poster
les affranchissements (m) – stamps, postage
affreux/affreuse – awful, dreadful
afin de – in order to
une agence de presse – press agency
une agence de voyages (et de tourisme) – travel agency

une agence immobilière – estate agent's
il s'agit de (from s'agir) – it is a question of
agité(e) – rough
un agneau – lamb
agréable – pleasant
agréer – to accept
agressif/agressive – aggressive
l'aide (f) – help
à l'aide de – with the help of
aider – to help
l'ail (m) – garlic
d'ailleurs – besides
aimable – pleasant
aimer – to love, like
j'aimerais (from aimer) – I should like
aîné(e) – older, eldest
l'aîné(e) – the oldest
ainsi de suite – and so on
ainsi que – as well as
avoir l'air – to look, seem
une aire de jeux – games hall
à l'aise – at ease
ajouter – to add
l'alcool à brûler (m) – methylated spirits
algérien(ne) – Algerian
l'alimentation (f) – food
l'Allemagne (f) – Germany
allemand(e) – German
l'allemand (m) – German (language)
* aller – to go
un aller – outward journey
un aller-retour – return ticket
un aller simple – single ticket
* aller chercher – to pick up, go to meet
une allergie – allergy
allez! (from aller) – come on!
un(e) allié(e) – ally
allongé(e) – lying
allumer – to switch on
une allumette – match
alors – well then, so
ça alors! – well!
une amande – almond
aux amandes – with almonds
un amateur – fan
une ambiance – atmosphere

une amende – fine
américain(e) – American
un(e) Américain(e) – American
l'Amérique (f) – America
l'ameublement (m) – furnishing
un(e) ami(e) – friend
d'amour – romantic (film)
amoureux/amoureuse (de) – in love (with)
amusant(e) – amusing
* s'amuser – to have a good time, enjoy oneself
un amuseur public – public entertainer
par an – per year
un an – year
un ananas – pineapple
les anchois (m) – anchovies
ancien(ne) – former; old
anglais(e) – English
en anglais – in English
un angle droit – right angle
un animal – animal
une animation – liveliness
les animaux (m) – animals
animé(e) – lively, busy
animer – to lead, encourage
une année – year
les années cinquante – the 50s
un anniversaire – birthday
une annonce – announcement
une annonce publicitaire – advertisement
annoncer – to announce, tell
annuler – to cancel
août – August
un apéritif – appetiser (drink)
à l'appareil – on the phone
un appareil – equipment, machine
un appareil-photo – camera
un appartement – flat
appartenir – to belong
un appel (téléphonique) – phone call
appeler – to call; to phone
* s'appeler – to be called
l'appendicite (f) – appendicitis
bon appétit! – enjoy your meal!
apporter – to bring

GLOSSARY

apprécier – to like
apprendre – to learn
apprenti(e) – apprentice
j'ai appris (from apprendre) – I learned
un approvisionneur – supplier
appuyer – to press
après – after
d'après – according to
un après-midi – afternoon
apte à – suitable for
une aptitude – skill
un(e) Arabe – Arab
l'arabe (m) – Arabic
un arbre – tree
un arbre fruitier – fruit tree
un arbre généalogique – family tree
archipénible – very difficult
archiplein(e) – very full
un(e) architecte – architect
une arène – arena
l'argent (m) – money
en argent – (made of) silver
une armoire – wardrobe; cupboard, locker
un arrêt – stop
un arrêt d'autobus – bus stop
arrêter – to stop
* s'arrêter – to stop
arrêtez-vous (from s'arrêter) – stop
les arrhes (f) – deposit
à l'arrière – at the back
ça arrive (from arriver) – these things happen
une arrivée – arrival
* arriver – to arrive; to happen
* (y) arriver – to get (there)
un arrondissement – district in Paris
arroser – to water
une artère – main road, thoroughfare
un artisan – craft worker
les Arts Appliqués (m) – Applied Arts
les arts de la table – tableware
les arts martiaux – martial arts
un as – ace
un ascenseur – lift
l'Asie (f) – Asia
un asile – old people's home
un aspirateur – vacuum cleaner
asseyez-vous (from s'asseoir) – sit down
assez – enough; quite
assieds-toi (from s'asseoir) – sit down
une assiette – plate
une assiette à dessert – dessert plate
une assiette anglaise – plate of cold meats
assis(e) – sitting
assister à – to go to
une assurance-retraite – pension plan
une assurance-vie – life insurance
les assurances (f) – insurance
assurer – to assure

* s'assurer – to make sure
l'astrologie (f) – astrology
un(e) astrologue – astrologer
un atelier – workshop
l'athlétisme (m) – athletics
attacher – to fasten
un attaquant – attack (in football)
attendre – to wait (for)
attention! – be careful!
faire attention – to be careful
attentivement – carefully
attirer – to attract
attraper – to catch
l'aube (f) – dawn
une auberge – inn
une auberge de jeunesse – youth hostel
aucun(e) – no, not one
au-dessous de – below
aujourd'hui – today
tu auras (from avoir) – you will have
aussi – also; as
aussi . . . que (possible) – as . . . as (possible)
australien(ne) – Australian
autant de – as much, as many
un autocar – coach, bus
une auto-école – driving school
en automne – in Autumn
l'automne (m) – Autumn
automobile – car, motor
un(e) automobiliste – driver
une autoroute – motorway
autour de – around
autre – other
autre que – apart from
d'autre – else
l'autre – the other
autrichien(ne) – Austrian
auxquels/auxquelles – to which
un avaleur de feu – fire-eater
à l'avance – in advance
avant – before, previously
avant de – before
avec – with
l'avenir (m) – future
une averse – shower
un avion – aeroplane
un avis – opinion
à mon avis – in my opinion
un avocat – avocado pear
un(e) avocat(e) – lawyer
avoir – to have
avoir l'air – to look, seem
avoir besoin (de) – to need
avoir confiance (en) – to have confidence (in)
avoir de la chance – to be lucky
avoir le droit (de) – to have the right (to)

avoir faim – to be hungry
avoir l'intention de – to intend to
avoir lieu – to take place
avoir raison – to be right
avoir sommeil – to be sleepy
avril – April
n'ayez pas (from avoir) – don't have
aztèque – Aztec (from Mexico)

B

le babyfoot – table football
le bac – advanced level exam
les bagages (m) – luggage
la baguette – French loaf
* se baigner – to swim
le bain – bath
le bain de soleil – sunbathing
baisser – to lower
Balance – Libra
la balance – scales
le ballon – ball
le ballon de football – football
la bande dessinée – cartoon, picture story
la banlieue – suburbs
la banque – bank
le banquier – banker
bas(se) – low
en bas (de) – at the bottom (of); below
les bas (m) – stockings, socks
basculer – to roll over
à base de – with a basis of
le basket – basketball
les baskets (f) – trainers
la bassine – pan
en bateau – by boat
le bateau – boat
le bâtiment – building
le bâton – stick; ski pole
la batterie – battery
* se battre – to fight
bavard(e) – talkative
beau/belle – good-looking
beaucoup (de) – very much, a lot (of)
le beau-frère – brother-in-law
le beau-père – father-in-law
le bébé – baby
la Belgique – Belgium
Bélier – Aries
avoir besoin (de) – to need
bête – stupid
la bêtise – stupid act
le beurre – butter
la bibliothèque – bookcase; library
bien – well; really; good; very
bien à toi – yours
c'est bien ça – that's right
ou bien – or else
le bien-être – welfare

GLOSSARY

bien sûr – of course
bientôt – soon
(la) bienvenue – welcome
la bière – beer
le bijou – jewel
la bijouterie – jewellery
le bijoutier/la bijoutière – jeweller
bilingue – bilingual
le billard – billiards
le billet – ticket
le billet de train – train ticket
bizarre – strange, odd
blanc/blanche – white
le blanc – gap
le/la blessé(e) – injured person
* se blesser – to be injured
bleu(e) – blue
bleu(e) marine – navy blue
le bleu (de Bresse) – blue cheese
blond(e) – fair-haired
blondir – to bleach
le blouson – jacket
le bœuf – beef
boire – to drink
le bois – wood
la boisson – drink
la boîte – tin, box; punnet
la boîte de conserve – tin of food
la boîte de nuit – nightclub
le bol – bowl
la bombe – bomb
bon/bonne – good; right, correct
ah bon? – really?
bon appétit! – enjoy your meal!
le bonbon – sweet
(faire) bonjour – (to say) hello
le bonnet – wooly hat; ski cap
au bord de la mer – at the seaside
botanique – botanical
la botte – boot
la boucherie – butcher's shop
la boucle d'oreille – earring
bouclé(e) – curly
bouger – to move about
bouillant(e) – boiling
la boulangerie – baker's shop
la boule – scoop (ice cream); ball
bouleversé(e) (from bouleverser) – upset
la boum – party
la bourse – grant
au bout de – after
le bout – end
la bouteille – bottle
la boutique – shop
la boutique mariage – wedding shop
le bouton – button
braisé(e) – braised
le bras – arm
bref/brève – short

le bricolage – DIY
bricoler – to do jobs round the home
la brochure – leaflet
bronzé(e) – suntanned
la brosse à dents – toothbrush
le brouillard – fog
de brouillon – rough (paper)
le bruit – noise
la brûlure – burn
brun(e) – dark-haired
le buffet – sideboard
la bulle – bubble
le bulletin – report, journal
le bulletin du magasin – in-house magazine
le bulletin météorologique – weather forecast
le bureau – office
le bureau de change – bank
le bureau de poste – post office
le bureau de réception – reception desk
le bureau de renseignements – information office
le but – goal; aim
buvez (from boire) – drink

C

ça – that
ça alors! – well!
ça y est! – that's it!
c'est bien ça – that's right
le cabas – shopping basket
la cabine – changing room
la cabine téléphonique – phone booth; payphone
le cabinet – office
la cacahuète – peanut
caché(e) – hidden
cacher – to hide
le cadeau – gift
le cadre – manager
le café – coffee
le café au lait – white coffee
le cahier – exercise book
le caissier/la caissière – cashier (at checkout)
calculer – to work out
le calendrier – calendar
calmement – calmly
le/la camarade – friend; comrade
le/la camarade de classe – classmate
le caméscope – camcorder
le camion – lorry
le camion de livraison – delivery lorry
à la campagne – in the country
la campagne publicitaire – publicity campaign
la campanule – campanula (flower)
canadien(ne) – Canadian
le canapé – sofa

le canard – duck
Cancer – Cancer
le canif – penknife
la canne à pêche – fishing rod
la cannette – can
le canoë-kayak – canoeing
la cantine – school canteen, dining room
en caoutchouc – (made of) rubber
le caoutchouc – rubber
la capacité de commande – ability to lead
le capot – bonnet (of car)
en car – by coach/bus
le caractère – character
caresser – to stroke
le carnet – book (of tickets); notebook
le carnet de stage – work notebook
le carrefour – crossroads
carrément – firmly
la carrière – career
le cartable – school bag
la carte – card; map
la carte de crédit – credit card
la carte d'embarquement – boarding card
la carte de visite – visiting card
la carte-jeune – student travel card
la carte postale – postcard
la carte routière – road map
en carton – (made of) cardboard
la cartouche – refill
en tout cas – in any case
le cas – case
la case – box
le casque – helmet
casser – to break
la casserole – saucepan
la cassette vidéo – video cassette
le cassis – blackcurrant
catalan(e) – Catalan (from northern Spain)
le catalan – Catalan (language from northern Spain)
catastrophique – disastrous
la catégorie – type
la cathédrale – cathedral
catholique – Catholic
le cauchemar – nightmare
la cause – reason
le cavalier – horse rider
la cave – cellar
ce – this; it
ce/cet/cette/ces – this, these
ce que – what/which; that
ce qui – what/which; that
c'est – it is
c'est-à-dire – that is
c'est ça? – is that it?
ceci – this
céder le passage – to give way
le cèdre – cedar tree
la ceinture – belt
la ceinture de sécurité – seat-belt

GLOSSARY

la ceinture noire – black belt
cela – that
célèbre – famous
celle (que) – the one (which)
celles (f) – those
celui/celle – the one, that one
le censeur – deputy/vice principal
cent – hundred
le centre commercial – shopping centre
le centre de documentation et d'information – resources centre
le centre d'informations – information centre
le centre d'informatique – computer centre
le centre médical – medical room
centre-ville – town centre
le cèpe – type of mushroom
cerise – cherry (-red)
certains d'entre eux – some of them
le César – French film award (Oscar)
ceux (m) (qui) – those (who)
chacun(e) – each one
la chaîne – chain
la chaîne de montagnes – mountain range
la chaîne-stéréo – stereo
la chaise – chair
la chaleur – heat
la chambre (à coucher) – bedroom, room
le champignon – mushroom
le championnat – championship
la chance – luck
bonne chance! – good luck!
le chandelier – candlestick
le changement – change
changer – to change
changer d'avis – to change one's mind
changer de rôle – to swap roles
la chanson – song
chanter – to sing
le chanteur/la chanteuse – singer
le chapeau – hat
chaque – each
le charbon barbecue – charcoal
la charcuterie – delicatessen
chargé(e) – heavy
chargé(e) de – in charge of
le chariot – supermarket trolley
le charme – charm
le charmeur de serpents – snake charmer
la chasse (à) – hunt (for)
chasser – to hunt, catch
le chat – cat
le château – castle
le château-fort – fortified castle
la chatière – cat-flap
chaud(e) – warm; hot-blooded
chaudement – warmly
le chauffage – heating
chauffer – to overheat
le chauffeur – driver
le chauffeur de camion – lorry driver
le chauffeur de taxi – taxi driver
à chaussée unique – single-track (road)
la chaussette – sock
le chausson de danse – dancing pump
la chaussure – shoe
la chaussure de ski – ski boot
chauve – bald
le chef – head (of department)
le chef de cuisine – chef
le chemin – way, path
la chemise – shirt
le chemisier – shirt, blouse
le chenil – kennels
cher/chère – expensive; dear, beloved
chercher – to look for; to fetch
le chergui – hot, dry wind (in Morocco)
chéri(e) – dear
le cheval – horse
les chevaux – horses
les cheveux (m) – hair
la chèvre – goat
chez lui – to/at his house
chez toi – to/at your home
le/la chien(ne) – dog, bitch
le chien de traîneau – husky (dog)
le chiffre – figure, statistic
le chiffre de commande – order number
en chignon – (hair) in a roll
la chimie – chemistry
chimique – chemical
la Chine – China
le/la Chinois(e) – Chinese
les chips (m) – crisps
le choc – shock
le chocolat chaud – hot chocolate
choisir – to choose
choisis/choisissez (from choisir) – choose
le choix – choice
choquer – to shock
la chorale – choir
la chose – thing
le chou – cabbage
mon chou – darling
chouette! – great!
le chou-fleur – cauliflower
chut! – hush!
ci-dessous – below
ci-dessus – above
le cidre – cider
d'une cinquantaine d'années – about fifty years old
le circuit – tour
circulaire – round (trip)
la circulation – moving around
le cirque – circus
la citation – quotation
le citron – lemon
le clafoutis – cherries in batter
clair(e) – clear, light (of colour)
classer – to classify; to list
classique – classical
le clavecin – harpsichord
la clé de contact – ignition key
un(e) client(e) – customer
le clignotant – indicator
le climat – climate
la clinique – hospital
le code de la route – highway code
le cœur – heart
par cœur – by heart
le coffre – safe
* se coiffer – to do one's hair
le coiffeur/la coiffeuse – hairdresser
le coin – corner
coincé(e) – stuck
en colimaçon – spiral
le colis – parcel
collaborer – to contribute to
le collant – tights
le collant de danse – leotard
la colle – glue
collectif/collective – team
le/la collégien(ne) – school student
le/la collègue – colleague
le/la collègue de bureau – work colleague
le collier – necklace
la colonne – column
le coloris – colour
combien (de) – how much, how many
combiné(e) – combined
le/la comédien(ne) – actor/actress
le comité – committee
la commande – order
commander – to order
les commandes (f) – controls
comme – like
comme ça – so; like that
(en) commençant par (from commencer) – beginning with
commencer (à) – to begin (to)
commencer par – to begin by, start by
comment – how
comment faire – what to do
comment va (from aller) . . .? – how is . . .?
le commentaire – account; commentary
le commerce – trade; business studies
commettre une erreur – to make a mistake
le commis – clerk
le commissariat – police station
la commission – message
la commode – chest of drawers
la compagnie – company
comparer – to compare
la compétence linguistique – skill in languages
complet/complète – full
complètement – completely
compléter – to complete; to fill in

PAGE 209

GLOSSARY

compliqué(e) – complicated
le comportement – behaviour
composer – to dial (a number)
composter – to punch (a ticket)
le composteur – ticket puncher
comprendre – to understand; to include
compris(e) (*from* comprendre) – included
la comptabilité – accounts
le compte – bank account
le compte d'épargne – savings account
compter – to count (on); to intend
* se concentrer – to centre on
le/la concierge – caretaker
le concours – competition
le/la concurrent(e) – rival, competitor
la condition physique – physical condition
conduire – to lead; to drive
la confection enfant – children's wear
la confection femmes – ladies' fashions
la confection hommes – menswear
la confection sport – sportswear
la confiance – confidence; trust
avoir confiance (en) – to have confidence (in)
la confiture – jam
la confiture d'oranges – marmalade
confondre – to mix up, confuse
le confort – comfort
le congé – holiday
le congélateur – freezer
la connaissance – acquaintance; consciousness
faire la connaissance de – to meet
(ils) connaissent (*from* connaître) – (they) know
connaître – to know, get to know
* se connaître – to know each other
connu(e) (*from* connaître) – well-known
conquis(e) (*from* conquérir) – won over
consacré(e) à – featuring; given over to
consciencieux/consciencieuse – conscientious
le conseil – advice
conseiller – to advise
le conseiller d'orientation – careers adviser
le conseiller principal d'éducation – director of studies
par conséquent – consequently, therefore
la consigne – left-luggage office
constitué(e) de – made up of
* se constituer – to form
le constructeur automobile – car assembly worker

construire – to build
construit(e) (*from* construire) – built
contacter – to get in touch with
les contacts humains (*m*) – getting on with people; dealing with people
contenir – to contain
content(e) – happy, satisfied, pleased
le contenu – contents
le conteur – storyteller
continuer – to continue
bien au contraire – just the opposite
le contraire – the opposite
le contrat – contract
par contre – on the other hand
convaincre – to convince
convenable – suitable
convenir – to agree, be appropriate, be suitable
(qui) convient (*from* convenir) – (which) is right, suits you
convoqué(e) – invited, called (for an interview)
les coordonnées (*f*) – details; coordinates
le copain/la copine – friend
le coquelicot – poppy
la corbeille à pain – bread basket
correspondant(e) (*from* correspondre) – corresponding
un(e) correspondant(e) – penfriend
correspondre (à) – to go with, match
corriger – to correct
la corvée – chore
un(e) co-stagiaire – someone else on work experience
faire correspondre – to link up
le costume – suit
le costume de marin – sailor suit
à côté – next door
à côté de – next to, beside
la côte – coast
le côté – side
la cotisation – membership
en coton – (made of) cotton
* se coucher – to go to bed
le coude – elbow
la couleur – colour
le couloir – corridor
le coup de fil – phone call
le coup de main – helping hand
le coup de peigne – combing
coupable – guilty
la coupe (du monde) – (world) cup
couper – to cut
le coupon de commande – order form
bon courage! – good luck!
courageux/courageuse – brave
couramment – fluently
courant(e) – common
en courant (*from* courir) – running

le coureur/la coureuse – runner
courir – to run
le courrier – mail, post
le cours – lesson
la course (de chevaux) – (horse) race
la course à pied – running
la course automobile – car race/racing
les courses (*f*) – shopping
court(e) – short
le court de . . . – (sports) ground
le couscous – couscous (North African dish)
le coussin – cushion
le coût – cost
le couteau – knife
coûter – to cost
la couture – needlework
le couturier – designer
couvert(e) – indoor
le couvert – place setting; cutlery
la couverture – blanket
couvrir – to cover
* se couvrir – to cover (oneself)
la cravate – tie
le crayon – pencil
créateur/créatrice – creative
créer – to create, be creative
la crème – cream
la crème anglaise – custard
la crème solaire – sun cream
la crémerie – dairy
la crêpe – pancake
crevant(e) – exhausting
la crevette – shrimp
le cric – jack
crier – to shout
la crise d'appendicite – appendicitis
le critère – criterion
la critique – criticism
critiquer – to criticise
d'un croche-pied – by tripping (someone) up
(y) croire – to believe (in it)
je crois (*from* croire) – I think
le croissant – crescent-shaped roll
la croix – cross
à croquer – delicious
le croquis – sketch
cru(e) – raw
les crudités (*f*) – raw vegetables
la cuiller – spoon
en cuir – (made of) leather
le cuir – leather
cuire – to cook
cuire au four – to bake
le cuissard – cycling shorts
la cuisse – thigh, leg
la cuisine – kitchen; cooking; catering
cuit(e) – cooked
cuit(e) au four (*from* cuire) – baked

GLOSSARY

bien cuit(e) (*from* cuire) – well done
en cuivre – (made of) copper
la culture physique – physical training
le curriculum vitae – CV
le cyclisme – cycling

D

le/la dactylo – typist
les dames (*f*) – draughts
le dé – die (*plural*, dice)
débarrasser (la table) – to clear (the table)
debout – standing; up
débrouillard(e) – able to cope
* se débrouiller – to cope
au début – at the start
le début – beginning, start
en débutant (*from* débuter) – when you start
décaféiné(e) – decaffeinated
décédé(e) – dead
la déception – disappointment
déchiré(e) – torn
décider – to decide
déclarer – to declare
déclencher un flash – to release a flash
le décor – decoration
découpé(e) (*from* découper) – cut out
découvrir – to discover, find
faire découvrir – to show
décrire – to describe
décrivez (*from* décrire) – describe
décrocher – to answer the phone
déçu(e) (*from* décevoir) – disappointed
le dédale – maze
le défenseur – defence (in football)
le défi – challenge
le défilé de mode – fashion show
(en) dehors (de) – outside
déjà – already
déjeuner – to have lunch
le déjeuner – lunch
le/la délégué(e) – representative
délicieux/délicieuse – delicious, very good
délirant(e) – crazy
demain – tomorrow
à la demande de – as requested by
sur demande – on request
demander – to ask (for), demand
démarrer – to start (a car)
déménager – to move house
et demi(e) – half past
démodé(e) – old-fashioned
la démonstration de cuisine – cookery demonstration
démouler – to turn out (of a mould)

le dentrifrice – toothpaste
le/la dentiste – dentist
le dépannage – breakdown service
le départ – departure
départager – to decide between
dépasser – to overflow; to go past
ça dépend (*from* dépendre) – it/that depends
dépendre (de) – to depend (on)
dépenser – to spend
le déplacement – move
le dépliant – brochure; leaflet
déposer – to leave; to put down, drop
déprimer – to depress
depuis – since
déranger – to disturb
dernier/dernière – last; recent
derrière – behind
* descendre – to go down; to get off
la descente – descent
désirer – to want
désolé(e) – sorry
le dessin – drawing; art; design
le dessinateur/la dessinatrice – designer
dessiné(e) par – drawn/designed by
dessiner – to draw; to design
dessinez-vous un sourire (*from* dessiner) – put on a smile
en dessous de – below
dessus – on it
le dessus – upper (part of shoe)
les détails (*m*) – details
* se détendre – to relax
la détente – relaxation
détester – to hate
(il) détient (*from* détenir) – (he) holds
deuxième – second
devant – in front of
* se développer – to develop
* devenir – to become
deviner – to guess
devoir – to have to, ought to
les devoirs (*m*) – homework
(ils) devraient (*from* devoir) – (they) should
le diamant – diamond
difficile – difficult
difficilement – with difficulty
en difficulté – with problems
diffuser – to broadcast
la diffusion – distribution
diluer – to dilute
dimanche – Sunday
en trois dimensions – three-dimensional, 3-D
les dimensions (*f*) – measurements
dîner – to have dinner, eat
le dîner – dinner
le dîner-dansant – dinner-dance
ça te dirait (de)? (*from* dire) – would you like to?

dire – to say; to tell
c'est-à-dire – that is
directement – directly, straight
le directeur/la directrice – director
la direction – management; direction; leadership
diriger – to direct; to be responsible for
en disant (*from* dire) – saying
discipliné(e) – well-organised
la discothèque – disco
discret/discrète – quiet, discreet, tactful
discuter – to discuss
disparaître – to disappear
disponible – available
la disponibilité – willingness
disposer – to arrange
à votre disposition – at your disposal
* se disputer – to argue
le disque – record
le disque compact – compact disc, CD
la distraction – entertainment
le distributeur de billets – ticket machine
le distributeur de boissons – drinks machine
ça ne me dit rien (*from* dire) – it doesn't appeal to me
dites (*from* dire) – say
dites donc! – hey!
divers(es) – various
la diversité – variety
divisé(e) – divided
divorcé(e) – divorced
dix – ten
la dizaine – about ten
le doigt – the finger
(il) doit (*from* devoir) – (he) has to
ils doivent (*from* devoir) – they must/should
le domaine – area
c'est dommage – it's a pity
quel dommage! – what a pity!
donc – so
donné(e) (*from* donner) – given
donner – to give
donner à manger (à) – to feed
* se donner rendez-vous – to arrange to meet
dont – of which, whose
doré(e) – golden, gilded
le dormeur/la dormeuse – sleeper
dormir – to sleep
le dos – back
le dossier – file
la douane – customs
la douche – shower
doué(e) (pour) – clever, good at
doux/douce – gentle, sweet, mild
sans doute – without doubt, undoubtedly

GLOSSARY

la douzaine – dozen
le drap – sheet
dresser – to draw up
le droit – the right
avoir le droit (de) – to have the right (to)
tout droit – straight on
à droite – on the right
drôle – funny
dû(e) (from devoir) – due to
j'ai dû (from devoir) – I had to
dur(e) – hard
quel dynamisme commercial! – business is really booming!

E

à grande eau – with lots of water
l'eau (f) – water
l'eau minérale (f) – mineral water
faire un écart – to shy (horse)
écarter – to put aside; to rule out
une écharpe – scarf
une échasse – stilt
les échecs (m) – chess
une échelle – scale
un éclair – flash of lightning
éclairé(e) (from éclairer) – lit up
les économies (f) – savings
écossais(e) – Scottish
l'Écosse (f) – Scotland
écouter – to listen (to)
un écran – screen
écrire – to write
écrit(e) (from écrire) – written
par écrit – in writing
une écriture – writing
un écrivain – writer
l'effectif (m) – total number of staff
effectuer – to do, carry out
en effet – that's right
efficace – efficient
effrayer – to frighten
également – also
une église – church
égoïste – selfish
un(e) électricien(ne) – electrician
électroménager – electrical
élevé(e) – high
un(e) élève – pupil
éloigné(e) – far away, remote
embêtant(e) – annoying
un embouteillage – traffic jam
embrasser – to kiss
l'embrayage (m) – clutch
émerveiller – to amaze
une émission – programme
emménager – to move in
emmener – to take (someone)
empêcher – to stop
un emploi – job
un emploi du temps – timetable
employé(e) (from employer) – used
un(e) employé(e) – employee, member of staff
employer – to use
un employeur/une employeuse – employer
emporter – to take away
emprunter – to borrow
en – of it/them; about it/them
enchanté(e) – pleased to meet you
encore – still, even
encore (cinq) – another (five)
encore une fois – once again
* s'endormir – to fall asleep
un endroit – place
énergique – full of energy
énervant(e) – annoying
énerver – to annoy, get on one's nerves
* s'énerver – to get annoyed
une enfance – childhood
un(e) enfant – child
* s'enflammer – to catch fire
enlever – to take off; to abduct
* s'ennuyer – to be bored
ennuyeux/ennuyeuse – boring
énorme – huge
énormément – very much
une enquête – survey
enregistrer – to record
être enrhumé(e) – to have a cold
enseigner – to teach
ensemble – together
ensuite – then, next
entendre – to hear
* s'entendre bien avec – to get on well with
entier/entière – whole
entouré(e) – surrounded
entraîné(e) (from s'entraîner) – in training
l'entraînement (m) – training
* s'entraîner – to practise; to train
entre – among, between
d'entre eux – of them
une entrecôte – steak
une entrée – entrance
un entrepôt – warehouse, store
une entreprise (f) – firm
un entretien – interview; maintenance; cleaning
(elle) enverra (from envoyer) – (she) will send
avoir envie de – to feel like, want to
environ – about
un environnement – environment
envisager – to plan
envoyer – to send
l'épargne (f) – savings
une épaule – shoulder
une épée – sword
épeler – to spell
l'épellation (f) – spelling
éphémère – shortlived
une épice – spice
une épicerie – grocer's
une épidémie – epidemic
les épinards (m) – spinach
une époque – time, period
à cette époque – at that time
épouser – to marry
épouvantable – terrible
d'épouvante – horror (film)
une épreuve – test, trial
éprouver – to experience
épuisé(e) – exhausted
en équilibre – balanced
en équipe – as a team
une équipe – team
équipé(e) – equipped
l'équipement (m) – equipment
l'équitation (f) – horse-riding
une erreur – mistake
l'escalade (f) – climbing
un escalier – stairs
un escargot – snail
l'escrime (f) – fencing
un espace – space
un espace ludique – games area
l'Espagne (f) – Spain
espagnol(e) – Spanish
les espèces (f) – cash
espérer – to hope
un esprit d'analyse – analytical mind
un esprit d'initiative – spirit of initiative
un esprit pratique – practical nature
un essai – test
essayer (de) – to try (to)
l'essence (f) – petrol
essentiel(le) – necessary
un essuie-glace – windscreen-wiper
essuyer – to wipe
essuyer la vaisselle – to dry up
l'est (m) – (the) East
estimer – to think
un estuaire – estuary
établir – to establish; to draw up
un établissement – building
un établissement scolaire – school
un étage – floor, storey (above the ground floor)
(il) était (from être) – (he) was
un(e) étalagiste – window dresser
une étape – stage
en état liquide – in liquid form
en état solide – in solid form
en bon état – in good condition
aux États-Unis – in/to the United States

GLOSSARY

les États-Unis (m) – the United States
(il) a été (from être) – (he) was
en été – in summer
l'été (m) – summer
éteignez (from éteindre) – put out
éteindre – to put out
étendre – to extend
éternuer – to sneeze
une étiquette – label
à la belle étoile – out of doors
une étoile – star
étonner – to surprise
étouffer – to put out (a fire)
étranger/étrangère – foreign
à l'étranger – abroad
être – to be
étroit(e) – narrow
une étude de cas – case study
les études (f) – studies
un(e) étudiant(e) – student
étudier – to study
européen(ne) – European
eux – them(selves)
* s'évaporer – to evaporate
un événement – event
éventuellement – possibly
évidemment – obviously
un évier – sink
éviter – to avoid
exact(e) – correct
exagérer – to exaggerate
un examen de conduite – driving test
exception: à quelques exceptions près – almost without exception
* s'excuser (de) – to apologise (for)
par exemple – for example
exercer – to do (a job)
exiger – to demand
expédier – to send
un expéditeur/une expéditrice – sender
l'expédition (f) – dispatch
l'expérience professionnelle (f) – work experience
une explication – explanation
expliquer – to explain
un explorateur/une exploratrice – explorer
exposer (un problème) – to explain (a problem)
une exposition – exhibition
à l'extérieur (de) – outside
un extrait – extract

F

la fabrication – manufacture
fabriquer – to make
fabuleux/fabuleuse – wonderful
la fac – university
en face (de) – opposite
fâché(e) – angry
facile – easy
facilement – easily
faciliter – to help
de façon dramatique – dramatically
le facteur – postman
la factrice – postwoman
faible – weak
avoir faim – to be hungry
faire – to do; to make
faire à manger – to get a meal ready
faire avancer – to move forward
faire cuire – to cook
faire de la photo – to do photography
* se faire des amis – to make friends
faire des courses – to go shopping
faire des économies – to save
faire du ski – to ski
faire la connaissance – to get to know
faire le plein (de) – to fill up (petrol)
faire part – to inform
le faire-part – invitation
faire partie de – to be a member of
faire passer un entretien – to interview
faire plaisir – to please, give pleasure
faire visiter – to show (someone) around
je fais du trente-huit (from faire) – I take size thirty-eight
ne t'en fais pas (from s'en faire) – don't worry
faisant suite à (from faire) – following
fait(e) (from faire) – done
ça fait (from faire) – that is
en fait – in fact
il fait (from faire) – it stands for
il fait froid (from faire) – it's cold
faites comme chez vous (from faire) – make yourself at home
les faits divers (m) – miscellaneous news items
il fallait (from falloir) – you should have
farci(e) – stuffed
fascinant(e) – fascinating
fatigué(e) – tired
ce qu'il faut (from falloir) – what is needed
il faut (from falloir) – it's necessary, you must, you need (to)
s'il le faut (from falloir) – if necessary
la faute – mistake
faute de – without
la faute d'orthographe – spelling mistake
le fauteuil – armchair
à votre faveur – (cheque) made out to you
félicitations! – congratulations!
féliciter – to congratulate
féminin(e) – female
la femme – wife; woman
la femme d'affaires – business woman
la femme de ménage – cleaner
la fenêtre – window
le fer à repasser – iron
fermé(e) (from fermer) – closed
fermement – firmly
fermer – to shut
fermer à clé – to lock
le fermier/la fermière – farmer
fêter – to celebrate
en feu – on fire
le feu de bois – campfire
la feuille de brouillon – rough paper
la feuille de papier – sheet of paper
le feuilleton – soap, series
les feux (m) – traffic lights
février – February
fiancé(e) – engaged
la fiche – form
la fiche de réservation – booking form
la fiche d'orientation – career guidance form
la fiche horaire – timetable
fier/fière – proud
la fièvre – temperature
figurer – to appear
la fille – daughter
le film d'épouvante – horror film
le fils – son
à la fin de – at the end of
en fin de – towards the end of
la fin – end
la fin de ligne – end of the line
aux fines herbes – with herbs
la finesse – grace
finir – to finish
finir par – to end up by
la flamme – flame
* se flatter – to be sure of oneself
en fleur – in bloom
la fleur – flower
le/la fleuriste – florist
le fleuve – river
le flot – wave; crowd
le foin – hay
à la fois... et – both... and
une fois – once; a time
une fois chez lui – when he got home
une fois de plus – once more
une folie – something mad
foncé(e) – dark (of colour)
la fonction – use
le fonctionnaire – civil servant
fonctionner – to work
à fond – thoroughly
au fond – at the back/bottom/end; basically
le fond – background
fonder – to start up

GLOSSARY

la fonte – typeface
le footing – jogging
les forces (f) – strength
la forêt – forest
la formation – education, training
  formidable – great
le formulaire – form
  fort(e) – strong; loud; good (at a subject)
  fou/folle – mad
le foulard – scarf
le four – oven
le four à micro-ondes – microwave oven
la fourchette – fork
  fourni(e) (*from* fournir) – supplied
  fournir – to supply
  frais/fraîche – fresh
la fraise – strawberry
la framboise – raspberry
  français(e) – French
le français – French (language)
le frein – brake
le frein à main – handbrake
  fréquenté(e) (par) (*from* fréquenter) – visited (by), popular (with)
  fréquenter – to visit often
le frère – brother
le frigidaire – refrigerator
le frigo – fridge
la frise – frieze, border
les frites (f) – chips
  frivole – silly
il fait froid (*from* faire) – it's cold
le fromage – cheese
la fromagerie – cheese shop
les fruits (m) de mer – seafood
  fumé(e) (*from* fumer) – smoked
la fumée – smoke
  fumer – to smoke
  furieux/furieuse (contre) – angry (with)

G

  gagnant(e) – winning
  gagner – to win; to earn
le gant – glove
le/la garagiste – garage owner
le garçon – boy
en gardant (*from* garder) – keeping
  garder – to keep
la garderie – day nursery, crèche
la gare – (railway) station
la gare routière – bus station
  garer – to park
  garni(e) – garnished
le gâteau – cake
le gâteau aux poires – pear cake
  gâter – to spoil
à gauche – on the left

le gazole – diesel
  gêné(e) – embarrassed
  généralement – usually
  généreux/généreuse – generous
  génial! – great!
le genou – knee
les genoux (m) – lap
le genre – kind, type
les gens (m) – people
  gentil(le) – kind; nice
  gentiment – kindly
le geste – gesture; action
la gestion – management
le gigot – leg of lamb
la glace – ice (cream)
sur glace – (on) ice
  glisser – to slip
la gomme – rubber
la gorge – throat; gorge
le goût – taste; enjoyment
  goûter – to taste, try; to enjoy
le goûter – tea (meal)
le gouvernement – government
la grâce – gracefulness
grâce à – thanks to
  grand(e) – tall; great
pas grand-chose – not much
la Grande-Bretagne – Britain
les graphiques (f) – graphics
  gratuit(e) – free
  grave – serious
  grec(que) – Greek
la grève – strike
le gril – grill
la grille – grid
la grippe – flu
  gris(e) – grey
  gros(se) – fat; heavy; great
par groupes – in groups
la guerre – war
le guichet – box-office; ticket office; counter
le gymnase – gymnasium
la gymnastique – gymnastics

H

tout habillé(e) (*from* s'habiller) – fully dressed
  habiller – to dress
* s'habiller – to get dressed
un(e) habitant(e) – inhabitant
  habiter – to live
avoir l'habitude (de) – to be used (to)
comme d'habitude – as usual
  d'habitude – usually
  habituel(le) – usual
la haie – hurdle
le hall d'entrée – entrance hall
la hanche – hip

le hareng – herring
les haricots verts (m) – French beans
  haut(e) – high; tall
en haut (de) – above; at the top (of)
le haut de – the top of
la haute couture – high fashion
la hauteur – high-jump
le haut-parleur – loudspeaker
  hebdomadaire – weekly
une hémorragie – haemorrhage
le héros/l'héroïne – hero/heroine
à l'heure – on time
à l'heure indiquée – at the given time
à quelle heure – what time
de bonne heure – early
de l'heure – by the hour, per hour
une heure – hour; time
l'heure de départ (f) – departure time
les heures d'appel (f) – times to ring
  heureux/heureuse – happy; fortunate
  heureusement – fortunately
une hiérarchie – hierarchy
l'histoire (f) – history
une histoire – story
  historique – historical
l'hiver (m) – winter
un homme – man
un homme d'affaires – businessman
avoir l'honneur de – to have the honour to
un hôpital – hospital
hop là! – oops!
un horaire – timetable
une horloge – clock
les hors-d'œuvre (m) – starters
  hospitalisé(e) – taken to hospital
un hôte – host
une hôtesse – hostess
l'huile (f) – oil
l'huile d'olive (f) – olive oil
une huître – oyster
de bonne humeur – in a good mood
l'hygiène (f) – hygiene, health
un hypermarché – hypermarket, superstore

I

ici – here
une idée – idea
une idée-brouillon – rough idea
  idiot(e) – stupid
il y a – there is/are; ago
  illimité(e) – unlimited
  illustré(e) – illustrated
une image – image; picture
un(e) imbécile – fool
  immédiatement – immediately
  immense – huge, vast
un immeuble – block of flats
une impasse – cul de sac

GLOSSARY

un imperméable – raincoat
impressionnant(e) – impressive
impressionner – to impress
imprimé(e) (*from* imprimer) – printed
imprimer – to print
une imprimerie – printer's
inattendu(e) – unexpected
inaugurer – to open
incroyable – incredible
un indicateur des arrivées – arrivals board
un indicateur des départs – departures board
un indice – clue
un(e) Indien(ne) – Indian
indiqué(e) – stated, given
à l'heure indiquée – at the given time
indiquer – to point to, to show; to tell
indiscret/indiscrète – tactless
individuel(le) – individual; detached (house)
infiniment – very much
un infirmier/une infirmière – nurse
influençable – easily influenced
influencé(e) (*from* influencer) – influenced
les informations (f) – news; information
l'informatique (f) – computer studies
informer – to inform
une infusion – herbal tea
ingrat(e) – ungrateful
inoubliable – unforgettable
inquiéter – to worry
* s'inquiéter – to worry
une inscription – enrolment
* s'inscrire – to enrol
insister pour – to insist on
une installation – office
installer – to set up
pour l'instant – at the moment
un instant – moment
un instituteur/une institutrice – (primary school) teacher
insupportable – unbearable
intelligent(e) – bright, intelligent
une intendance (f) – bursar's office
avoir l'intention de – to intend to
interdit(e) – not allowed
intéresser – to interest
* s'intéresser à – to be interested in
un intérêt (m) – interest
à l'intérieur (de) – inside; inland
par l'intermédiaire de – through, by means of
un(e) interprète – interpreter
interroger – to question
interviewé(e) (*from* interviewer) – interviewed
inventer – to make up
un investissement – investment

invité(e) (par) – invited (by)
un(e) invité(e) – guest
inviter – to invite
(ils) iront (*from* aller) – (they) will go
irrégulier/irrégulière – irregular
irresponsable – irresponsible
italien(ne) – Italian
un itinéraire – route, journey plan
ivoirien(ne) – from the Ivory Coast

J

jaloux/jalouse – jealous
ne . . . jamais – never
la jambe – leg
le jambon – ham
le Japon – Japan
le/la Japonais(e) – Japanese
le jardin – garden
le jardin potager biologique – organic kitchen garden
le jardinage – gardening
jaune – yellow
jeter – to throw
le jeu de rôle – role play
jeudi – Thursday
jeune – young
les jeunes (m) – young people
le jeu-test – quiz
le jeu-vidéo – video game
les jeux d'équipe (m) – team games
les jeux olympiques (m) – Olympic Games
joindre – to reach
joli(e) – pretty
jouer – to play; to act out
jouer comme un pied – to play very badly
le jouet – toy
le joueur – player
le jour – day
par jour – per day
le journal – newspaper
le journal de bord – log-book; diary
la journée – day
la journée scolaire – school day
de nos jours – nowadays
judiciaire – judicial
juillet – July
juin – June
jumeler – to match up
la jupe – skirt
le jus d'orange – orange juice
jusqu'à – as far as, until
jusqu'à des heures – for hours even
le justaucorps – dancer's leotard
juste – fair; correct; just

K

le kilomètre – kilometre

le kiosque à journaux – newspaper stand
le klaxon – horn (of car)

L

là – there
là-bas – over there
le labo de langues – language lab
le laboratoire scientifique – science laboratory
là-dedans – inside
là-dessus – on it/them
laid(e) – ugly
en laine – (made of) wool; woollen
la laine – wool
laisser – to leave
laisser tomber – to drop
le lait – milk
la lampe – lamp
le lancement – launch
lancer – to launch; to throw
la langue – language
la langue étrangère – foreign language
le lapin – rabbit
latéral(e) – side
le lavabo – washbasin
* se laver les dents – to clean one's teeth
* se laver (les mains) – to wash (one's hands)
le lave-vaisselle – dishwasher
la leçon – lesson
la leçon de conduite – driving lesson
la lecture – reading
la légende – key; caption
le légume – vegetable
lequel/laquelle – which one
la lessive – washing
la lettre d'amour – love letter
leur – (to) them
s'être levé(e) (*from* se lever) – (having) got up
* se lever – to get up
le levier de vitesse – gear stick
la liberté – freedom
la librairie – bookshop
libre – free; vacant; independent
la licence – degree
lier – to join
au lieu de – instead of
avoir lieu – to take place
le lieu – place
le lieu de naissance – place of birth
la ligne – line; figure
la ligne aérienne – airline
le linge – linen
Lion – Leo
lire – to read
lisez (*from* lire) – read
au lit – in bed
le lit – bed
la livraison – delivery
le livre – book

GLOSSARY

une livre de – a pound of
livrer – to deliver
* se livrer à – to devote oneself to
les locaux (m) – buildings, premises
la loge – office
le logement – accommodation
loger – to stay
loin – far; far away
les loisirs (m) – leisure
la longueur – long distance
lorsque – when
louer – to hire; to book (a seat)
lourd(e) – heavy
ludique – (for) games
la luge – tobogganing
lui – (to) him/her
lui-même – himself
lundi – Monday
les lunettes (f) – glasses
le luxe – luxury
le lycée – secondary school
le lycéen/la lycéenne – secondary school student

M

la macédoine de légumes – mixed vegetable salad
la machine à écrire – typewriter
la machine à laver – washing machine
la machine de traitement de textes – word processor
le magasin – shop
le magasin d'alimentation – grocer's shop
le magasin de quartier – local shop
la magie – magic
le magnétoscope – video-recorder
magnifique – magnificent
mai – May
maigrir – to lose weight
le maillot (de bain) – swimming costume
le maillot (de football) – (football) shirt
à main nue – with one's bare hand
la main – hand
maintenant – now
maintenir – to keep
la mairie – town hall
mais – but
la maison – house; store, company
à la maison – at home
la maison de campagne – country house
la maison des jeunes – youth centre
le maître/la maîtresse – master/mistress
le maître nageur – swimming instructor
en majuscules – in capital letters
mal – badly
avoir mal à la tête – to have a headache
le mal de mer – seasickness
malade – sick; ill

le/la malade – sick person
la maladresse – blunder; clumsiness
maladroit(e) – clumsy
malgré – in spite of
malheureux/malheureuse – unhappy unfortunate
malin/maligne – shrewd, clever
la mamie – granny
à manches courtes – short-sleeved
le mandat – postal order
le mandat-carte – money order
manger – to eat
à manger – something to eat; food
les mange-tout (m) – special type of beans eaten in their pods
le gros mangeur – big eater
de toute manière – in any case
la manière (de) – the way (of)
la manifestation – display
le mannequin – model
manquer – to be missing; to miss
le manteau – coat
le manuel – textbook
le/la manutentionnaire – storekeeper
la maquette – model
le maquillage – make-up
maquillé(e) (from se maquiller) – made up
* se maquiller – to put on make-up
le marchand/la marchande – merchant, seller
le marchand/la marchande de fruits et de légumes – greengrocer
marchander – to bargain
les marchandises (f) – goods
la marche sportive – walking
le marché – market
marcher – to walk; to work
la marge – margin
le mari – husband
le marin – sailor
marine – navy (colour)
le Maroc – Morocco
marocain(e) – Moroccan
la maroquinerie – leather goods
la marque – make
marqué(e) (from marquer) – marked
marquer (un point) – to score (a point)
à vos marques – on your marks
marrant(e) – funny
marron – brown
matelassé(e) – quilted
le matériel – equipment
la matière – school subject
les matières littéraires (f) – arts subjects
au matin – in the morning
du matin – a.m./in the morning
le matin – (in the) morning
la matinée – morning

mauvais(e) – bad
méchant(e) – naughty
mécontent(e) – dissatisfied
le médecin – doctor
la médecine – medicine
les média (m) – media
la médina – Muslim quarter of town
meilleur(e) – better; best
le mélange – mixture
même – same; even
menacer – to threaten
le ménage – housework
ménager/ménagère – household, domestic
la ménagère – housewife
mener – to lead; to organise
(avec) mention bien – with distinction
mentionné(e) – mentioned
le menu touristique – tourist menu
le menuisier – carpenter
la mer – sea
en mer – at sea
merci – thank you
mercredi – Wednesday
la mère – mother
la merveille – wonderful thing
merveilleux/merveilleuse – wonderful
mesdames, messieurs – ladies and gentlemen
la messe – (Roman Catholic) Mass
mesurer – to measure
le métier – job; trade
en métro – by metro
le métro – underground train
le metteur en scène – director
mettre – to put; to put on
mettre la table – to lay the table
* se mettre – to stand
* se mettre au travail – to start work
* se mettre d'accord – to agree
le microbe – germ
à micro-ondes – microwave
le micro-ordinateur – (micro-)computer
le Midi – the South of France
mieux – better; best
le mieux – (the) best
mignon(ne) – sweet, charming
au milieu (de) – in the middle (of)
le milieu – environment; centre (in football)
le millier – thousand
mimer – to mime
mince – slim
mineur(e) – minor (under sixteen)
au minimum – at least
le Ministère du Commerce Extérieur – Ministry of Overseas Trade
minuit – midnight
le miroir – mirror

PAGE 216

GLOSSARY

la mode – fashion
à la mode – fashionable
le mode d'emploi – directions for use
le mode de transport – type of transport
le modèle – model
moi – me
chez moi – at/to my house
moi-même – myself
moins (de) – less (than)
moins . . . que – less . . . than
au moins – at least
le mois – month
à moitié – half
en ce moment – at present
le moment – moment; time
le monastère – monastery
du monde – people
le monde – world
tout le monde – everyone
mondial(e) – world
le moniteur/la monitrice – driving instructor
la monnaie – change
le monsieur – man
la montagne – mountain
* monter – to go up, climb; to rise; to get into
* monter à cheval – to go horse-riding
* monter à mulet – to go donkey-riding
la montre – watch
montrer – to show
le montreur/la montreuse – handler (of animals); exhibitor
le monument – building
* se moquer (de) – to tease
le morceau – piece
mort(e) (from mourir) – dead
il est mort (from mourir) – he died
la mort – death
les morts vivants (m) – living dead
la mosquée – mosque
le mot – word
le mot-clé – keyword
le moteur – engine
le motif – intention
le motif géométrique – geometric pattern
la moto – motorcycling
mou/molle – soft
le mouchoir – handkerchief
le mouchoir à papier chiffonné – paper tissue
la moule – mussel
* mourir – to die
le mouton – sheep
moyen(ne) – average
le moyen de transport – means of transport
en moyenne – on average
la moyenne – average

le mur – wall
musclé(e) – muscular
le musée (de minéralogie) – (mineralogy) museum
le musicien/la musicienne – musician
la musique – music

N

nager – to swim
(de) naissance – (of) birth
la naissance – birth
* naître – to be born
la nappe – tablecloth
la natation – swimming
nature – plain
ne . . . plus – no longer
né(e) (from naître) – born
les négociations (f) – business negotiations
neiger – to snow
nerveux/nerveuse – excitable, highly strung
le neveu – nephew
ni – nor
niçois(e) – from Nice
la nièce – niece
le niveau – level
noir(e) – black; dark-haired
au nom de – in the name of
le nom – name
le/la nomade – nomad
le nombre – number
nombreux/nombreuse(s) – many
nommer – to name
non-fumeur – non-smoking
non plus – (n)either
le nord – North
le nord-est – North-east
nos – our
la note – mark
notre – our
la nourriture – food
nouveau/nouvel/nouvelle – new
la nouvelle – piece of news
les nouvelles (f) – news
nu(e) – bare
la nuit – night
faire nuit – to be dark
par nuit – per night
nul(le) – no good
le numéro – number
le numéro d'abonné – subscription number
le numéro d'immatriculation – registration number
numéroté(e) – numbered

O

un objet – object
obliger (à) – to force (to)
une observation – observation
observer – to observe
obtenir – to obtain
d'occasion – second-hand
une occasion – opportunity
occupé(e) – engaged, busy
occuper un emploi – to have a job
* s'occuper de – to look after
une odeur – smell
un œuf – egg
un œuf dur – hard-boiled egg
offert(e) (from offrir) – offered, on offer
on offre (from offrir) – they offer
offrez-lui (from offrir) – give her/him
offrir – to offer
un oignon – onion
un oiseau – bird
un oiseau migrateur – migratory bird
olympique – Olympic
(l')on – one, you
opérer – to operate
opposé(e) – opposite
en or – golden
un orchestre – orchestra
un ordinateur – computer
par ordre de priorité – in order of priority
quel ordre – what order
un ordre – order
un organisateur/une organisatrice – organiser
un organisme – organisation
l'orientation (f) – career guidance
* s'orienter – to know which way to go
d'origine – of origin; original
l'orthographe (f) – spelling
oser – to dare
ou – or
ou bien – or else
où – where
oublier – to forget
un ours – bear
un outil – tool
ouvert(e) – open
un ouvrier/une ouvrière – worker
ouvrir – to open

P

la paie – pay
le paiement – payment
la paire (de) – pair (of)
le palais – palace
pâle – pale
le palmier – palm tree
le pamplemousse – grapefruit
le panier – basket

GLOSSARY

en panne – broken down; breakdown
la panne – breakdown (car)
le panneau – sign, notice
le pansement – bandage
le pantalon – trousers
la pantoufle – slipper
le pape – Pope
la papeterie – stationery
le papier – paper
le papier peint – wallpaper
le papillon – butterfly
le papotage – small talk
le paquet – parcel
par – by
par exemple – for example
par jour – per day
par où – which way
(ils) paraissent (from paraître) – (they) appear
paraître – to seem
le parapluie – umbrella
parascolaire – after-school
le parasol – sunshade
le parc d'attractions – amusement park
parce que – because
le parcours – route
pardonner – to forgive
le pare-brise – windscreen
pareil(le) – same
paresseux/paresseuse – lazy
parfait(e) – perfect
parfois – sometimes
le parfum – perfume
la parfumerie – perfume (department)
parisien(ne) – Parisian
parler – to talk, speak
parmi – among
à part – apart from
de la part de – on behalf of
de ma part – on my behalf
partager – to share
en partant de (from partir) – starting from
le/la partenaire – partner
le/la partenaire de scène – screen partner; opposite number
partez! (from partir) – go!
particulier/particulière – particular
particulièrement – especially, particularly
la partie – part
partiel(le) – part
* partir – to set off, go away; to leave
à partir de – (starting) from
partout – everywhere
le parvis – square (in front of a church)
(ne...) pas – not
pas du tout – not at all
pas toi? – don't you?
le passage – way
le passager/la passagère – passenger

passer – to pass/spend (time); to take (an exam); to put through (on phone); to show
passer à – to go into
passer avant – to come before
passer l'aspirateur – to vacuum-clean
passer par – to go through
passer prendre – to go and pick up
* se passer – to take place; to happen
* se passer bien – to go off all right
passionné(e) – involved
passionnément – very much
le pâté de campagne – country pâté
le pâté de foie gras – liver pâté
les pâtes (f) – pasta
le patin à roulettes – roller-skating
le patinage – skating
patiner – to skate
la patinoire – skating rink
la pâtisserie-confiserie – cake and sweet shop
le patron – owner; boss
la pause – break
pauvre – poor
le pavillon – building
payant(e) – paying
payer – to pay
le pays – country
le paysage – countryside
paysan(ne) – peasant-style, country
le PDG (Président-Directeur Général) – managing director
la peau – skin
le péage – toll motorway
la pêche – fishing; peach
pêcher – to fish, catch (fish)
le peigne – comb
à peine – hardly; only just
la peine – penalty; trouble; worthwhile
être la peine – to be worthwhile
sous peine d'amende – liable to a fine
peint(e) (from peindre) – to paint
le peintre – painter
la peinture – painting
* se pelotonner – to curl up
pencher – to tilt
pendant – during
pendant ce temps – meanwhile
la pendule – clock
pénible – upsetting; hard, irksome
penser (à/de) – to think (about)
la perche – pole-vault
perdre – to lose
perdre connaissance – to lose consciousness
perdre du temps – to waste time
le père – father
le père aubergiste – youth hostel warden
la période – period
le périphérique – ring road

la permanence – study time
le permis de conduire – driving licence
le persil – parsley
le personnage – character
personne – nobody
pour une personne – single (room)
le personnel – staff
persuader – to persuade
la pétanque – bowls
petit(e) – small
le petit ami – boyfriend
le petit déjeuner – breakfast
le petit pain – bread roll
les petits pois (m) – peas
un peu – rather; a little
à peu près – almost
il peut (from pouvoir) – he can
peut-être – perhaps
(ils) ne peuvent pas (from pouvoir) – (they) can't
tu peux (from pouvoir) – you can
les phares (m) – headlights
la pharmacie – chemist's shop
la philatélie – stamp collecting
la philo – philosophy
une photo – photograph
le/la photographe – photographer
la phrase – sentence
le physique – physical appearance
la pièce – room; coin; each
la pièce d'identité – proof of identity
à pied – walking
comme un pied – badly
le pied – foot
pieds nus – barefoot
le piéton – pedestrian
à pile ou face – heads or tails
le/la pilote de course – racing driver
la pince – tongs
le pion – pawn
piqué – ice-skating figure
pire – worse
tant pis – too bad
la piscine – swimming pool
le placard – cupboard
en place – in place
la place – place; (town) square; room
la place de théâtre – theatre seat
* se placer – to put oneself
la plage – beach
la plaie – wound
* se plaindre – to complain
la plainte – complaint
plaire à – to please
ça me plairait (from plaire) – I should like
plaisanter – to joke
avec plaisir – with pleasure
faire plaisir (à) – to please
le plaisir – pleasure
s'il vous plaît (from plaire) – please

GLOSSARY

le plan de la ville – town plan
la planche à voile – windsurfing
planifier – to plan
le plat – dish
le plat du jour – dish of the day
le plateau – tray; floor
plein(e) – full
à plein tarif – full-price
le plein – full tank
en plein air – open-air
pleinement – entirely, quite
pleurer – to cry
pleuvoir – to rain
sous pli séparé – under separate cover
plier – to bend
sans plomb – lead-free
la plongée sous-marine – deep-sea diving
plonger – to dive, plunge
ça m'a plu (from plaire) – I liked it
la pluie – rain
sous la pluie – in the rain
la plupart de/des – most
plus . . . que – more . . . than
plus tard – later
(de) plus – more
de plus en plus – more and more
en plus – in addition
le plus (de) – the most
ne. . .plus – no longer
plusieurs – several
plutôt (que) – rather (than)
le pneu de rechange – spare tyre
le poêle – cooker, hob
la poésie – poetry
le poids – weight-lifting
le poids lourd – HGV (heavy goods vehicle)
le point de départ – starting point
le pointage – check-in
pointer – to clock in
la poire – pear
le poireau – leek
les petits pois (m) – peas
le poisson – fish
la poissonnerie – fish shop
Poissons – Pisces
le poivre – pepper
poli(e) – polite
la politesse – politeness
polonais(e) – Polish
la pomme – apple
la pomme de terre – potato
les pompiers (m) – fire brigade
en porcelaine – (made of) china
porte à porte – door-to-door
la porte – gate
la porte d'entrée – door
le portefeuille – wallet
le porte-monnaie – purse
porter – to carry; to wear

portugais(e) – Portuguese
poser – to put; to ask (questions)
posséder – to own
la poste – post office
le poste de travail – position, work place
le poste – job
le poste de télévision – television set
prendre un pot – to have a drink
le potage – soup
la poterie – pottery
le poulet – chicken
la poupée – doll
pour – to, in order to; for
pour que – so that
le pourcentage – percentage
pourquoi (pas) – why (not)
(ils) pourraient (from pouvoir) – (they) could/might
tu pourras (from pouvoir) – you will be able
vous pourriez (from pouvoir) – you could
pourtant – however
vous pouvez (from pouvoir) – you can
pouvoir – to be able
le pouvoir – power
pratique – practical
la pratique – practice
la pratique sportive – doing a sport
pratiquement – practically
pratiquer – to practise; to take part in a sport
prédédent(e) – before, preceding
précis(e) – precise, exact
préciser – to state clearly
la précision – precision, accuracy
préféré(e) – favourite
la préférence – preference
préférer – to prefer
les préjugés (m) – prejudice
préliminaire – first
premier/première – first
le premier/la première (à) – the first (to)
au premier étage – on the first floor
en première – in the sixth form
en première classe – the first class
en prenant (from prendre) – taking
ça prend (from prendre) – it takes
on prend (from prendre) – you take
prendre – to take; to buy; to catch
prendre froid – to catch cold
passer prendre – to go and pick up
* s'y prendre – to go about it
vous prenez (from prendre) – you take/have
le prénom – first name
préparer – to prepare; to draw up (a list)
près de – near, almost
en présentant (from présenter) – by offering

le présentateur/la présentatrice – presenter
présenter – to introduce
le Président-Directeur Général (PDG) – managing director
présider – to be in charge
presque – almost
pressé(e) – in a hurry
prestigieux/prestigieuse – famous; luxury
prêt(e) (à) – ready (to)
prêter – to lend
prévenir – to warn
je vous prie de (from prier) – please
je vous prie d'agréer l'expression de mes sentiments les plus distingués – yours faithfully
la prière – prayer
principal(e) – chief, main
en principe – in principle
au printemps – in the spring
la priorité à droite – priority to the right
par priorité – above all
pris(e) (from prendre) – taken; busy, tied up
la prise du travail – clocking in
privé(e) – private
le prix – price
le prix d'achat – purchase price, wholesale price
le prix de vente – selling price, retail price
probablement – probably
le problème – problem
sans problème – no problem
prochain(e) – next
proche – near (by)
* se produire – to appear
le produit – product
le produit d'entretien – cleaning material
les produits artisanaux (m) – crafts
le/la professeur de gymnastique – PE teacher
le profil – profile
programmer – to programme
la projection – spattering, splash
le projet – plan; project
la promenade – walk
la promenade en mer – sail
promener – to take for a walk
en promotion – on special offer
la promotion – sale, special offer
propre – own; clean
le/la propriétaire – owner
protestant(e) – Protestant
provençal(e) – from Provence
les provisions (f) – food and drink; groceries
le psycho-test – personality quiz

GLOSSARY

les PTT – post office
le public – people
publicitaire – advertising, publicity
la publicité – publicity; advertisement
puis – then
puisque – since
la puissance de travail – capacity for hard work, stamina
puissant(e) – powerful
le pull(-over) – sweater
pur(e) – pure
le pyjama – pyjamas

Q

quadrillé(e) – squared, graph
quadruple – four times over
le quai – platform
la qualité – quality
quand – when
quand même – all the same, after all
quarante – forty
le quart d'heure – quarter of an hour
le quartier – district, area
quatrième – fourth
que – how; that
ne... que – only
quel/quelle/quels/quelles – what, which
quelque chose – something
quelque part – somewhere
quelquefois – sometimes
quelques – some, a few
quelques-un(e)s – some
quelqu'un – someone; somebody
qu'est-ce qu'il y a? – what's the matter?
en question – in question
question voyage – as regards travel
faire la queue – to queue
qui – who, whom
la quinzaine de jours – fortnight
quinze – fifteen
quinze jours – fortnight
quitter – to leave
ne quittez pas (from quitter) – hold the line
quoi – what
de quoi – the means
(en) quoi – (of) what
qu'y a-t-il pour votre service? – can I help you?

R

raccrocher – to hang up
raconter – to say, tell; to talk about
le radio-réveil – radio-alarm
rafraichissant(e) – refreshing
le ragoût – stew
raide – straight

le raisin – grapes
avoir raison – to be right
la raison – reason
ramasser – to pick (up)
la rame de métro – metro line
la rampe – ramp
la randonnée – ramble
ranger – to tidy
rapide – quick
rappeler – to remind; to call again
* se rappeler – to remember
rarement – rarely, not often
à ras bord – up to the top
rasé(e) (from raser) – shaven
mal rasé(e) – unshaven
*se raser – to get shaved
rater – to miss
rayé(e) – striped
le rayon – department (in shop); counter
réagir – to react
le réalisateur/la réalisatrice – (film) director
réaliser – to direct
en réalité – really
récemment – recently
recevoir – to receive
réchauffer – to heat up
* se réchauffer – to warm up
il recherchait (from rechercher) – he was looking for
rechercher – to look for
les recherches (f) – research
la réclamation – complaint
recommandé(e) – advisable
recommencer – to start again
la récompense – reward
reconnaitre – to recognise
recopier – to copy out (again)
la récréation – break
recréer – to rewrite
le recrutement – recruitment
le reçu – receipt
reculer – to go back
redessiner – to redraw
rédiger – to write; to produce
* se redresser – to stand up again
réécouter – to listen again
faire référence – to refer
bien réfléchir à – to think carefully about
* se régaler – to treat oneself
le regard – look
regarder – to look at
au régime – on a diet
le règlement – rule; payment
regretter – to be sorry
régulier/régulière – regular
régulièrement – regularly
le relais bébés – crèche
les relations avec les média – press office

les relations publiques (f) – public relations
* se relaxer – to relax
relier – to link, connect
relisez (from relire) – reread
* se remarier – to remarry
la remarque – comment
remercier – to thank
remettre – to give
la remise – reduction, discount
remorquer – to tow
remplacer – to replace
remplir – to fill (in)
la rencontre – meeting
rencontrer – to meet
le rendez-vous – appointment
rendre – to give back
rendre visite à – to visit
* se rendre (à) – to go (to)
les renseignements (m) – information
* se renseigner – to find out
la rentrée des classes – going back to school
* rentrer (à la maison) – to go back home
renvoyer – to sack
réparer – to repair
en reparler – to talk about it again
répartir – to share
le repas – meal
répété(e) – repeated
répéter – to repeat; to rehearse, practise
la répétition – rehearsal
le répondeur – answerphone
répondre (à) – to answer, reply
la réponse – answer
* se reposer – to rest
reprendre – to take (back again); to have some more
reprendre le travail – to go back to work
représenter – to represent
la reprise – return
le RER (réseau express régional) – express metro service in Paris
le réseau – system, network
la réserve – stock; stores
réserver – to reserve
résidentiel(le) – residential
résoudre – to resolve
respirer – to breathe
le/la responsable – supervisor
ressembler (à) – to look like
restaurer – to restore
le reste – the rest, remainder
* rester – to stay
le résultat – result
de/en retard – late
le retard – late arrival; delay

PAGE 220

GLOSSARY

retirer – to take out
le retour – return; return journey
* retourner – to go back
retourner – to turn upside down
retrouver – to rediscover; to meet
* se retrouver – to meet up
le rétroviseur – rear-view mirror (car)
en réunion – in a meeting
* se réunir – to meet
réussir (à) – to succeed (at/in), to make a success (of)
réussir à un examen – to pass an exam
la réussite – success
le rêve – dream
le réveil – alarm clock
* se réveiller – to wake up
* revenir – to come back, return
nous vous reverrons (from revoir) – we will see you again
au revoir – goodbye
* se revoir – to see each other again
la revue – magazine
au rez-de-chaussée – on the ground floor
le rez-de-chaussée – ground floor
(ne. . .) rien – nothing
rien du tout – nothing at all
rigoler – to laugh
risquer (de) – to risk
le rituel – ritual
la rivière – river
le riz – rice
la robe – dress
la robe de chambre – dressing gown
le robinet – tap
le roi – king
romain(e) – Roman
roman(e) – Romanesque, Norman
rond(e) – round
la rondelle – slice
rose – pink
la roue – wheel
rouge – red
rougir – to blush
le roulement – rota
rouler – to drive
en route pour – on the way to
la route – main road
roux/rousse – red-haired
la rue – road; street
rural(e) – country
russe – Russian
rustique – rustic, country-style

S

le sable – sand
le sablé – shortbread
le sac – bag
le sac à dos – rucksack
le sac à main – handbag
le sac de couchage – sleeping bag
sache/sachez (from savoir) – know (how to)
la sacoche – saddlebag
le sacre – coronation
sage – well-behaved
Sagittaire – Sagittarius
saigner – to bleed
la saison – season
(il) sait (from savoir) – (he) knows how to
la salade niçoise – niçoise salad
le saladier – salad bowl
le salchow – very difficult ice-skating leap
sale – dirty
la salle – room; cinema
la salle à manger – dining room
la salle de bains – bathroom
la salle de classe – classroom
la salle de commande – headquarters
la salle de cours – classroom
la salle de gymnastique – gymnasium
la salle de séjour – living room
la salle des profs – staffroom
la salle d'opération – operating theatre
la salle polyvalente – school hall
le salon – living room, lounge
le salon de beauté et de coiffure – beauty and hairdressing salon
salut – hallo; goodbye
samedi – Saturday
le SAMU (Service d'Assistance d'Urgence) – mobile emergency medical services
sans – without
à votre santé! – your good health, cheers!
la santé – health
la sardane – sardana (dance from northern Spain)
satisfait(e) – satisfied
la saucisse – sausage
sauf – except (for)
le saumon – salmon
le saut – jump
sauter – to jump; to come off; to blow up, explode
sauvage – wild
sauver – to save
savoir – to know (how to); to find out
le savoir – knowledge
le savon – soap
scandinave – Scandinavian
le scénario – script
sur scène – on stage
le/la scientifique – scientist
scolaire – school
Scorpion – Scorpio
la séance – (cinema) programme
la séance d'essai – audition
sec/sèche – dry; dried

le sèche-cheveux – hairdryer
sécher – to dry
en seconde – in year 11 (at secondary school)
le secourisme – first-aid
le/la secouriste – member of a first-aid association
au secours! – help!
le/la secrétaire – secretary
la sécurité – safety
le séjour – stay; holiday
le sel – salt
selon – according to
la semaine – week
par semaine – per week
semblable – similar
(qui) ne te semblent pas (from sembler) – (which) don't seem to you
sembler – to seem
le séminaire – seminar
en sens interdit – one-way
le sens – sense
la sensibilité – sensitivity; sensibility
sensible – sensitive
sentir bon – to smell good
* se sentir – to feel
* se sentir bien – to feel well
séparé(e) (from séparer) – separate
séparément – separately
sept – seven
(il) sera (from être) – (it) will be
tu serais (from être) – you would be
la série – series
sérieux/sérieuse – serious
vous seriez (from être) – you would be
le serpent – snake
la serre – greenhouse
serré(e) – tight
sers-toi (from se servir) – help yourself
le serveur/la serveuse – waiter/waitress
servez-vous (from se servir) – help yourself
servi(e) – served
à votre service – at your service
le service de dépannage – car rescue service
la serviette – towel
servir – to serve
servir à table – to wait at table
* se servir (de) – to use; to help oneself
seul(e) – single; only; on one's own
seulement – only
le shampooing – shampoo
le short – shorts
si – so; if
mais si – oh yes
le siècle – century
la signalisation routière – road signs

GLOSSARY

signer – to sign
simple – single
sinon – if not; otherwise
le site – place of interest
situé(e) – situated
la SNCF (société nationale des chemins de fer français) – French railways
la sœur – sister
en soie – (made of) silk
avoir soif – to be thirsty
* se faire soigner – to be looked after, be treated
avec soin – carefully
au soir – in the evening
ce soir – this evening
le soir – evening
la soirée – evening
soit . . . soit – either . . . or
soixante – sixty
avoir sommeil – to be sleepy
le sommeil – sleep
le sondage – survey
le sondage de marketing – marketing survey
sonner – to ring; to strike; to go off
sonore – spoken
sophistiqué(e) – sophisticated
qui sortent de l'ordinaire (from sortir) – which stand out
la sortie – exit, way out
* sortir (de) – to go/come out (of);
sortir (de) – to take out (of)
le souci – marigold
soucieux/soucieuse – anxious
le soufflé au fromage – cheese soufflé
souffrir (de) – to suffer (from)
souhaiter – to wish
le souk – North African market
souligner – to underline
souple – soft
la souplesse – suppleness
la source – spring, well
souriant(e) – smiling
souriez (from sourire) – smile
sourire – to smile
le sourire – smile
sous – under
au sous-sol – in the basement
le sous-sol – basement
le sous-titre – subtitle
les sous-vêtements (m) – underclothes
* se souvenir (de) – to remember
souvent – often
soyez (from être) – be
soyez la bienvenue (from être) – welcome
spacieux/spacieuse – roomy
le sparadrap – plaster
le spectacle – show, performance
spectaculaire – spectacular
sportif/sportive – sporting
le sportif/la sportive – sportsperson
le spot – spotlight

le stade – football ground
le stage pratique – work experience
le/la stagiaire – someone on work experience
le/la standardiste – switchboard operator, telephonist
la station de taxi – taxi rank
la station service – petrol station
la station thermale – spa
le stationnement – parking
les statistiques (f) – figures
stressé(e) – under stress, stressed
su (from savoir) – known
subsidiaire – additional; tie-breaker
substituer – to substitute
la succursale – branch
le sucre – sugar
sucré(e) – sweet
le sud – South
le sud-est – South-east
le sud-ouest – South-west
suffire – to be enough
suffisant(e) – enough
suggérer – to suggest
je suis (from être) – I am
la suite – future
tout de suite – straight away, immediately
suivant(e) – following
suivez (from suivre) – follow
suivre – to follow
au sujet de – about
le sujet – subject
le super – four-star petrol
supérieur(e) – upper
le supermarché – supermarket
le supplément – extra charge
supplémentaire – additional, extra
supporter – to bear
sûr(e) – sure; certain; confident
les surgelés (m) – frozen foods
surtout – especially
surveiller – to watch
le survêtement – tracksuit
en sus – in addition
symbolisé(e) – shown by a symbol
sympa(thique) – friendly, likeable
synchronisé(e) – synchronised
le syndicat d'initiative – tourist office

T

la table de comparaison – conversion table
le tableau – picture; table
la tablette de chocolat – bar of chocolate
la tache – stain
la tache d'encre – ink stain
la tâche ménagère – household chore
la tactique – tactics
la taille – size
le tailleur – suit

* se taire – to be quiet
taisez-vous! (from se taire) – be quiet!
le talon – heel
tant mieux – good
tant pis – too bad
taper – to knock (at)
taper à la machine – to type
le tapis – carpet
tard – late
plus tard – later
le tarif – charge; fare
le tarif d'entrée – entrance fee
la tarte aux cerises – cherry tart
la tarte aux pommes – apple tart
la tartine – slice of bread
des tas (de) (m) – lots (of)
le tas de – heap of
la tasse – cup
tasser – to pack firmly
Taureau – Taurus
technique – technical
la télécopie – fax
tellement – so
tellement de – so many
pas tellement – not many
le témoin – witness
à temps – in time
à temps partiel – part-time
de temps en temps – from time to time
en même temps – at the same time
le temps – time; weather
le temps de – time to
le temps libre – spare time
en tenant compte de (from tenir) – taking into account
la tendance – tendency
tenir au courant – to keep in the picture
* se tenir – to stand
* se tenir droit – to stand up
le tennis – tennis shoe
la tenue – clothes, outfit
le terme – term
terminer – to finish
le terrain de camping – campsite
le terrain de jeu – sports ground
sur le terrain – outdoors
le terrarium – tank; reptile cage
la terrasse – terrace, patio
à terre – on the ground
la terre – land
par terre – on the ground
le territoire – territory
la tête – head
quelle tête! – what a face!
le TGV (train à grande vitesse) – high speed train
le thé – tea
le thé à la menthe – mint tea
la théière – teapot

PAGE 222

GLOSSARY

le thuya – thuja tree
le ticket de caisse – receipt
tiens! – look!, here!
ça vous tient chaud (*from* tenir) – it keeps you warm
le timbre – stamp
timide – shy
le tir à l'arc – archery
tirer au sort – to draw lots, draw out
le tiroir – drawer
à titre de . . . – as a . . .
le titre – title; heading; type
le titre de transport – ticket
toi – you
le toit – roof
* tomber – to fall
* tomber en panne – to break down
le torchon – cloth
le torse – chest, body
la tortue – tortoise
tôt – early
toujours – always; still
la tour – tower
la Tour Eiffel – Eiffel Tower
à tour de rôle – in turn
le tour – turn
le tour du monde – world tour
le tournedos – steak
tourner – to turn
tourner un film – to shoot a film
le tournoi – tournament
tous – everyone
tous les deux – both
tousser – to cough
tout – everything
tout/toute/tous/toutes – all, every
tout à fait – exactly; quite
tout à l'heure – just now
tout de suite – immediately; straight away
tout droit – straight on
tout le monde – everyone; everybody
tout le temps – all the time
tout terrain – mountain (bike)
à tout à l'heure – see you soon
pas du tout – not at all
tracer – to draw
traditionnel(le) – traditional
la traduction – translation
traduire – to translate
la trahison – treachery
en train de – in the middle of; in the process of
le train – train
le traineau – sledge
trainer – to lie around
traire – to milk
le traiteur – caterer
le trajet – journey
la tranche – slice

tranquille – calm; quiet
transformer – to change
transmettre – to feed in
les transports scolaires (*m*) – school transport
le travail – work
travailler – to work
travailleur/travailleuse – hardworking
les travaux manuels – craft
à travers – across; right through
traverser – to cross
treize – thirteen
le tremblement de terre – earthquake
tremper – to soak
trente – thirty
très – very
tricoter – to knit
triple saut – triple jump
triste – sad
trop – too (much)
troisième – third
le trophée – trophy
le trou – hole
la trousse de toilette – toilet bag, sponge bag
trouver – to find
* se trouver – to be
vous trouverez (*from* trouver) – you will find
la truite – trout
tuer – to kill
la Tunisie – Tunisia
tunisien(ne) – Tunisian
la Turquie – Turkey
tutoyer – to talk to each other using the 'tu' form
le type – fellow

U

ultra-moderne – very modern
l'un(e) – one
uni(e) – one-colour
une union (sportive) – (sports) club
unique – single, only
unitaire – single
l'univers (*m*) – world
l'URSS (*f*) – Soviet Union
à l'usage de – for the use of
utile – useful
en utilisant (*from* utiliser) – using
utiliser – to use

V

ça va (*from* aller) – it's all right
ça me va (*from* aller) – it suits me
(il) va (*from* aller) – (it) goes; (it) suits
(il) ne va pas (*from* aller) – (it) isn't right
on va (*from* aller) – we are going

en vacances – on holiday
les vacances (*f*) – holidays
la vaisselle – washing up; crockery
valable – valid
à vapeur – steam
vas-y! (*from* aller) – go on!
il vaut mieux (*from* valoir) – it's better/best
il/elle a vécu (*from* vivre) – he/she lived
la vedette (de cinéma) – (film) star
la vedette du jour – star of the day
végétal(e) – of the vegetable kingdom
végétarien(ne) – vegetarian
le véhicule – vehicle
à vélo – by bike
le vélo tout terrain – mountain bike
à vélomoteur – by moped
le vendeur/la vendeuse – sales assistant
à vendre – for sale
(se) vendre – to sell
vendredi – Friday
vendu(e) (*from* vendre) – sold
vous venez de . . . (*from* venir) – you have just . . .
* venir – to come
en vente – on sale
la vente – sale(s)
le ventre – stomach
vérifier – to check
vermeil(le) – crimson
le vernis à ongles – nail varnish
en verre – (made of) glass
le verre – glass
le verre à eau – glass for water
le verre à vin – wine glass
vers – towards; (at) about
Verseau – Aquarius
en version originale – subtitled
vert(e) – green
le vertige – vertigo
la veste – jacket
le vestibule – cloakroom
les vêtements (*m*) – clothes
veuillez (*from* vouloir) – will you please . . .
veuillez (*from* vouloir) agréer l'expression de mes sentiments distingués – yours faithfully
(ils) veulent (*from* vouloir) – (they) want
(elle) veut (*from* vouloir) – (she) wants
la veuve – widow
tu veux (*from* vouloir) – you want
la viande – meat
la victoire – victory
vide – empty
la vidéothèque – video library
la vie – life
(ils) viennent (*from* venir) – (they) come
(ils) viennent d'arriver (*from* venir) – (they) have just arrived

PAGE 223

GLOSSARY

(il) vient de . . . (*from* venir) – (he) has just . . .
Vierge – Virgo
vietnamien(ne) – Vietnamese
vieux/vieil/vieille – old
vif/vive – bright
en ville – in town
la ville – town
le vinaigre – vinegar
vingt – twenty
violet(te) – violet, purple
le visage – face
en visite à – visiting
vite – quickly
la vitesse – speed
la vitrine – shop-window
vivant(e) – full of life, lively
vivre – to live
vivre le sport – to live with sport
voici – here is/are
une voie – road
voilà – there is/are; that is
vous voilà – there you are

voir – to see
* se voir – to see each other
voisin(e) – nearby, neighbouring
en voiture – by car
la voiture – car
le/la voisin(e) – neighbour
le vol – flight
le vol libre – hang-gliding
les volailles (f) – poultry
volant(e) – flying
voler – to fly
volontaire – strong-willed, headstrong
volontiers – willingly
vomir – to be sick
(ils) vont (*from* aller) – (they) are going
vos – your
votre – your
je voudrais (*from* vouloir) – I'd like
vouloir – to want (to)
vouloir dire – to mean
en vouloir à – to hold a grudge against
à vous – it's your turn
à vous de – it's up to you to

vous-même – yourself
en voyage d'affaires – on business
le voyage – journey
le voyage circulaire – round trip
le voyage d'affaires – business trip
voyager – to travel
voyons (*from* voir) – let's see
vraiment – really
tu as vu (*from* voir) – you saw
vulgaire – common

Y

y – there
le yaourt – yoghourt
tes yeux – your eyes

Z

zéro – nought
la zone – district, area
zut! – oh dear!

All rights reserved. No part of this publication may be reproduced, stored in a retrieval system, or transmitted in any form or by any means, electronic, mechanical, photocopying, recording or otherwise without prior permission in writing from the publishers.

© Mary Glasgow Publications 1991
First published 1991
ISBN 1-85234-361-3

Photoset in Linotron Palatino with Helvetica by
Northern Phototypesetting Co Ltd, Bolton.
Colour origination by Track Origination, Middlesex.
Printed by Cambus Litho, East Kilbride.